[MIRROR]
理想国译丛
imaginist

048

想象另一种可能

理
想
国
imaginist

理想国译丛序

"如果没有翻译,"批评家乔治·斯坦纳(George Steiner)曾写道,"我们无异于住在彼此沉默、言语不通的省份。"而作家安东尼·伯吉斯(Anthony Burgess)回应说,"翻译不仅仅是言词之事,它让整个文化变得可以理解。"

这两句话或许比任何复杂的阐述都更清晰地定义了理想国译丛的初衷。

自从严复与林琴南缔造中国近代翻译传统以来,译介就被两种趋势支配。

它是开放的,中国必须向外部学习;它又有某种封闭性,被一种强烈的功利主义所影响。严复期望赫伯特·斯宾塞、孟德斯鸠的思想能帮助中国获得富强之道,林琴南则希望茶花女的故事能改变国人的情感世界。他人的思想与故事,必须以我们期待的视角来呈现。

在很大程度上,这套译丛仍延续着这个传统。此刻的中国与一个世纪前不同,但她仍面临诸多崭新的挑战。我们迫切需要他人的经验来帮助我们应对难题,保持思想的开放性是面对复杂与高速变化的时代的唯一方案。但更重要的是,我们希望保持一种非功利的兴趣:对世界的丰富性、复杂性本身充满兴趣,真诚地渴望理解他人的经验。

理想国译丛主编

梁文道　刘瑜　熊培云　许知远

[美] 弗雷德里克·沃特金斯 著 李丰斌 译

西方政治传统：
近代自由主义之发展

FREDERICK WATKINS

THE POLITICAL TRADITION OF THE WEST:
A STUDY IN THE DEVELOPMENT
OF MODERN LIBERALISM

广西师范大学出版社
·桂林·

The Political Tradition of the West: A Study
in the Development of Modern Liberalism
by Frederick Watkins
Copyright © 1948 by the President and Fellows of Harvard College
published by arrangement with Harvard University Press
through Bardon-Chinese Media Agency
Simplified Chinese translation copyright © 2016
by Beijing Imaginist Time Culture Co., Ltd
ALL RIGHTS RESERVED

本书译稿由联经出版事业公司授权出版

著作权合同登记图字：20-2021-212

图书在版编目(CIP)数据

西方政治传统：近代自由主义之发展 /（美）沃特金斯著；李丰斌译.
—桂林：广西师范大学出版社，2016.7（2024.5重印）
书名原文: The Political Tradition of the West: A Study in the Development of Modern Liberalism
ISBN 978-7-5495-7851-1

Ⅰ.①西… Ⅱ.①沃…②李… Ⅲ.①自由主义 - 研究 - 西方国家 - 近代
Ⅳ.①D091.4

中国版本图书馆CIP数据核字(2016)第016385号

广西师范大学出版社出版发行

　　广西桂林市五里店路9号　邮政编码：541004
　　　　网址：www.bbtpress.com

出　版　人：黄轩庄
全国新华书店经销
发行热线：010-64284815
山东临沂新华印刷物流集团有限责任公司
　　临沂高新技术产业开发区新华路　邮政编码：276017

开本：635mm×965mm　1/16
印张：16.25　字数：203千字
2016年7月第1版　2024年5月第5次印刷
定价：68.00元

如发现印装质量问题，影响阅读，请与出版社发行部门联系调换。

导 读

自由政治传统的源与流
——重读沃特金斯《西方政治传统》

高全喜

弗雷德里克·沃特金斯(Frederick Watkins)的《西方政治传统：近代自由主义之发展》谈不上是一本名著，在当今中国思想界追新崇奇、膜拜经典的时风下，"理想国"决定把这本或许早就被人遗忘的旧作重新编译刊出，在我看来，确实是切中肯綮，独具慧眼。该书通过穿越厚重历史的减法原则，勾勒出一个古今自由主义演变的简图，有助于我们认知什么是西方的自由主义传统以及这个自由主义传统是如何一步步走到今天的。

说到历史传统，它们并非都是可圈可点的。在经历了启蒙思想的洗礼之后，不管愿意与否，对于传统都有一个重新估量的问题，中国学界如此，西方学界也是如此。沃特金斯的这本小册子也是在这样一个基调下写出来的，它从一个层面印证了克罗齐(Benedetto Croce)"一切历史都是当代史"的名言，即这本关于西方政治思想传统的论述，其要义不是仅就历史来谈历史，而是围绕着当时的一个时代主题——自由主义的兴衰来谈历史。沃特金斯试图通过他的研究为当时处于颓势的自由主义政治理论提供一个强有力的历史证成，正像该书的副标题所显示的——"近代自由主义之发展"，他把自由主义的历史渊源从近代延伸到了古代，进而全面展示了这一政治传统两千年来的发展历程。《西方政治传统：近代自由主义之发展》写于二战时期（1948年初版），当时法西斯主义、社会主义等各种所谓的先进思潮广被青睐，自由主义处于颓势，自由社会面临深重危机，因此如何捍卫自由传统就成为关系文明世界生死存亡的大事。时任耶鲁大学政治学教授的沃特金斯有感于此，遂深入西方历史传统之堂奥，梳理自由主义的生发过程，由繁至简，厚积薄发，最终得出简明的结论：自由主义是从西方源远流长的政治思想和实践中生长起来的，西方的政治传统已深深地和现代自由主义嵌合在一起，自由主义如果无法生存下去，实无异说西方的政治传统也宣告结束。

作者在书中所探讨的自由主义政治传统，不是一般哲学意义上的自由主义。这种有关自由的道德哲学曾经在十八、十九世纪的思想史中占据主流，沃特金斯对此虽无疑义但并没有给予过多关注，他集中处理的是政治与法律层面的自由主义，即关涉社会秩序与制度实践的自由主义。为此，他把自由主义的核心界定为"法律下的自由"，并以此考辨古今历史的社会演变，寻找自由主义的根系，追溯自由与秩序的演进机制，讲述历史上的自由主义是怎样战胜它的各种敌人，进而一次次扭转劣势取得成功的。由此可见，沃特金斯的这本《西方政治传统》是一种有关自由主义的历史重估，是在二战阴霾氛围下对于自由传统的一次重新定位，其现实语境下的时代危机感历历可鉴。在此，我不由得想起同时期的另外一个人和一本小册子，那就是哈耶克（Hayek）与他的《通往奴役之路》。哈耶克同样有着他的时代关切，他也深感自由社会处于危急关头，自由主义为种种面目全非的思想说辞所扭曲，因此他要起而捍卫自由的经济秩序，揭露各种基于计划经济的国家规划、福利工程无异是走向奴役之路。从经济事务的内在逻辑驳斥计划经济的谬误，重申自由主义的市场经济,是哈耶克当时的理论诉求,这与沃特金斯从历史传统中挖掘自由主义的政治理论资源,探索法律下的自由之发展演进,无疑具有异曲同工之妙。

沃特金斯的这本《西方政治传统》足以使我们重新梳理西方政治思想的历史传统,把握自由主义的观念、制度与时代变迁的互动关系,进而确立自由主义传统在历史维度上的坐标性地位。也就是说,所谓的历史传统,在今天看来,并非所有历史中出现的陈迹旧章都可以归属其名下,而是富有竞争力的活下来的历史内容才匹配其意,名实相副。尤其就政治领域,诚如沃特金斯所言,自由主义的源远流长之所触及的历史,或富有生命力的历史政治内容,才真正称得上政治传统,那些业已死去的历史,就很难说是真正的政治传统。固然,西方数千年的历史长河包含着无尽的内容,思想观念、典章制度和社会伦常等诸多方面可谓五色斑斓、不可胜数,但作为这个历史故事的主流或底座,只能是自由主义的竞争、吸纳与发展,这个具有坐标性质的自由主义才是历史进程中的砥柱中流。

当然,这本小册子对自由主义的定义是宽泛而非狭义的,它所处理的是一种综合性的开放的自由主义,甚至在作者的眼里,那些在"自由主义"这个词(或意识形态化的自由主义)生成之前的很多法政思想与制度,都是他的自由主义理路所要考察的内容,并且被视为自由主义的源与流。也正是因为此,就使得沃特金斯的视野较为开阔,没有受制于自由主义理论内部各派论争的羁绊,而是在主题上兼容并蓄,以法律与自由的关系为核心立论基础,有意放弃哲学思想层面的言辞之辨,不再纠缠于道德哲学的有关自由主义与非自由主义以及自由主义内部的左和右之间的复杂辩驳,而是从社会历史的演进中把握自由价值与法律制度的交互关系,在自由主义与其不同历史时期的对立者的竞争中,挖掘与把握自由主义生长与发展的大势及其原因。

尤其值得称道的是,沃特金斯不像某些自由派学者那样以思想立场先行,对历史中的各种非或反自由主义的理论与制度机制予以批驳,在批判中确立自由主义的正当价值;他的写作风格是经验主义的,善于在历史不同阶段的思想观念与社会制度的铺陈、勾勒与分析中,遵循政治经验的历史演进逻辑,把自由主义的强有力的生成、竞争和发展一步步地推出来,并论证其所以成为正道的理据以及历史的某种必然性。自由的制度之所以能够历经数千年而不倒,并不是靠若干学说就做到的,而是通过历史的风浪,在与各种不同的制度竞争中逐渐胜出的,且这个胜出不是故步自封,而是开放性的,在竞争中不断吸取其他制度与观念的有益滋养而逐渐蔚为壮观。自由的政治制度是一条大河,只有吸纳百川才能成其为坐标性的地位,故《西方政治传统》就无意在自由主义的某些细枝末节问题上多做纠缠,而是取其大势,探源溯流,在不同历史时期的各种社会潮流的起伏跌宕中,把握自由制度蓄势待发的生机。

细致检点一下,沃特金斯大致梳理了三个时间节点上与自由主义交集的诸多重大问题,并指向作者身处的时代境况,即二战时期自由主义的前途与命运。在我看来,书中展示的这三个历史时期的自由主义问题之论述,都有一些闪光的亮点,尤其是在作者预定的"法律下的自由"这个历史主题结构之下,犹若吉光片羽、踏雪飞鸿,格外引人瞩目。

我们先看第一个时期,即古希腊、罗马时代的古典政治时期。在一般自由主义的主流论述中,这个时期的政治制度与思想家们的理论主张,其自由主义的色彩是极为薄弱的,尤其是在关于个人权利的制度保障方面,在西方古典城邦时期几乎接近空白,贡斯当(Benjamin Constant)关于"古代人的自由与现代人的自由"的著名论断已经成为政治学界的常识。但沃特金斯并没有全部接受这种狭义自由主义的政治观,也不争辩古代直接民主制对于自由主义核心价值的偏离，而是紧紧抓住法治这个要点，在法治与自由的关系问题上，率先确立了自由政治传统的症结点。在他看来，古典社会固然不是一个自由社会，但却为自由制度的确立奠定了法治的基础，没有法治，没有法律下的自由，自由主义就成为无源之水，整个西方的自由主义也就无所凭依，失去了历史传统的主脉。

因此，沃特金斯要与各种保守主义思想理论争夺历史的资源，为自由主义赢得历史的主流地位，通过他对于自由主义核心的重新定位，即把法律下的自由视为自由主义政治的中心议题，并由此考察古典法治制度的得与失，就把自由主义的历史传统溯及两千年前的古典社会。法治或"法律下的自由"，作为自由主义思想理论与制度建设的源头，早在古代的希腊罗马社会就业已确立起来，从古典时代历经漫长的中世纪以及封建制到现代民主社会的演变，自由主义的制度建设和思想发展均脱离不开"法律下的自由"或法治主义这条源远流长的主线。在今天看来，沃特金斯的这个努力无疑显得格外珍贵，因为随着诸如施特劳斯（Leo Strauss）、共和主义和社群主义的相继兴起与推波助澜，自由主义不断受到左和右的各种思想理论的挤压，自由主义要在古典政治中确立自己的话语权，把自由的价值与制度与古典政治接榫起来，而不是仅仅把自由主义与诺曼征服和大宪章以及封建主义相关联，《西方政治传统》显然开辟了一条大可拓展的道路。

第二个历史时期是启蒙运动前后数百年西方政治思想与制度转型，这是沃特金斯在书中着重考察的要点，也是这本书的主体内容。对于这个从基督教世俗化开始，经过教会改革、启蒙运动以及英国光荣革命、美国革命和法国大革命而进入现代早期的宪政民主制度的漫长历史时期，沃特金斯给予了特别的关注与分析，他的论述方式也在此得到淋漓尽致的展现。这个时间窗口是西方政治史中的一个极其重要的时期，无论思想观念还是制度构建，无论人物事迹还是宏图伟业，都是前所未有的，所谓古今之变的历史大转型，其经纬韬略尽在于此。所以，如何处理这段历史叙事，不仅是政治史而且也是思想史的一大难点。沃特金斯面对如此纷繁复杂的思想辨析与制度变迁，并没有固执于一家一派之深度理路，而是能够兼容并包，抓住法政制度以及社会阶级的生成变异，以法律下的自由为最终标准而审视政治之道，这样就大致把自由主义在这个历史时期的脉动梳理清楚了。他所要表达的是这样一个结论，即尽管自由主义政治并不是从一开始就占据启蒙运动时期的主导地位，但是随着历史的演进，自由主义的基本理念以及基本制度在与诸多对手的对垒中，逐渐胜出，并且开花结果；他进一步指出，这个自由主义的理论与实践并不是凭空产生的，而是蕴含在这个历史时期的发轫之际，并在与基督教世俗主义、国家主义、激进主义和保守主义等竞争与对垒中被激发出来，"螳螂捕蝉黄雀在后"，自由主义总是能够在各种社会势力的衰退中不断胜出。揭示这一点是沃特金斯的一个洞见，也是本书特别耐读的地方所在。例如，关于卢梭的普遍意志的问题，关于保守主义的兴衰问题，关于自由宪政主义的制度构建问题，或许在某些纯正的自由主义理论家看来，沃特金斯把一些不属于自由主义的东西硬塞给了自由主义：把卢梭的"公意"视为自由主义的一个基本理念，这就使得激进主义与自由主义多少有些合流，把保守主义的迈斯特（Joseph de Maistre）、黑格尔（Hegel）也视为自由主义某种意义上的先驱，这样就把封建等级制以及国家主义的内容塞给了自由主义，等等。这些指责如果就自由主义的规范性和自由宪政体制的理想性来说，都是有道理的。

但是，应该指出，沃特金斯处理的不是规范理论，而是历史中的政治传统问题。传统不是规范，而是规范生成的土壤，自由主义不可能从规范的理想中一步成型，而是在现实的历史演进中，在理论与制度的实践中经验性地逐渐形成。因此，对于自由主义赖以树立起来的社会阶级力量,对于左和右的各种思想理论以及它们的社会基础,都需要有一种经验主义的观察与分析方法,尤其是善于从中挖掘它们形成与嬗变的逻辑脉络,找到自由主义在其中得以扩展的空间。《西方政治传统》最精彩的地方也正在于此,沃特金斯善于捕捉各种与自由主义相互对垒的对手的内在逻辑,从世俗化的基督教与君主权力的二元分治中,挖掘它们双方各禀有的自由主义宪政制度的雏形,从保守主义的反弹中发现破除激进主义革命以及极权结构的自由价值的新增长点,从普遍意志的理想诉求中纠正以功利为标准的实证主义政治学与法学之偏颇。所有这些对关涉自由主义发展中的一些重大问题的微妙处理,都显示出沃特金斯的写作手法是非常老道的,他总是能够结合这个特别历史时期的社会政治基调,恰到好处地把要表达的观点娓娓道出,不再继续就任何一个思想论题追根溯源,而是尽可能把余味留给读者深思。

第三个历史时期便是逼近作者处身的十九世纪末二十世纪初的变革时期。这个时期也是值得关注的,因为它与当代的制度演变和思想变迁有着某种密切的相关性,虽然作者写作的年代与福山所谓的"历史的终结"相差半个世纪,但二战、冷战以及全球化浪潮,尤其是新近中国的崛起、伊斯兰问题的凸显和文明之间的冲突等,这些重大的国际政治与法律、文化与社会、经济与贸易问题均触及自由主义的核心要义,也就是说,当今问题的种子已经深埋在上个世纪的初叶,它们并没有翻过去,我们有必要认真对待。沃特金斯带着很深的忧虑考察了这个时期的社会巨变,例如,殖民主义所孕育出来的法西斯主义、民族主义挑起的国家社会主义和种族主义,以及独裁专政与极权主义的勾连,等等,这些反自由主义宪政民主的体制之所以在这个时期层出不穷地涌现,除了西方社会的阶级斗争以及民族国家的冲突已经进入到一个世界性范围之外,更为关键的是,自由主义还没有形成一种足以与此抗衡的世界性的政治与法律意义上的自由体制。沃特金斯隐含地警告说，如果自由主义还是固守于启蒙时期的民族国家的自由宪政构建，而放弃了世界范围内的自由民主体制以及公民社会的世界性推进，那么主权在民的自由理想就很可能会被各种国家主义、法西斯主义和社会主义的更响亮目标——诸如雅利安种族优越论、苏联共产主义畅想等——所扭曲和颠覆。

当然，沃特金斯并不是直面那个时期的政治问题，而是把它们放在西方两千年政治传统的脉络下予以关照。在他眼里，尽管当时的自由主义理论与实践面临着种种困难，可谓危机重重，但通过历史的梳理，他仍然发现了自由主义得以转危为安的制度与机运，那就是自由主义禀有一个强大的政治传统，有一套基于法治的自由制度构建。这个自由体制在过往的历史长河中虽然也曾面临疾风骇浪，但均没有折戟沉沙，为历史洪流所淘汰。从某种意义上说，自由主义是幸运的，这不仅在于它赓续传继的是一个源远流长的富有生命力的政治传统，还在于它善于兼容并蓄，总是能够在各路对手的夹击下化敌为友，而不是制造敌人，这与其说是一种审慎的理性选择，不如说是一种自由政治的能力。为什么伴随着历史的烽烟，其他各种思想意识形态和制度陈设都盛极而衰或湮没无闻了，唯独自由主义的自由体制依然具有强大的生命力，其主要一个原因便在于自由主义能够在妥协与商谈中把握制度中的活力机制，讲道理与讲法治，而不是服膺暴力，这才是自由政治之精髓。沃特金斯在该书的最后一章谈到"自由主义的前途"，他当时的思考主要是来自二战的痛苦感受，因此，他把自由主义的和平诉求寄托于一个基于自由和理性的国际秩序的重建和未来公民社会的自主发展。在此，他对于极权主义的国家专政和民族主义的激进纷争抱有极大的警觉，而对中国儒家的德治教化以及法家的法制给予了某种理想化的投射。

《西方政治传统》从出版到今天，大半个世纪过去了，世界秩序在经历了一个短暂的伴随着冷战结束后的温情时刻（所谓"历史的终结"）之后，而今似乎又逐渐步入新的寒冬（如伊斯兰恐怖事件的兴起）。中国社会的改革开放在经历了激荡的三十年之后，也现出了"国进民退"之势。在这一个世纪的风风雨雨中，世界在变化，中国在变化，自由主义也在变化。今天我们重新拾起沃特金斯这本有关自由主义兴衰的《西方政治传统》，回望过往岁月的跌宕起伏、潮起潮落，眺望未来的新的地平线和埋藏于其中的巨大的不确定，它究竟能够给我们带来什么呢？我觉得这本尚未过时的小册子，至少在两个方面给我们带来富有助益的启发。

第一，沃特金斯梳理了一条简明的自由主义的政治历史传统，有益于我们把握自由主义的源与流，矫正那种把自由主义仅仅视为一种"薄"的规范性理论的偏见。通过此书，我们看到，自由主义其实是很"厚"的，这里的薄与厚，并不是知识论意义上的，也不是规范论意义上的，而是历史演进论的，是融汇法政制度于其中的自由主义。也就是说，自由主义并不单纯仅是规范价值，而是在历史演变中生成的规范主义，自由主义的理论与制度其来有自，可以追溯到两千年前的古典政制。自由主义的生命力来自不同历史时期的制度竞争，在现代早期的关键时刻，自由主义在与各种专制制度和封建思想的斗争中，在与激进主义和保守主义的竞争中，直至二十世纪前后，在与极权主义、民族主义和法西斯主义以及社会主义的竞争中，一轮又一轮地逐渐胜出，从而使得这个政治理论及其实践富有生命力地存续下来，这也正是其根深叶茂之所在。自由主义的厚，根子在制度，在传统，在源流，而不在于教条和框框。因此，不同国家的自由主义如果要发展壮大，同样应该破除教条主义，接续人类共同的传统，在与各种制度陈设和思想论争中通过和平的竞争而生长与发展，尤其是处于当今这样一个全球化的时代，自由主义更是没有西方东方之别，它是普世主义的，早在古希腊罗马时代就如此,今天那种以地域分割制度与思想的故步自封,所谓三十年河东三十年河西,不啻为痴人说梦。

第二,自由主义的核心要义在"法律下的自由",这是沃特金斯总结两千年自由主义政治传统所得出的基本观点。我认为他的概括简单明了,一语中的,道出了自由主义的精髓。我们知道,随着自由主义的壮大,晚近以来,各种自由主义的附属物逐渐衍生,平等、民主、宪政、法治,甚至基督教、儒家、社会主义以及福利国家等,都与自由主义休戚相关起来,由此产生了基督教的自由主义、儒家的自由主义、社会主义的自由主义,以及民主自由主义、宪政自由主义和国家自由主义,等等,不一而足。这种情况从一个方面来看当然是件好事,说明自由主义的兼容并蓄、化敌为友的综合能力,与时俱进,自由主义是不断发展的,是能够与不同的思想与制度相互融合并积极予以吸纳的。但是,就像大江大河毕竟源流有别,自由主义也有自己的内在经纬,不能主次颠倒。沃特金斯这本自由主义政治传统的历史考察,最大的理论贡献是突出了自由的首要的地位,把法律下的自由,即法治宪政视为自由主义的根本点,在此之下才有民主政治、平等公正、福利国家、民族主义、社会主义、儒家社会、基督教世俗化等诸多与自由主义密切相关的问题,因此,自由的法治体制才是自由主义的重中之重。

我觉得上述两点在中国当今的语境下显得尤其关键,说到传统,我们要辨析的是何种传统,说到自由,我们要诉求的是何种自由。在纷纷攘攘的当下思想界,关于传统与自由,存在着诸多的误读,沃特金斯的这本小册子能够重新出版,对于厘清一些简单而基本的问题,当然是不无裨益的。

目 录

导　读　自由政治传统的源与流 i

导　论 001

第一章　西方法治思想的渊源 005
第二章　基督教会的崛起 023
第三章　世俗化危机 043
第四章　普遍意志的问题 061
第五章　中产阶级的觉醒 079
第六章　自由宪政主义的出现 097
第七章　保守主义的反动 115
第八章　都市无产阶级的觉醒 135
第九章　近代自由主义的理论与实践 155
第十章　民族主义的问题 177
第十一章　独裁的问题 197
第十二章　自由主义的前途 223

导 论

现今大多数人都知道自由主义即将面临一个重大的危机。但是很不幸,人们却未能充分了解此一危机的整个意义。有些人想让我们相信,自由主义乃是放任资本主义(laissez-faire capitalism)的一个旁支;果真如此的话,我们就不必特别担忧它不能应付一个日趋"垄断化"(monopolistic)的世界情势了,唯一的问题是如何尽快地——尽量不要痛苦地——去把它埋葬在过时的政治观念坟场中。然而,事实上,近代的自由主义并不是某一个社会团体的所有物,而它的追随者也不限于任何一种经济体制的支持者。它是所有具有代表性的西方政治传统的近代化身。自由主义如果无法生存下去,实不啻是说西方的政治传统也宣告结束。从这一点来看,当代的危机实有其不可以等闲视之的意义。

有鉴于人们经常从一个褊狭的派系观点来使用自由主义一词,我们可能会感到难于把自由主义和西方文明一般性的问题等而视之。然而,就今天之正常意义而言,"自由派"(liberal)一词却囊括了所有信仰宪政民主(constitutional democracy)的理想与制度的人、社会民主党人(social democrats)、主张自由放任制度的工业家

（laissez-fairs industrialist）、基督教民主党人（Christian democrats）以及其他的自由主义团体，在社会与经济的目标上虽然有着极大的差异，但是他们都一致接受某些政治原则。近代自由主义相信，法律下的自由（freedom under law）乃是人类应当享有的生存环境，而此一自由之维系，则有赖于政府官员对独立组成的公意（public opinion）机构的遵从。这些信念在这样或那样的形式下，一向是西方政治所特有的"假定"（assumptions）。极权主义（totalitarianism）强调我行我素、不受控制的政治权威；这和自由主义对政府的看法完全背道而驰。因此，一旦极权主义成为立宪民主制之外的唯一选择时，接受或不接受近代自由主义，也就成了接受或不接受西方政治传统的问题。

从古希腊、罗马时代以降，法律下的自由这个概念，便一直是西方政治生活最明显的特色。在许多高度文明的社会中，人们曾经试图以伦理而非法律手段来维持社会秩序，他们通过诚言与典范，想要创造出一些具有高度伦理义务感的人，认为经过这种培育，这些人必能一本开明的判断来治理其同胞，而尽量不援引固定的法律规条。这种思想模式和正常的西方习惯极端不同，西方强调政治的核心乃是法理，而不是伦理。多数西方思想家的目标，都是想要建立这样的社会：每个人都能在既有法定权责的架构下享有自行决定行为的特权与责任，而尽量不依赖统治者已裁断的权威。既然法律必含有不论个别差异而求一体适用的概化条文，它充其量也只是社会行动的笨拙工具而已；由于强调法理的结果，遂使西方失去许多其他文明所具的伦理精致成分。但另一方面，正因为它僵化不变，一个稳定的法律体制的存在，也能使生活变得比较安全，比较可预期，这是它"得"的部分。西方世界所特有的成就——包括工业组织与官僚组织这两种惊人的奇迹——大部分都是几个世纪以来，人们想要通过一套有效的法治来使人类行为合理化的企图所造成的。

这是西方世界对人类历史的一个特殊贡献。

近代自由主义，乃是西方文明的世俗形态。如果要法律有效节制政府官员的行为，我们就必须创设某种外在机构，使其强大到足以约束那些官员去执行他们的法律责任。在中古时代，法治的概念主要是从基督教的制度中获得认可。遵守法律，乃是上帝所规定的职责，而由一个普世教会的道德构成强制执行，此教会声称有权要所有世俗的统治者都按上帝规定，行使有限职能。然而，随着文艺复兴以及宗教改革的到来，宗教认可作为政治、社会行动基础的效力逐渐丧失。在此之前，教会本有能力约束世俗统治者的自由判断，然而，由于宗教一统之崩溃以及世俗化的发展，教会遂失去此种道德性的权威。其后，绝对国家（state absolutism）兴起，一度甚至有用绝对王权（royal absolutism）取代法律下的自由这个传统看法的危险概念。不过最后证明，西方传统事实上有足够强韧的生命力，在它先前所赖以存在的宗教认可消失后，仍然生存下来。在绝对王权兴起之后的几个世纪当中，西方世界在世俗基础上又重新恢复了其古老的思想与行为习惯。自然法（natural law）的理论兴起，结合了宗教信仰不同或无宗教信仰的人们，使他们一致支持某些普遍的规范（universal norms），这些规范和较早时代由上帝认可的律法一样，成为限制专制统治者独断独行的工具（若非如是，这些统治者会是绝对的统治者）。通过议会制度的发展与社会阶级相继对政治责任有所觉醒，西方世界逐渐创造了有组织的公民社会，而这种公民社会也和中古时代有组织的教会社会一样，获取了足够的道德权威，从而控制了许多邦国的运作。这个结果源于多种不同的运动，这些运动的历史也就是近代自由主义的历史。议会民主制（parliamentary democracy）成为衰微的教会政治权威的世俗替代品，通过这种发展，"法律下的自由"的概念遂再度恢复其传统地位，而成为西方文明的指导原则。

十六世纪，基督教一统之崩溃造成了危机，当代的危机是此一危机在世俗层面重演。文艺复兴与宗教改革时代的人对一统教会之制度失却信心之际，绝对王权一度几乎成为西方政府的主要形式。当代极权主义的兴起，代表一种类似的对立宪民主制信心的丧失，同时也显示出未来亦有可能发生类似的绝对主义反动。到底议会制度能比中古教会更成功地获取西方的信服，还是也和中古教会一样不能为"法律下的自由"这个概念提供普遍有效的基础？任何关心当代政治问题的人，都该把这些问题当作最先考虑的课题。

此一课题之重要，表示我们必须谨慎地重估近代自由主义的历史地位。过去虽然无法绝对决定未来，但却能相当地界定、限制未来行动的各种可能。立宪政府的支持者必须认清他们所承袭思想系统的力量与弱点，才能最有效地把握住最后的机会。近代自由主义已经成功地为西方政治深固的传统找到了理念与制度上的等值物，就此而言它占有优势地位，足以抗拒敌对力量的压力；但它既然未能抗拒敌力，可见它有弱点，若不迅速补救，这弱点将成为西方文明存续的致命伤。为了防卫、伸张近代自由主义，我们必须彻底明了其根据的各种传统，而且必须实在地评估晚近历史发展中阻碍将此传统移植至近代社会的因素。立宪民主制固然是较晚近产生的现象，但是我们却必须先了解它在西方一般历史中的地位，才能了解其目前之意义。本书的目的便是要从此一立场来分析近代自由主义的问题。

第一章

西方法治思想的渊源

在强调"法律下的自由"的概念方面，现代世界是古希腊与罗马的直系嫡传。此一概念确是古代以及近代的重要接触点，而且使近代世界名正言顺，自居为连绵不断的古典传统的解说者。从许多方面来看，与今日相去最远者固然莫过于古典世界的生活状况，但这一点使我们更有必要了解与西方法治思想的诞生相伴相随的环境。在古典时期，希腊人认为城邦（city state）生活的独特经验使他们有别于其他民族，而在希腊人与蛮人之间划出了一道几乎无法逾越的鸿沟。当代西方人与其他文化接触时在了解以及沟通上遭到的重重困难，点出西方心灵的这种奇特态度从来不曾克服。任何关于当代自由主义的分析，若未能虑及历史发轫之初即已对西方文明产生重大影响，从而使其走上独特发展过程的诸种情况，则必不能成为一个完整的分析。

世界大多数地区，伟大文明之发皇都由官僚体系所造成。任何民族若要超越单纯文化的局限，必须能够掌握充分的物质资源，使至少一部分成员在徒手维生的层次上还享有某种程度的财富与闲暇。如果要避免贫乏狭隘的地方性，它也必须拥有充分的武力资源，以便加入当代生活的主流,又不失自决的能力。要应付这些需求,除了建立由一有效官僚体系所支持的巨大军事帝国,通常别无他法。帝国征服者使许多地方社群臣服于独一的军事权威之下,同时搜刮民脂民膏以支持有特权的统治群;统治者往往借此创造出适合高度文化成就的物质环境。由是,文明的进展通常以牺牲地方社群为代价,而政府的问题就是如何发展出军事与官僚组织,借以尽量利用地方资源。中国、埃及以及其他许多有名文明中心的历史都证明了这些方法极其有效。

希腊人与罗马人的特别之处,即在于他们能在社群而非官僚的基础上发展出高度文明。古史形成期中,"城邦"乃是政治组织的典型。由于地中海世界的特殊地理环境及其他特征使然,一些麻雀虽小五脏俱全的社会,遂能在当时流行的军事与行政方式下维持地方的独立,并且参与当时的历史大事。城邦文化确实也和其他邻近亚洲帝国一样,主要是建立在对子民的榨取上。奴隶制度在任何地方都是重要因素,而某些更强大的城邦(尤其是斯巴达)更能够搜刮一些非奴隶但却无选择权的社群之资源。然而,和亚洲帝国所控制的广大地区与人口比较起来,这些社群都相当小,不必经过复杂的行政程序便能管理。不论是以古代或近代的标准来看,它们所提供的文化活动发展的物质基础都很小。以物质奢华而言,没有任何城邦能和邻近的帝国文化相比。然而,这些小社群的财富虽不足以筑成金字塔,却已足为其公民提供闲暇,促成高水准的文化成就。

古代西方政治由于发展的特殊性质,一开始便面临着特殊的政治问题。类似亚洲帝国这样的组织,必须考虑大规模的军事与官僚组织问题,而城邦却无须做此考虑;小社群的行政需要比较单纯,可以用较简单的方法解决。例如,雅典城邦即使是在权势最高涨的时期,也能以最单纯的行政程序来处理事务。公众事务的组织形式,使每个普通公民都能胜任最重要的事务,不必借助专业的公务员单位。因此,从一开始,希腊生活的决定性问题便都是政治而非行政的。由于城邦是公民组成的社群,因此其第一要务便是维持有效的"社群精神"(communal spirit)。只要公民团体维持其内部的忠诚与团结,一切就都没有问题。假如公民因为私人或阶级的利益冲突而互相对立,则城邦势将难免于浩劫。因此,古代西方政治的关键问题便是"如何建立和谐的群体行动基础"。

为了解决这个问题,古代政治家一致认为,法律乃是团结城邦社会的唯一力量。这并不是一个创新的发现,而是更久远传统的延续。古代西方人民也和大多数的原始民族一样,最先都是以小规模部落或地方社群的形式群居在一起;遵循远古以来就一直存在的习俗来治理。于此背景下,政治权力通常都是一种"司法"(judicial)权力。拥有权威的人通常都是村中或部落的长老——人们认为他们特别有资格运用社会行为的传统规则。对习惯法(customary law)的绝对尊敬,乃是维系社群成员团结的力量,同时也是一切合法权力的源头。世界上大多数地区,原始的法治主义(primitive legalism)总是随着文明的进步而衰微。幅员广大的帝国想要把异俗殊方的社群联结起来,这种帝国几乎没办法以一个共同的传统基础建立他们的权威。因此,一个帝国在扩张初期就必须以"有组织的权力"(有效率的军队与文职官僚即其表现)来取代法律,作为团结众人的工具。城邦则无此需要;新的政治单位虽然比它取代的部落或村落社群更大一些,但种类并无不同,只是规模有异而已。城邦人口不多,人种也相似,因此仍然能够以法律团结众人,不必诉诸官僚工具。于是,如何扩充法律概念以适合城邦的需要,遂成为古代政治的中心问题。原始法治主义的重要原理就是这样保留下来,成为西方政治发展的一个基础。

另一方面,城邦与法律的关系,却和真正原始社群与法律的关系不同。大多数原始社会都是静态的,只要众人都无条件地服从习俗便足以维系社会生活。然而，古希腊人却是极富活力、极为进取的民族。"城邦"的创立就是对早期的部落与地方群体的突破；希腊人积极参与殖民，广泛从事贸易，并且和经常变化的地中海生活潮流有各种接触。在这种情况下，城邦遂更有必要经常修正内政与外交政策。城邦的各利益集团随即发现，控制城邦的政策乃是生死攸关的大事。于是，尖锐的党派纷争和公开的阶级冲突，遂成为希腊政治生活中的经常性威胁。在阶级冲突早期，人们仍然可以援引传统法律来解决问题。例如，雅典低阶层民众对贵族法官依不成文习俗所做判决的公正性丧失信心时，贵族可以把此类习俗制订成成文法典，暂息民怨；这就是我们所知的《德拉古法典》(the Draconian Law，雅典立法者 Draco 编制的法典。说明：本书楷体括注均为译者所加)。但后来自觉受到变迁的社会环境压迫的人对率由旧章的做法不满，他们经常有意地制定新制度，以适应新需要。于是，城邦不得不放弃把法律当作绝对传统力量的原始法律观，而把它看成是富创意的政治手腕问题，必须赖众人慎重努力才能解决。

结果便树立了一种模式，不但影响了古希腊，也影响了未来的西方文明。中国人与其他具有高度文明的民族，政治思想的特色都是伦理而非法律；希腊人则自始就将大部分政治精力放在立法与施法上。像梭伦(Solon)之类的领袖人物，如果生在东方，必然会满足于以伦理典范去形塑社会，但是在希腊，他们却发现，做个立法者，以适当的宪政改革消弭城邦的派系纷争，才是最能一展长才的方法。如是，"道德与智识的领导必须形诸法律方为完整"的观念便深植在希腊传统当中，而以柏拉图(Plato)与亚里士多德(Aristotle)的政治著作为其传世不朽之表达。此一观念至今仍为西方世界最显著的特色。

希腊人对法律问题的关注，不仅表现在杰出思想家的事业上，也见诸一般人的生活中。在希腊的民主制里，立法、执法乃是全体公民的责任。伯里克利（Pericles）时代的雅典人，以大部分时间从事立法大会（legislative assemblies）或公民陪审团的工作。就某一程度而言，甚至政党的竞争也披上法律的外衣。为了削弱反对党领袖的地位，控诉他有违法行为乃成为习见的程序。对于一个野心勃勃的新人而言，此类控诉乃是在政治上发迹的最稳当途径。雅典社会使其公民相当习于立法与司法制度，其他社会鲜能做到这样的地步。

希腊城邦这种特殊体制为时甚短，近代也无类似的体制，这种体制的重要在于，它们为西方世界提供了新的政治理想，即"公民自由"（civic freedom）的理想。历史上，大多数社会都认为要过好日子，众人就必须服从英明睿智的统治者。个人对自身事务固必须负责，但却唯有在不可逆料的上级权威所立下的界限以内，个人才能行使职权。古希腊人的态度则与此相去甚远，他们相信法律是团结人心的最基本纽带，因此他们无法满足于纯专断权威的行使。政府官员与普通公民的权责都由法律条文来界定，而随着时日流逝与立法技巧的改进，这些界定权利责任的条款也益趋明确。结果是赋予一般人相当大的自由与责任范围。在法律定下的已知与可预测范围内，所有公民都可以自由地追求他们心目中的幸福生活，而不必顾及统治者个人的意愿。法律条文所及范围甚广乃是事实；同时对一个像古代城邦这么密集、整合程度这么高的社会而言，非制度化的社会压力就足以造成相当程度的团结现象，这也是事实。然而，和大多数民族比较起来，古希腊人的公民自由却是一项了不起的成就。希腊人对这项成就都颇引以为荣，伯里克利的葬礼讲词便是这种心态的动人表白。这幅雅典民主政治的画面无疑是经过理想化的，但这理想本身却成了恒久启示的来源。

希腊人的法治理想不仅影响了政治，也影响了西方思想的一般风貌。思想历程的体验仅局限于单一的文化架构之内的人，往往会认为该文化的思想方式特征乃是不变的自然秩序的一部分。然而，当我们比较不同的文明，就会发现思想的风格很明显地也和建筑或服饰的风格一样变化多端。欧洲人在和远东民族接触的时候，经常要和一些行为似乎极端暧昧、不合逻辑（以西方标准衡量）的人交往，这一点使他们备感困惑。他们获得的初步结论是亚洲民族智能比较低劣。然而，一旦他们体会到东方文化的成就，就会发现这个观点是荒谬的。东西文化彼此了解的真正困难，乃是缘于西方文化的基础受到古代城邦经验的制约，而远东文化则是在官僚帝国主义的影响下成长的。这两个地区由于成长的背景殊为不同，故知识发展也走上了截然不同的道路，今日东西方互相沟通的困难，乃是不同的历史经验所造成的。

远东民族的思想特征是尽量避免明确的逻辑区分，强调表面上看似不相容的现象有内在的统一性。这反映了一个由伦理而非法律所联系的社会的正常需要。在生活的任何领域（例如当代的劳工关系），当众人接受的法律原则不足以构成司法行动的基础时，唯一解决社会冲突而又不用武力的方法，乃是诉诸仲裁与协调程序。早期幅员广大的远东帝国使用的都是官僚或军事的统治技巧，通常都不能对治下人民行使彻底的司法权威（judicial authority）。因此唯有在特殊重要问题上才采取高压手段，一般都用"仲裁"（arbitration）作为获得社会和谐的方法。东方帝国教导人们尊重某些宽广的伦理原则（例如儒家的伦理原则），希望借此建立一个基础，使道德上受人崇敬的领袖能以仲裁的方法消除潜在冲突。而由于仲裁的艺术是减少而不是强调人的差异，因此东方最优秀的智识天才致力的便是避免"概念的清晰"（conceptual clarity）。有经验的演说家都知道，要从复杂的听众中得到一致的反应，最好的方法就是提一些模糊的概念，例如"美国主义"（Americanism），因为此类概念定义很不清楚，每个听众都能从一己的角度接受。东方的贤哲都很明了，精确的定义往往使人分歧，而不是团结；他们从经验得知，要达成使命的最好方法，乃是把他们的思想演化成格言与别有所指的小故事。所有哲学的目的都是要阐明，未受教化的人虽然各执一端，但他们的看法其实都包含在更高层次的统一（unity）中。于是，官僚帝国的特殊经验造成了特殊的思想模式，这个思想模式至今仍深刻影响着相当多的人。

另一方面，西方思想一向以争讼为特征。自古希腊时代以来，西方人便认为逻辑是发现真理的基本武器。逻辑程序的本质就是以一套清楚界定的范畴（categories）体系为实相（reality）作分类。这种本质也是所有司法行动的基础。法官的任务是，决定一组既有事实是否为某一明确法律原则所辖、是否会引起明确的法律结果；这就是法官与"仲裁者"不同之处。法学思想的目标，则是尽可能清楚地为概念下定义，并在实际案例中判别最精微的差异。古代城邦居民非常关心司法问题，因此很习于这种思想方式，遂令这种思想方式成为他们的第二天性。苏格拉底的对话录就以界定范畴与区分实例的基本争论过程作为发现哲学真理的方法。对现代读者来说，苏格拉底这套方法的危险与弱点是显而易见的，这个像律师一样巧辩的哲学家常常会逼他的对手在诸多"两者皆错"的情况下做选择，最后不得不承认："苏格拉底，你对！"而支持他一些极不可能存在的命题。仲裁者易犯的毛病是以假想的一致（fictitious unity）掩盖真实的差异，法官的毛病则是以辨析入微与非实际的区分违反了常识。西方思想在系统分析上的成果辉煌，同时又倾向分裂性的逻辑极端主义（logical extremism），这都证明了其渊源是法治思想。

晚近成为西方文明最惹眼特征的自然科学发展，也是古代法治思想的直接遗产。古希腊人也和大多数原始民族一样，自然地把他们崇拜的诸神当作社会的朋友及保护者。当众人都认为法律的维持是城邦生活不可或缺的因素时，他们就会认为神许可合法的行为而非难不合法的行为，认为这就是神庇护社会安宁的表现。此种信仰与"诸神亦当负责的物质世界秩序，及受到法则之约束而非杂乱无章"的假定已只有一步之差了。因此，希腊哲学家便开始寻找可以解释自然现象的基本法则。当时科学研究的方法较不发达，因此这些早期自然科学家提出的假说多少都近于幻想。然而，当时许多领域的成就都足以显示，"有一可观测出的规律秩序"的基本科学观念已足够作为研究的可用基础。这观点在中古虽然沉寂一时，但到了文艺复兴时期，又随着希腊学研究的复兴而再度出现，成为近代科学发展的一个起点。

从政治的观点来看，自然科学兴起的最大影响，在于它和"自然律"概念发展的关系。思想史中最有趣的现象是，某些"假设"（hypothesis），原本得于某一经验领域，但是应用到另一领域的时候却更成功，然后以更高的威望回过头来对源起的领域产生新的影响；法律史便是这回归现象的典范。最初法律成为城邦居民关心的主要问题时，支持其存在的主要都还是宗教力量，神谕与其他的神意直接示现，为伟大立法者的工作提供了存在的理由，而服从法律也成了一种宗教义务。随着文明的进展，古老的宗教渐趋式微，宗教认可（religious sanctions）的效力也随之下降。然而，在这种认可的效力十分衰落以前，自然科学却已颇具威望，可以用来为法治政治观（legalistic conception of politics）提供新的更具说服力的认可。晚期的希腊学术界曾经投注极大心力，企图发展出科学的法理形式；希腊医学家曾对人体构造分析归类，提出维护每一身体结构健康所应遵循的法则，促进了医学的具体进步；同样的，像柏拉图和亚里士多德这样的政治学家也为政治结构做了类似的分析与归类工作，他们的目的不仅是要把城邦法律当作宗教义务那样维护，也要当作自然状况那样维护，因为破坏了这种自然状况，就会危及社会健康。自然科学曾从法律秩序汲取最初的灵感，现在人们却反过来利用自然科学为维持法律秩序提供新的理由。

希腊人"法律下的自由"的实验虽然成果颇丰，但最后却未竟全功，其失败的重要原因之一，是希腊城邦未能提供建立有效的国际秩序的基础。对古希腊人来说，法律全然是内政事务，只有特定的社会公民才有此特权与义务。即使某一城邦建立新的殖民地，希腊人也很少能在既有的法律概念框架里为殖民地人民保有任何公民权。另一方面，为了联合抵御蛮族的压力，为了避免希腊世界陷入分崩离析、彼此争战的局面，希腊人发现必须要有一种超越城邦国界的领导形式。由于雅典、斯巴达和其他一些有力城邦的努力，希腊人有时也能达成相当程度的团结。但是这些城邦不愿将公民权延伸到疆界之外，因此唯有依靠武力来维持霸权，使臣属的社会沦于次等法律地位。在习于把"法律下的自由"视为所有自由人权利的社会里，这种统治形态徒然会招致普遍的不满与叛乱。没有具有说服力的正当性原则（principle of legitimacy），任何城邦都无法强制他人永远臣服治下。如是，古希腊的历史遂化为一场敌对帝国主义者之间的徒劳争斗，直到希腊人耗尽了所有的精神财力为止。

尤有甚者，即便是在城邦的范围内，法律问题也从未完全解决过。立法者的目的是设计一套制度来满足社会所有成员的最低利益，从而消弭阶级冲突。像斯巴达这样保守的城邦，便是以这种基础达成政治安定。由于各邦的需要急遽变迁，较进步的社会很少能长久满足于任何既定的宪政安排。在全体公民都积极参与政府事务的社会中，很难在立法权威与宪法权威间划分明显界限。当群众本身直接且持续参与政府事务时，公意几乎无法对政府行为赋加任何宪法的限制；一旦某一利益集团掌握了邦国的运作，就无法阻止他们打击对手来维护自身的权力；在面对无限制的阶级立法（class legislation）时，争夺立法权便成为所有阶级生死攸关的大事，结果便演变成无休止的内战，一群一群的公民团体为了把自己的利益建筑在其他公民的权益上而拼得死去活来。不论是内政或外交，希腊生活的状况都难以维持或发展出一套能为全民接受的法律标准，不断的冲突唯有在希腊文明整个崩溃时才会停止。

在这败落过程中，古希腊人无法发展出专业的法律阶级（professional legal caste）是次等但却重要的原因。在由受过专业训练的人来立法与执法的社会，即便是变迁期间，也能找到一些专业标准来维系法律制度发展过程中的传承。希腊政治生活的非专业性质，使它无此资源。在公民大会的审议过程中，都由一般公民提出并商议立法案，未能请教专家，这议案是否合于现有的法律体系。在法院，公民陪审团也在没有合格专业法官的指导下议决法律问题与事实。结果便形成一些障碍，使当局无法维持有效的法律统治，这在德摩斯梯尼（Demosthenes，前384—前322，古希腊演说家与政治家）与其他雅典演说家的残留讲稿中都可以明白看出。由于缺乏一个能使诉讼程序按照法律与证据进行的主审人员，审判很容易就沦为一场辩论大赛，最有办法歪曲事实、鼓动情绪的人就获得胜利。如果要在理论与实际上都做到法治，需要在立法与司法上都具备高度技巧。由于无法创造专业训练机会，使人们习得这种技巧，希腊城邦遂无法实现它"法律下的自由"之理想。

公元五世纪末，这种种弱点引起的失望，已破坏了希腊法治思想的威望。在某些场合，人们以道德的犬儒主义（moral cynicism）表达他们的幻灭感。法律一度被人尊为公共道德的基础，如今仅是阶级争战的工具，于是许多人自然会下结论说，政治的真正基础是权力而非道德。风评不佳的诡辩学者（Sophists）之所以有影响力，主要是因为他们身为修辞与其他说服技巧的专业教师，可以教学生运用或滥用法律程序来增加其权力与影响。另一方面，像柏拉图这样的人对现状感到幻灭后则获致一个不同但却同样具有破坏力的结论，他们深信唯有在伦理的基础上才能创造美好生活，因此投注全副精力寻找一些未受既存制度污损的普遍道德标准。最初他们还抱着某些希望，想要以其真知卓见来改革城邦生活、恢复其生气，但他们掌握政治影响力的梦想最后却都成为泡影。这使得思想更先进的思想家在政治分崩的晚期，对现实政治采取了越来越疏离的态度。早先他们深信能够把伦理化为法律，现在则放弃此信念，而把道德视为是一个个人问题，唯有或多或少自愿与社会生活隔离的开悟个人与隐遁群体才能实践这些道德。通过这些人的努力与其他人的道德犬儒主义，法律与伦理间有基本关联的信念遂受到严重威胁。于是，西方思想中最具特色的模式就有了疑问。

马其顿的胜利敲响了希腊城邦的丧钟。希腊人虽然征服了东方，亚历山大及其继承者也建立了伟大的泛希腊王国，使希腊文化扩张至新领域，但是古老政治生活的形式却注定要烟消云散。袭用亚洲帝国治理方式的大规模官僚帝国成为世界权力主要中心，大部分仅存的城邦在政治上已无足轻重。希腊化时代（the Hellenistic age）的特征是东方与西方文化的融合，但在融合中保留了许多典型的希腊文化，某些早期希腊法治思想的精神仍保留在新的综合体中，这些残留成分后来或有可能强大到足以为新的帝国主义塑造出卓越的特性。无论如何，我们可以说，整个情势还是特别有利于法治概念的持续发展。马其顿人获得了希腊世界的政治领导权，但是在崛起之初，他们仍是采用部族首领制的相当原始的民族。马其顿人传统的法律意识从未如较进步的希腊人一样受到城邦生活经验的磨炼，因此不能成为希腊法治思想的诠释者。由于希腊人自己的法治制度已暴露出弱点，声誉日降，因此他们也无法坚持把法治社会的理想用在不能了解法治的东方民族身上。在这种情况下，西方的法律概念势必无法在希腊化君主制中长久生存。

然而，这情况不久就因罗马崛起成为地中海政治的主导力量而得到补救，罗马人虽是生活在希腊世界边缘的异族，但政治组织也是典型的城邦，生活经验与希腊人相近，而异于马其顿人；罗马人对法律问题所持的态度也在和希腊类似的背景下形成，因此也颇为相近。此外，他们在发展法制时成功地避免了许多危害希腊人法治精神的弱点。罗马人能够战胜马其顿人与地中海世界的其他敌手，优秀的法律制度厥功至伟。也因此，在罗马帝国建立后，罗马人才能在臣属民族中建立起极有效的法治社会。希腊人对西方的法治思想虽有开拓之功，但最后却是罗马人的天分与冒险进取才为法治建立了稳固长久的基础。

罗马虽为城邦，但是对公民权（citizenship）所持的态度却和希腊社会相当不同。当罗马人权力与人口逐渐增加，能在邻近或远地建立殖民地时，往外移殖的罗马人不需要像希腊人那样放弃祖籍而另外获取一独立之地位。他们仍是整个罗马民族的一部分，分属包含各地罗马人的不同部族，人人享有全部公民权。由于罗马人对公民权的看法如此，有时非罗马民族的臣属城邦人民也能获得完整的公民权。当然，由于缺乏代议制度，唯有亲身前往首府罗马者才能实际行使公民权，也就是说远方居民实际上等于是没有参政权，但是殖民地居民虽然不太有机会积极参与政事，却一直生活在罗马法律的统治下。这意味着罗马城邦的法律制度并不像希腊那样，只限于狭隘的疆界内，而变成了团结散处各地社群人民的一个纽带。希腊人曾经为如何扩充单一城邦的法律权威而大感困扰，现在罗马人却解决了这问题，并使所有相关者都满意。罗马人终能战胜对手而控制地中海世界，这不仅是由于他们有优越的军事技巧，也因为其开明的殖民政策使罗马能拥有众多而忠诚的子民，可以从中征用兵员补充兵团。由于这一政策，普世法治的理想首次臻于实行。

和大多数希腊城邦比起来，罗马人在消弭严重内争上也显得极为成功。在罗马人为帝国奠定基础的决定期中，政治大权操纵在少数元老贵族家族的手里，这个统治群和其他大多数城邦统治阶层不同之处，在于他们善于以有效的妥协为其权力基础。早期罗马史中，当贵族与平民发生冲突而威胁到整个社会团结时，罗马人也不曾让对立的党派像希腊社会一样拼斗到你死我活的地步。相反，罗马人尝试建立一种均衡的宪政制度，使敌对双方的主要利益都获得保障。贵族虽然不曾很快地放弃在城邦中的控制地位，但是却设立了一个新的官职——护民官（the tribunate），护民官赋予平民否决所有官方行动的权力，以此来保障平民的利益。罗马人适时地体认到，一个自由社会唯有在满足全民——而不仅仅是控制大权的团体——的需要的情况下才能存在；因此罗马人的政治艺术也为新的社会和谐奠定了基础，从而使早先存在的阶级界线消弭于无形。的确，在罗马共和的晚期，产生了无法消除的新的阶级分立，其后的内战也使共和制度崩溃。但是这些都是罗马人稳稳建立国际主导地位以后才发生的。在罗马共和的极盛时期，像波里比阿（Polybius，前200—前118，希腊历史学家）一样敏锐的局外观察者都已一致认定：在罗马人争夺地中海世界的控制权时，均衡的宪政安排乃是成功的主要因素。近代宪政理论大部分都得之于这些早期统治技术的实验。

罗马共和的贵族特色由来已久，因此远比任何希腊社会更能朝建立特殊专业法律人员的途径发展。在罗马的政治生活环境下，政府官员必须精通法律才能执行任务。对于司法民政官（Praetorship，有意问鼎城邦最高职务者都必先经此一职务之历练）而言，这一点尤属真确。由于元老院的议员都志在仕途，因此不得不投注相当多的时间去研究法律。他们很快就发现，免费为人提供法律服务乃是在选民中厚植实力的一种方法；若无这些选民的支持，即便是最负声望的贵族也无法获得提名任官的机会。久而久之，由于贵族需要内行的法律指导与顾问，一个名为"法律顾问"（jurisconsults）的阶级群体遂应运而生，这些法律顾问都精于法律之理论与实务，由于他们的名望甚高，没有多久，正直的司法民政官遇到困难案件都会向他们请教，并任他们为半官方助理。于是，未受彻底训练的官员就可以有更多法律专家备询，并防止他们滥用职权。罗马的专业法律人士到帝国极盛时期才发展出最完密的组织（此时法律学院的设立与其他官方优待都显示出，他们的重要性已获公认），但在共和晚期其力量已强大到足以形塑罗马制度发展的特色。

由于有素养法学家的影响，罗马法遂能达到技术相当完备的程度。因咨询会议的委员是由法官指派的法界领袖，遂能对法律制度发展产生虽非正式却为直接的影响。罗马的司法民政官就职时必须颁布民政官诏令（praetorian edict），谕知人民他在任内对各类问题将采取何种原则与程序来解决，而草拟诏令的便是这些咨议会的委员。由于罗马的立法惯例都赋予主事官员相当大的自由处事治民，这些官吏遂有机会把专家提供的意见拿来做实验。每位民政官固然都可自由采用自己的方式，但实际上，继任民政官往往会袭用前任的良法美意。这类"先例"（precedents）的累积渐为罗马法主体奠定了根基。由于这套体系包含了许多世代有经验法学家判例的累积，它的法理概念（legal concepts）也渐渐趋于精确完备。此外，从法学家的著作当中，也可以看到法律体系之扩充与系统化的倾向；希腊人没有这一类的法学著作，但到罗马共和以后，却大量出现。罗马法最后与最具影响力的形式，是查士丁尼（Justinian）时代编成的有系统的法典，这项工作是数世纪以来法学专业化的成果。这套法律体系同时能应付古今之需，是截至当时为止人类能设计出的最成功的法律体系。这项成就大部分要归功于专业法学家，除了在演化最早期，这套法律体系一直受到这些专家的指导。

罗马成为地中海世界的主人后，罗马的法学家又发现了全新的领域可一展长才。所有的意大利人到了共和晚期都获得了公民权，但是帝国其他地域的人民却很晚才享受到同样的权利，直到卡勒卡拉（Caracalla，公元211—217年在位的罗马皇帝）统治期间，这项工作才具体地完成。在罗马人既存的法律概念下，臣属民族彼此往来或与罗马往来时不具法律权利乃是不可思议的事。罗马人体认到必须达成有效的法治，同时也很成功地做到这点。在共和晚期，与外族的政治、经济接触首度成为罗马人关切之事；于是任命一位专门的司法官员——"外务司法官"（peregrine praetor）去处理涉外案件。借着颁布民政诏令这个惯用的方法，外务司法官与他的顾问建立了一套法律体系，规范不同国籍者之间的法律关系。罗马人一方面改编并简化既有的罗马法，以适应习于不同法律传统者之需，另一方面，则采用一些以当时眼光看来似为所有文明民族共有的法律思想原则，从而完成了此项工作。斯多葛学派（the Stoics）与其他后来的希腊哲学家曾获致一个结论，认为建基于人性共同需要并为理性所知的正义共识（common sense of justice），乃是所有特定立法体系的基础力量。通过斯多葛学派自然法（natural law）的学说，希腊科学与哲学的声威乃一致起而支持罗马人对有效的"万国公法"（jus gentium）的追求。如是，希腊人的推理才华便和罗马法学家的专门技术结合，终使一套能为一般人接受的新式法律制度迅速发展完成。

　　罗马公民权终于扩及帝国所有自由臣民，古老的"法律下的自由"概念也发展到了巅峰。希腊人虽然率先创出"由法律制度结合个人以构成社会"的理想，但是却始终无法使这理想在狭小的城邦领土之外实现。罗马人则把自然的城市居民社群转变为虚拟的公民社群（fictitious a community of citizens），从而克服了上述的天然限制，使城邦的理想能应用于普世的规模。结果造成了一种和从前截然不同的帝国体制。罗马人比稍早的古典时期更能把臣民看作能负法律责任的个人，拥有相当的自由去处理本身事务。当时大多数帝国当权者都用武力与道德说服力来统治人民，但罗马人却寄望于法律，将法律当作达成社会和谐的工具。伦理与宗教信仰对个人可能非常重要，只要它们不鼓动人违背法律义务，国家往往也不去干涉。这时，文明世界大部分居民比从前更可能预估他们应有的权利义务，从而为自己的生活制订计划。后人将这空前繁荣的帝国早期视为黄金时代，而这繁荣正是"法律下的自由"概念所造成的成果。

然而，这个古典传统即使在最后的表现中也包含了分崩离析的种子。罗马法将人与人的关系置于法律基础上，在这一点上，罗马人虽然相当成功，但是却无法把同样的模式用到政府的活动上。为了庞大帝国的行政，罗马人必须建立完备的官僚体系，当官僚体系在社会生活中日益重要，如何使其接受法律的约束对维持有效的法治也就更为重要。就当时罗马帝国的情况而言，这问题是无法解决的。共和体系（the republican system）虽然曾以严格的法律约束官员的活动，后来却无法担负起帝国式的统治责任，于是唯一的解决办法便是让皇帝掌握无限权力。理论上，罗马人民仍然被认为是帝国权威的来源（一如他们与早期行政长官的关系一样），但实际上却找不到合法的途径使民意付诸实现。这意味着罗马人无法以法律手段把皇帝及其臣仆约束在法律的范围内。唯一能用的方法是道德制裁（moral sanctions），然而在长久以来便是法律重于伦理的社会，道德制裁力总是比较微弱的。亚洲帝国的皇帝若是暴虐、荒淫无度，必定会遭到有力的道德抵制，但是在罗马，这样的皇帝却可以肆无忌惮、为所欲为而不受惩罚。即使在较开明的统治者治理下，文武官员也都企图以不受控制、同时也无从加以控制的方式，用苛捐杂税与无效率的行政榨干国力。罗马帝国会在野蛮人的压力下崩溃，大部分要归咎于这种情况造成的内部败亡因素。由于这个显著事件，我们终于明了古代世界的失败处。

罗马帝国覆亡的原因和早先希腊败亡的原因本质上殊无二致，都是因为无法运用有组织的公意控制官员的行动。在希腊的民主制度中，政府就是所有公民日常生活的主体，在党派互争公职行使权的争斗过程中，公意已消耗殆尽。由于把注意力完全集中于竞争性的权力政治上，希腊社会越来越难提醒人们必须以法律来约束权力。罗马帝国的情况虽然完全相反，但是结果却一样。一般公民距离政治责任的中心十分遥远，也无法对公众事务抱有什么恒久的个人兴趣，这一点也使得政府可以肆无忌惮、为所欲为。任何古代民族都无法在这两种极端情况中维持有效的平衡，基于此一事实，古代民族虽企图创造以法律为基础的社会，却终归失败。

虽然有这许多限制，古人对法治社会的实验却对西方历史过程产生了决定性的影响。罗马帝国崩溃后，数百年间都是动乱与贫困的局面，这期间的人民从未忘怀往日黄金时代的和平与繁荣，在那时代整个文明世界都臣服于法治之下。即使在最黑暗的日子里，人们也不曾放弃恢复昔日光荣的希望。虽然近代世界终于在旧世界的废墟上崛起，却依然和古代城邦的法律概念紧紧联结。近代人试图用新的观念与制度解决"建立法律下的自由"这个古老的问题，今天我们仍从这个角度去构思社会问题，正是对远古时代于西方世界恒久影响的礼赞。

第二章

基督教会的崛起

基督教会的崛起，奠定了有效法治的基础，确立了西方文明的风貌。古代世界的宗教与政治功能，都必须结合在同一组织中，宗教仪式的行礼如仪是政府官员的主要任务之一，私人群体虽然也可以举行祭仪，但却不得损害官方祭仪的效力。远东与其他伟大的文明中心也都有类似的情况，显示这是政治权威运用的最单纯、最自然的基础。然而，以西方世界而论，随着基督教的出现，这种正常的模式便消失了。基督徒和其他教派的信徒不一样，他们坚持"恺撒之事归恺撒，上帝之事归上帝"，他们承认国家有权处理世俗事务，但也相信唯有他们的教会组织才有权处理性灵事务（spiritual affairs）。他们是当时教派中唯一不愿参加官方礼拜仪式的，因此成为无情迫害的目标。最后，迫害失败，罗马帝国不得不承认基督教为官方宗教，古代政治的破产终于昭然于世。从那时开始，教会与国家就以不同权威的形态并存，各自主张有权规定人类生活的一部分。如是，早先单一同质结构的社会观乃为极为不同的双层社会组织的新理想所取代。除了法律概念外，"二元社会观"（social dualism）或许就是形塑西方文明特色的最大力量。我们必须对导致这种发展的力量稍有认识，才能了解西方的政治。

基督教独特的人生观（亦即二元社会观的基础）和西方的法律观念一样，都是在进步的文明架构中融合了原属于原始民族的思想方式而产生的。世界各地的部族与地方社会，都想利用适当的魔法仪式来控制神秘的自然力量。原始宗教和原始法律（这二者几乎无法区分）一样，都是小社群经验的产物，其功能乃是使社群与邻近社群有所区分，而不是团结在一起。因此，不论是在宗教史或法律史上，大规模的政治组织形式出现时，都必然伴随着一个激烈的再调适（readjustment）时期，为了建立更广泛的政治权威，官僚体系取代了法律；同样的，为了建立更广泛的宗教意识，人类也往往必须放弃原始的宗教概念。然而，基督教的发展途径却不同，我们已经谈过，希腊人与罗马人的政治天分在于，他们能够把原始的法治思想原则普及化，以适应大帝国的需要。犹太民族的宗教天分（最有力的影响表现在基督教上）也造成了类似的结果。犹太民族把原始宗教原则普及化的结果，也很成功地将某些原始思想的重要层面融入现代世界的宗教生活中。这一点使他们有权和希腊、罗马人并立为西方文明的创建者。

原始宗教的特色和成长期的宗教思想有别，它只关切某一特殊历史社群之需要，如果这个部族或村落消失了，则该部族或村落的神祇也就没有崇拜者。由于原始民族的生命朝不保夕，因此对他们而言，宗教的基本精神便是找到超自然力量为群体保命。原始民族以献祭、遵守禁忌（tabus）和其他程序试图邀宠于神秘的自然力量，使这力量成为战友，以对抗那些较不友善的力量，魔法仪式的目的也是要消除干旱与疾病。为了使种族的生命绵延不断，原始民族家庭生活的各层面都受到精细规则的约束。为了防止社群失去同一性，原始民族遂禁止本族人与外族人往来，要不然就以谨慎劝导的方式来疏导。为了达到这些目的，原始民族曾经在不同时候、不同地点设计出许多方法,但是存在于令人困惑的原始宗教习俗背后的却只有一个目的,就是在所有可能灭种的人为与自然力量威胁下,维持某一特定社会的生存。

这种形式的宗教意识对满足原始需要或许有其价值,但却不足以满足更大规模的政治、社会组织的需求。若无相当多人的共同努力,高度文明就不可能存在。如果最小单位的群体仍然只关心本身的特殊习俗,未体认到与邻族间的相互依存关系,就不可能共同努力。因此,文明的进步往往牵涉到彻底的宗教革命。在相当广大的地区达成宗教团结的唯一方法,就是说服人们拒斥地方性神祇,至少也要使它们臣服于一普遍神明(universal god)之下。因此,各种形式的一神教(monotheism)遂成为大多数伟大文明的基础。

不过我们还可以从别的角度来了解一神教。世界各文明的歧异处,大半是因为他们超越原始宗教经验时采取的途径不同。

印度曾通过佛教对大多数远东国家的进步宗教思想产生深远影响,它建立一神教的方法是拒斥原始宗教的基础,代以极为不同的人生观。原始宗教的目的是维持某一特定个人与群体的实质福利与历史生存,佛陀与其他印度思想家的任务却是要否认人类历史有任何意义。他们认为,原始心灵所关注的物质世界之可见现象,只不过是永恒轮回的"时相"(phases)而已,万物必经轮回,也必定再归返轮回。每一历史事件虽然各具明显的个别性(individuality),但是都已在过去发生过无数次,而且也会在未来再发生无数次。因此,所有形式的历史存在基本上都没有意义。唯有以神秘冥想的生活才能突破永恒的轮回,掌握宇宙的真正本质与达到真正的幸福。意志与欲望(即使求生存的欲望也一样)都是苦难的来源,只有依循涅槃寂静之路的人才能克服这些痛苦。佛教徒虽然明白人类是灵魂与肉体之结合,但是却训诲人们说,肉身对于达到唯一有意义的生命形式——精神生命(the life of the spirit)——充其量也是无关之物，更糟时甚至是障碍。佛教用这方式使人相信他们对特定个体生存形式的关心乃是无意义的，从而克服了原始宗教的分裂性影响。

在远东盛行的政治与社会情况下，佛教这种教义传达的讯息是最吸引人的。当然，这并不是说远东社会有相当多的人都在过纯为神秘冥想的生活。果真如此，社会便几乎无法继续存在。但是，若佛教也和其他进步宗教一样揭橥一种超乎常人能力以外的目标，则此一目标便将成为人们广泛热切追求的对象。佛教教导说，和所有人应努力追求的宇宙真如比起来，其他任何特定信仰与利益都是无意义的；如此一来，佛教遂帮助统治者，于协商与折中之际建立了道德领导地位。佛教证示"我执"（self-assertion）的欲望乃是苦难之源，因而促使帝国的臣民接受事实——在遥远而无法控制的官僚体制统治下，他们是无法安排自己在尘世的命运的。如是，佛陀与其他远东神秘主义者所提倡的"听天由命"的态度遂极适合于结合不同传统与信仰人民的帝国需要。

从上古后期的历史可以发现，神秘主义并不是特殊的东方现象，而是人类对官僚帝国主义所产生的正常反应。当城邦强大得可以控制本身事务时，大多数人都只关心如何履行公民责任，而很少对实相与个人行为的重要发生疑问。但当公民权的实际价值日趋低落之际，失望与挫折感愈积愈深，促使较具内省力的希腊思想家采取渐趋神秘的观点。柏拉图自己虽对获取政治影响力并未完全绝望，但对当时的实际政治情况却已心生嫌恶，且使他相信，冥想真如乃是人类幸福的基础，而真正的哲学家唯有在万不得已时才离冥想生活而缠缚于人世事务。他甚至曾被神秘主义反历史立场的基本概念"历史是不断重复的循环"所吸引。柏拉图后期弟子的著作，更进一步地阐述了这种神秘思想。随着罗马官僚帝国的兴起，城邦崩溃，无助的人民遂和远东帝国一样拒斥了可见的世界，而接受一些来世的补偿。有些人企图分享普罗提诺（Plotinus，205—270，罗马新柏

第二章 基督教会的崛起

拉图学派哲学家,生于埃及)与其他新柏拉图主义者的经验而于希腊哲学中获得满足;另一些人则求诸东方的神秘宗教,这些宗教允诺皈依者于来世永享无疆之休。不论在何处,人们总想否定世俗事务之重要,而强调人类纯粹的灵性。当西方政治生活也步上东方官僚帝国的后尘时,类似东方的神秘思想一度似乎成为满足西方世界宗教需求的唯一方式。

基督教的成功克服了彻底东方化的趋势。基督教信仰本身的确也包含了神秘隐遁的成分,它和所抗颉的神秘宗教一样,否定世俗成就的终极重要,允诺不朽之生命,以慰藉人类的绝望心境。任何符合当时需要的宗教都必须提出此类允诺,但是基督教是犹太教的一个分支,其神秘成分为基本上非神秘的犹太教(Judaism)传统所限制与超越。和其他民族比起来,犹太人最关心历史性存在(historic existence)的精神价值。印度人片面强调人类的灵性而抹杀人类的肉身,企图以此获得救赎;犹太人则不一样,他们相信个别的历史事件就是上帝整个目的不可或缺的一部分,人类的精神责任不是逃避这"历史的偶然"的世界,而是使尘世生活导向于推展上帝的计划。基督教虽然强烈修正了原始犹太教的立场,但是始终相信个别历史事件是必要的、重要的。就是这点事实,使西方文明在重重困难下走上和远东人民殊为不同的路途。

犹太人的特殊宗教天分是,他们能将通常不相同的原始因素与普世因素融合于单一的宗教体系中。早期犹太教的本质也和其他原始宗教一样,都是为了使某一特定民族免于分崩离析而设计的一套规则。犹太教为了维持有效的集体意识订立了复杂的饮食及其他规则,这些规则收效之宏,可由世上大多数犹太人经过数世纪的离散后仍然维持独特的民族特征之事实看出。古希伯来人与其他民族不同处,是他们颇早就成功地把原始的排外主义与追求普世化的热情结合在一起。或许是和埃及一神教接触的结果,希伯来人获得一个结论：希伯来人的神并非诸多部落神明当中的一位，而是唯一的真神，真神加诸希伯来部族的律法，亦即所有民族应守的律法。印度的宗教思想家要人放弃个别的信仰与利益，以达成四海之内皆兄弟的理想；希伯来人却将一个个别的宗教体系延伸到普天下以团结人类。希伯来人希望以这种方式，不为他们独特信仰做任何妥协，而获得一神教的好处。

这种不寻常的一神教形式造成的影响，是给予犹太人极端敏锐的历史意义感（sense of the meaning of history）。原始社会的人很自然地相信，日常生活所有事件都是宗教义务执行成败的反映。由于犹太人认为自己是传布世界福音的使者，这种信念对他们的压力也特别大。若犹太王国欣欣向荣，就代表上帝对这些如约把他的律法揭示给所有民族的"选民"感到满意；如果犹太的国运不济，就代表他们没有忠实遵守他们代表全人类所接受的律法。于是，犹太人的兴衰史，成为揭示支配宇宙的精神目的的工具，具有无比的重要性；这是所有先知赞叹与哀歌的主题，也是最常为人深刻感觉到的犹太宗教经验的内涵。

犹太人独有的悲剧是，他们如此重视历史，但历史对他们的裁判却充满敌意。这悲剧无可避免，因为再没有比犹太原始一神教更不适合解决宗教一统问题的了。摩西律法（the Mosaic law）对日常生活所有细节都做了非常刻板、详尽的规定，但是成长于其他传统下的人却都排斥这些规定。基于这个缘故，犹太人使其他民族改变信仰的努力虽然得到些许成就，但是整体而言，却相当失败。由于犹太王国在近东诸强中充其量也只是无影响力的小竞争者而已，要以帝国征服的方式来传播其律法也愈加不可能。国势衰弱与孤立可保律法之纯净，以免受广泛的接触与责任所污染，但是这种纯净却是以牺牲普世化理想为代价换来的。犹太人的宗教观念经过基督教与伊斯兰教教义的涵容修正以后，对历史过程产生深远的影响，但是其原始形式却只能带给其"选民"绝望。

基督教克服了犹太教的弱点，它反对母信仰之极端法治主义与历史定论主义（historicism），因而奠定了未来胜利的基础。基督教拒斥摩西律法所有烦琐的规定，而诉诸所有人类的希望与良知，主张遵行少数简单仪式（尤其是洗礼）、接受少数所信服的道德教戒［两大诫命（commandments）便是其最简单总结］，便足以为救赎奠定基础。同时，它把神的历史与王国兴亡史划分开来，突破了犹太教的悲剧性困境。耶稣基督宣称"基督王国"（His kingdom）并非世俗之王国，并且明确划分属于国王与属于上帝之事，希望把人类从历史的桎梏中解放出来，并阐明救赎与政治无关。在历史挫折的冲击下，许多犹太人的宗教思想都走上了同一个方向；对这些人来说，基督福音乃是解放的允诺。对政治社会状况渐感不满的罗马帝国非犹太居民，也同样欢迎这福音。结果很多人改信基督教，使得信仰以色列上帝的徒众远多于过去犹太律法所能号召者。

基督教拒斥犹太教对历史的特殊诠释，并不表示基督教也和远东神秘宗教一样，否定可见世界之精神实相或重要性。就此而言，"救世主"（The Messiah）观念便是新宗教之精神理想与其母信仰之历史观点间最重要的联系。许多世纪以来，以色列的先知都在企盼——圣王（divine ruler）的降临，以建立永远统治其他民族的犹太王国。耶稣基督的降生普遍被认为是此预言的实现。基督坚持不愿成为世俗之国王虽使很多犹太人失望，但是他的追随者却从未放弃"耶稣即先知所言之圣人"的信念。他们认为上帝之子降临人世，不仅是要拯救犹太人，也要拯救全世界的人类。基督徒持着救世主的概念，认为"基督降世为人"（the incarnation）这个独特历史事件仅此一次地揭示了上帝的意旨，这些基督徒和犹太人一样难以接受"可见世界乃永远轮回的无意义景象"这种神秘宗教的观念。在基督教思想中，只是将犹太人的"犹太民族之历史具有无比崇高之精神意义"的观念，转化成"人类获得救赎的历史具有无比崇高之精神意义"而已。

基督教的独特性在于它的戏剧化历史观，这也是基督教有别于远东神秘宗教的最重要因素。在大多数原始宗教信仰中，农时节令之更迭、牲畜之繁殖以及其他自然界的循环都被认为是某一神祇之降生与复活的表征。"生命乃是死亡与再生的无尽循环"这个神秘观念，便是从此最原始的宗教经验形式归纳出来的。罗马帝国盛行的各种神秘宗教，基本观念便是神的一再死亡与复活（这原来被认为是使自然界生生不息的方法），亦能带给初学教徒永生之福祉。基督教也援引了同样的观念，但是却从全新的角度解释它。根据基督教的宇宙观，人生并不是无意义的循环，而是一场有意义的戏剧——有开始、有中间、有结束。世界在过去有一确定之起点，将来也有一个确定的终点。在这两个端点的某一时刻，上帝降临人世，牺牲自己的生命以救赎人类。因此，从基督教的立场来看，人类的所有历史便都囊括在单一的生、死与复活的戏剧化连续段落中。世界是一个舞台，人类被赋予唯一一次机会参加这出救赎戏。结局乃是使人类由永恒的循环中解放出来，并使个体的生命获得独特的意义。

由于基督徒对人类本质与命运持这种戏剧性的看法，因此也和他们之前的犹太人一样，必须对历史担负起痛苦的责任。每一个人的生命和整个人类的生命一样，都是一段为生死所束缚的短暂宝贵时光。当这出戏剧落幕，"最后的审判"到来，每个人都必须述说自己在人世间的一切，然后据此被判永入地狱或天堂。既然此生是每个人获得救赎的唯一机会，他便必须把握这一段出现在舞台的短暂时间，尽量利用。于是，犹太人以其民族历史为上帝律法做见证的责任，遂被转化成每个基督徒以自己的一生做见证。生存的每一时刻都必须转化、升华为服从"爱"的神律。基督徒也和远东的宗教

第二章 基督教会的崛起

思想家一样,认为物质需求与欲望的世界乃是痛苦与诱惑之源。然而,基督徒获救之途却不是弃绝此生,而是要把握住人生,把它当作遂行负责任之行为的机会。"自杀是最大的罪"这观念对大多数宗教体系都是陌生的观念,但它却是"人生是神圣的"这特殊观点的表现。对基督徒来说,历史的终极意义乃是接受天赐的动物性存在,并且用宗教意志的至高作用去使它升华。此如一来,即便是最卑微的人的生命,也导入了一种戏剧性的急迫感。

在基督教的人性观里,此生与来世两股力量有令人难以忍受的紧张,因此自始就受到两方的攻击。多数人都会发现,人要不是认为超自然的价值(supernatural values)具有绝对重要性,就是认为尘世的一生才是最重要的。基督徒的二元立场则具矛盾的外貌,而人性很自然会去反对矛盾。一方面,有些基督徒由于专注于历史存在的价值,再度堕入暧昧的伦理唯物主义(ethical materialism)中,认为宗教只不过是为了获取最大限度的人类福祉而设立的教诫体系,对来世只不过是敷衍地提一下而已。即使基督教会早期,也无法完全避免因追求尘世利益而失去精神价值。自是以后,这成为反复出现的问题。而另一方面,有些基督徒由于专注于来生的价值,信仰一些神秘的学说,而把尘世生命的价值降到最低限度。对尘世生命的漠然,在独身主义与静思的修道生活中表现得最明显;狂热的信徒往往受到吸引,认为这就是通往天国的途径;神秘的极端主义者也一再倡导这种方式的生活,认为这是所有真实信徒必须履行的责任。如何在神秘力量与历史力量之间维持有效的平衡,从而保全"尘世生命乃是使灵魂得救所不可或缺者"的矛盾观点,一直都是一个难题。在世上伟大宗教体系中,基督教独具不安与动态的紧张感,这是基督教双重人性观中固有困难的反映。

为了同时抵制来自神秘主义与唯物主义的诱惑,基督徒需要一个有力的象征来使人们接受他们的二元观念,这象征就是十字架。

固然许多宗教都曾宣扬某一救世主之死亡，但却不曾想到要强调其死亡时肉身临受的荼毒与痛苦，或者是用残酷的刑具，作为其信仰之独特表征。然而，对于基督徒，神死的重大意义是，死的不仅是一位神，同时也是一个"人"。神过凡人的生活，忍受肉身所必得忍受的痛苦，借此为人类带来一个讯息——即我们不应趋避痛苦与羞辱，而应把它们看作达成最高精神目的的工具。为了使人类更了解受难的神圣意义，必须强调基督尘世生活不愉快的一面。因此，基督故事中强调他的贫穷与谦卑，有些人甚至大胆主张基督的肉身必定极为丑恶——因为这样基督才可能体验到肉身的极恶。除了耶稣被钉死于十字架这事件以外，其他的事都微不足道。在被钉死的那一天，基督不但受到最痛苦的肉体折磨，也体验到被上帝遗弃的精神悲凉，如是神性与人性遂永远结合在一起。是后，如何重新捕捉那辛辣的时刻，使它永远鲜明存于人心，就成为基督教最关心的问题。西方的艺术家也争相描绘那一幕的恐怖。在马蒂亚斯·格吕内瓦尔德（Matthias Grünewald，约 1470—1528，德国画家）所绘的令人惊骇的祭坛壁饰上，钉死在十字架上的耶稣显然患有梅毒，这是数世纪以来试图使人类因震怖而接受基督教受难看法的最杰出代表作。对于来自其他文化的访客，基督肖像的暴力与特别强调肉体折磨，简直丑得令人无法忍受。画成这样的理由是，若无此慑人心弦的象征，就无法震吓人们使之鲜明感受到基督福音的本质。

然而，假如十字架的象征要保留基本的基督教意义，死在十字架上的人就应当被作为一位真正的神。这个需要很快就导致更周密的神学发展，其重点是"三位一体说"（the doctrine of the Trinity）的定义与辩护。对于受希腊逻辑形式（具有互斥范畴的严密体系）支配的文明来说，一个人可同时为神又为人，一样东西在同一意义下可同时为三又为一，基于人类理性的基础，这样的观念势必招致诡论式的攻击。为了解决这些逻辑上的困难，许多人试过无数次，想要否定基督的全般人性或全般神性。基督徒虽然承认三位一体说分析到最后仍是个奥秘,除非借助于天启,人类理性是无法理解的,但是他们却不能仅凭借信仰(faith)来支持这种看法。其后有一连串有天赋的神学家用热情、精微的辩证澄清基督徒的立场,为其做辩护,他们吹毛求疵的推理与用暴力迫害稍离正统立场者的做法,使他们在后世较缺乏神学观念的人眼中名誉扫地。不过,他们之用暴力乃为应付危局;基督教的人性现在此生与来生间保持一种微妙不安的平衡,稍有偏颇,整个概念便溃不成形。早期神学家以高度的技巧与冷酷无情的态度去对抗这少许的偏差,而得以维持这种平衡,使基督教这个独特宗教的生存,得到保障,也为同样独特的西方文明的发展铺下坦途。

对神学正统的兴趣很快就促成了精心规划的教会组织的出现,大多信徒最早期都以为世界末日即将降临,基督教社团因共同信仰而松散地组成小规模不出名的会众(congregations),便已满足了。原始基督教由于对犹太的法律形式主义(legalistic formalism)产生反动,宣称单纯的爱的律法就是人生充分必要的基础,故而严密的组织形式与基督教是不符合的。然而,随着教义争端的产生,一种新的法治主义精神也跟着出现。假如唯有密切关注复杂的神学论题才能维持基督福音之纯正的话,那么势必要有某种有组织的权威形式,来裁决敌对神学家之间的争端,并保护信徒免受异端的诱惑,这需要很快就解决了。早在君士坦丁大帝统治时期,罗马帝国便已出现专业教士的阶级,他们在主教的监督下,指引信徒的精神福祉。主教则时常参加地域性或全国性的大公会议,会中决议便是教义的权威来源。具有自己律法、习俗与独特组织原则的基督教会,此时已登上历史的舞台。

这划时代的事件造成了二元形式的社会,使我们必须对政治的范围与本质做一彻底的重估。在古代一元社会的情况下,"国家"是唯一能够推动大规模社会行动的机构，参与国家事务是具有公共精神的人的最高责任，基督教会的崛起，却改变了一切。如今，独立的教会组织向政府垄断公众事务的功能提出挑战，并且提供人们发挥社会抱负的另一工具。对于国家的价值与重要，基督徒本身就有不同的看法；圣奥古斯丁（St. Augustine）认为国家不过是强盗集团，但一般却认为政治权威是为了对人们实施有益之惩罚的必要机构，应当受到尊重。不管怎样，所有人都一致同意教会是最主要的救赎工具，其他利益都必须臣属于这最重要的使命下。如是，自古以来政治享有的无上地位突然被推翻，国家被贬为次要的机构，必须臣属于另一组织的道德权威下。

但是在地中海世界的东半部，基督教的二元含意从未在政治上完全实现。君士坦丁大帝承认基督教为帝国官方宗教时，教会还来不及建立有效组织，和帝国后期高度中央集权的官僚君主制比较起来，教会的阶层组织仍属脆弱、分散。由于几个大城的主教都有相等的声望与权威，所以也没有任何一个人能够代表整个基督教发言。重大问题唯有在全教会的大公会议上解决，大主教与主教便是在此等会议上联手订出基督教义。在这种情况下，教会无法迅速采取有效的行动，因此国家便较易干涉教会事务，教会反而难于对国家施加压力，最后，国家遂不难将教会转变成推行国家政策的合理而有效的工具。虽然世俗与精神权威的结合再不能像皇帝本人被视为神一般崇拜的时代那么彻底，但是从君士坦丁大帝以后，拜占庭的统治者却相当能够自命为神指定的人类精神与世俗利益的指导者。在这种情况下，彻底的二元社会观是无从出现的，结果拜占庭世界遂无法体验到西方文明的形成经验。不论是从社会、政治或宗教的立场来看，东、西教会的分野都仍然是阻止东方与西方自由交往的障碍。

西罗马帝国崩溃后，西方基督王国发现自己在崭新的立场上，

第二章 基督教会的崛起

蛮族建立的君主制都是一些脆弱、原始的组织，既缺乏古代法治的声望与自信，也没有能力操作复杂的官僚体系。另一方面，罗马城在西方享有的杰出声望与权威，却使西方教会能在罗马大主教领导下达成相当集中的一致行动。这一切都牵涉到旧有教会与国家间平衡关系的彻底转变。拜占庭帝国有一个极度中央集权的政府，但教会组织却脆弱松散；罗马教会却是比较集权的教会组织，与其相对的世俗权威则脆弱、松散，在这些情况下，西方社会可以完全依照基督教的二元社会去发展，而较不必顾虑国家的干涉。

由于政治权威的崩溃，西方教会必须在政府事务中扮演积极的角色。即使在仍可找到许多训练有素官僚的东方政府也发现，把公共责任（特别是像贫民救济一类的工作）交付给教会执事去处理，乃是相当便利的；在西方则有更大规模的类似倾向，蛮族统治者的见解是原始、乡村式的，无法了解复杂都市的行政问题，教会是即将崩溃的罗马帝国秩序唯一残留的代表，也是唯一有行政能力与经验可以防止世界陷入混乱的机构，因此，主教与其他教会权威不得不介入这空隙，担负起大部分市政责任。蛮族的来意既然是要占用西方文明，而非摧毁西方文明，有人替他们担负起他们自知无法胜任的工作，他们当然非常乐意。于是，西方国家大部分权威遂落入教会之手，名义上虽是蛮族的子民与属国，实际的领土（包含大多数幸存的城市）却具有教会的公国（principalities）地位。有些地方，尤其是在罗马城甚至连臣属的理论也被抛弃，教会统治者被认为具有完全的领土主权。因此，罗马教会于形成期便担负起甚多世俗责任，西方基督教具有的特征主要就是这种经验造成的。

这种状态造成的重要结果之一是，宗教生活的神秘冥想成分渐渐降到最低限度。在东罗马帝国，希腊与东方神秘主义思想的影响特别强烈，国家也仍然是有效执行社会行动的机构，在这样的环境下，以彻底抛弃世俗责任之退隐生活求得救赎的观念，从来就不曾失去其有力的影响，于是隐士（hermit）成为东方基督教的典型代表。西方国家权势比较衰弱，而且缺乏足堪与东方相提并论的环境，因此其发展也走上了不同的方向。西方固然并不是完全没有隐士与神秘主义者，但教会的重点却是放在升华一般人类经验，而不是抛弃此等经验。事实上，这一立场造成的更极端结果从未完全被人接受过，西方观点后来的激进表现，便是厌弃修道生活，而强调所有人类工作之精神价值的加尔文教派。即使西方教会愿意赋予退隐静思的生活某些精神价值，但试图把这种形式的宗教经验维持在较狭隘的范围里，教会虽不曾禁止离群索居的隐士生活，却对之投以怀疑的眼光。特具宗教天赋的人或许会被鼓励退出世俗的烦恼与诱惑，以进入有利的修道院环境，但这也不足成为不参与有益的社会工作的理由。西方第一个伟大修道团体的座右铭："工作与祈祷"，就是西方修道精神的有名表现。中古末期，托钵僧与传道团体兴起，更表现了宗教应使日常生活升华，而非从其中退隐的原则，这是西方基督教最持久、最特出的风貌。

一度，教会担负世俗责任似乎会导致教会完全世俗化，教会统治者遭遇的问题与经验和当代世俗王侯基本上是一样的，这使得他们的观点渐趋一致。在黑暗时代（the Dark Ages，即指中古时代），封建制度渐渐形成，教会人士被政府吸收，赋予如其他地方权威一样的职位，身兼爵位的主教也得采取军事措施保卫领土，有些甚至还因在战场上功业彪炳而誉满天下。当时，世袭是政治权威的正式基础，教会人士也常设法使圣职由自己家族继承，以永保权威。这些现象使教会失去了特色，而卷入当代政治力量的一般争斗中，甚至连教皇一职也成为世俗野心的目标。在黑暗时代，教皇的选举主要是由一些互争雄长的罗马贵族控制，名门世族有时甚至争取到世袭教皇的权力。在罗马帝国崩溃后的混乱情况中，本来就难以平衡的此生与来世关系，愈来愈倾向于前者，这对基督教的二元社会观

第二章 基督教会的崛起

构成严重的威胁。

但是到了中古末期,教会再度以特殊而独立的组织形态出现,显示了基督教内在的活力。当时,一连串有权势的日耳曼国王想创建神圣罗马帝国,由于他们的发起,再加上一群杰出的教士[他们都曾参与克吕尼（Cluny）的宗教复兴运动]的帮助,西方教会结构开始激烈的改革。贵族团体原欲吸收教士,使其成为世袭贵族之一部分,但是教士的强制独身与公众对教士任用私人的无情攻击,使这种意图受到阻碍。由于再度强调教皇的权威,分崩的教士阶层体系遂重新统一,也有了新纪律,久习于独立的地方教士此刻也接受有裁判异端权的中央官僚系统的指挥。博洛尼亚大学（University of Bologna）成立后,重新研究罗马法为教会提供受过专业训练的法律人才,也使官僚系统的人员递补得到不少方便。托钵僧团的兴起也助长了中央集权;新成立的方济各会（the Franciscans）与多明我会（the Dominicans）成员热诚、干练,未受封建社会污染,教皇是他们唯一的效忠对象。教皇授权他们,令封建化与派系主义的地方教士接受罗马教会的意志;同时他们也是布道团体,领导宗教复兴运动。十字军东征运动是数世代人们专注的焦点,我们从这个运动可以看出宗教复兴的实况与强烈程度,而一系列伟大的教堂建筑也是宗教复兴的永久纪念标志。中古末期,教会已再度建立稳固的独立地位,暂时避过世俗化会破坏基督教二元论的危险。

基督教会的复兴极为成功,精神界与世俗界力量的平衡一度似乎要被教会从反方向推翻掉。当时,即使最强大的世俗统治者也只能对其封建属国实行有限度、不稳定的控制,但是,教皇却成为近代第一个伟大官僚体系的主人。由于具有专业化的人员增补制度与阶层化的纪律,教会组织成为比任何世俗行政体系都有效力的机构。此外,从意识形态斗争的角度来看,由于拥有虔信时代的精神构成声望,传道团体的活动也使教皇握有比任何世俗构成更强的宣传工具。意识形态加上行政的因素，使教会在与国家的比较上占绝对的优势，在一些精明干练、野心勃勃的教皇［尤其是格里高利七世（Gregory Ⅶ）］领导下，教会充分利用了这种优势。教会以最不妥协的言辞声言有权控制一切国家的精神要务，并将矛头特别指向神圣罗马帝国。此外，又援引逐出教会与停止教权为武器来支持这种权利。教皇声称直接拥有的领地扩大了，英格兰与其他边缘地区的人民被强制或说服去承认教皇为其封建领主。如是，前不久有被世俗封建体系吸收之虞的教会，此时似乎反而要把世俗体系纳入绝对神权政治的架构了。

这种教皇势力对社会二元组织的威胁很快就被避开。世俗统治者在逐渐加强的压力下也开始集合力量。他们刻意仿效前此不久教会用以克服内部分崩现象的方法，开始克服国家组织内的分崩现象。教皇曾经援引"绝对自主之权威"的观念来战胜主教与修道院长的地方性权利，这观念渐渐转移到世俗世界中，使世俗统治者有借口去攻击封建领主与特许城市（chartered cities）的既得利益。经常援引早期"官僚绝对主义"（bureaucratic absolutism）情况的罗马法的复兴，也助长了中央集权的趋势；结果世俗统治者很快就和教会争办大学，鼓励法学研究。这些大学成为供给训练有素的忠诚公务员的最主要机构；后者则代表王室权威，使其他世俗权威都服从中央集权的官僚体系领导。由于世俗界的封建体系比精神界的封建体系更为巩固，因此国家的官僚化过程也远比教会的官僚化过程更为缓慢、艰难。若将国家主权（state sovereignty）和教皇的教会主权（ecclesiastical sovereignty）做对比，那么直到十六世纪让·博丹（Jean Bodin，1530—1596，法国政治思想家）为"国家主权"做经典式的简洁陈述前，我们尚不能说它的理论与实行已完全确立。由于长年和教皇斗争消耗了国力，再加上要求统治超过其实力的领土，神圣罗马帝国从未有过有效的主权，渐渐变得无足轻重。不过在中

第二章 基督教会的崛起

古末期一些寡土众民的王国（例如法国、英国），却已经完成相当程度的官僚中央集权，有能力对抗教会提出的过分要求。教皇格里高利七世与乌尔班四世（Urban Ⅳ）去世以后，不到一个世纪，法国与教皇的斗争即有了结果，教皇被迫把宫廷由罗马迁往阿维尼翁（Avignon），随着这一革命性事件的发生，以绝对神权统治欧洲的可能性也就永远消逝了。

因此，到了中古末期，二元的人类社会观（和基督教的二元人性十分类似）遂成为西方政治生活的正常基础。除了少数非信徒与异教徒以外，每个人自从降生到这个世界上就分属于两个大社会，这两个社会又各有特定的公共责任范围。国家的功能就是以强制力量维持有秩序的社会生活的外在环境，国家用军事防御与警力来维持社会秩序，以保护基督徒生活不受各种形式的暴力干扰。所有国民则应服从国家，供其役使以实现这些目标。不过，国家的活动虽重要，却应以执行而非制定政策为目的；决定人类生存的终极目的并指导国家完成这些目的，乃是教会的正当社会功能，所有信徒都应帮助教会执行这项功能，每一个人都必须尽一己之力对国家施加有效的道德压力，在极端的情况下，世俗统治者若执意不听教会的道德指导，有良知的基督徒甚至应放弃对国家的忠诚，担起建立新政治秩序的革命责任。换句话说，中古的人民相信，国家本身并不是道德目的，而是必须受社会大众良心指导与控制的行政机构。如此明确划分"社会"与"政府"，并且赋予社会组织（与政治组织对照而言）较高的道德权威之观念，是古代社会不曾有的，这种观念的出现代表了西方文明的确立。

不管怎样，基督教的二元观却不曾损及古代法律传统，实际上，二元观念反而更加强、确认了这项古典传统，使其成为近代生活的要素，即使在黑暗时代最混乱的时期，人们也不曾完全抛弃"享有法律下自由的社会"的远古理想。在欧洲许多地方，多少已呈残破的罗马法本身不仅还以教会法（canon law）的形式存在，而且更化为地方习俗而存在。随着法学研究的复兴，罗马法对宗教法庭与世俗法庭活动的影响也愈来愈强，即使在罗马法不生效的领域，对法律本身的尊重也不曾消失。征服罗马的蛮族和大多数原始民族一样，强烈觉得自己的部族习俗神圣不可侵犯，长久以来一直以原始的严格态度应用这些习俗；封建制度强调政治义务的契约因素，这也是维持法治观点的一个有力因素。因此，在中古全盛时期，古典的法治传统非但不曾消失，反而因新的原始法治思想融入而更为强大，其地位也益为稳固，成为西方生活的一大特色。

我们已经讨论过，古代由于在个人与国家间缺乏独立的仲裁者，因此无法以法律来约束政府的行动；二元社会的建立则解决了这个困难。教会是公认的一切道德利益的守护者，可以通过自己的法庭对各类法律问题（包括"意志"与"契约"等事件）做出裁决，同时也有能力让所有人（包括世俗统治者）接受此裁决。教会也是道德律法的最高诠释者，可以监督、控制世俗机关对法律的执行。假如某一世俗统治者利用权位违犯教会律法，或者破坏就职誓言而以他的国法做正义的标准，真正的基督信徒便有责任提出抗议，必要时也可以推翻他的统治。政府曾经可以无视其法律义务，现在则有有组织的社会良心，准备将所有人类行动（包括政府与私人行动）都置于法律的规范下。因此，基督教的二元观加强了古典法治思想，通过这两项传统的结合，古代社会无法达成的理想终趋实现。

中古末期，西方文明的基本形式已稳固确立。自是以后，"政府在法律架构内施行统治，并接受社会的道德指导"，此一理想遂一直对西方人民产生重大影响。这个理想源于基督教的人性观，它也和这种人性观一样，是建立在永不平衡的二元力量基础上的危险又难以达成的理想。由于这是动态而非静态的平衡，因此也唯有最坚毅、最严峻的努力才能维持这种平衡。基督曾说他仗剑而非带着和平来到人世，西方历史特有的暴烈与不稳定便是这预言的真实见证。中古时代教会与国家的二元结构引发了无休止的战争，稍后"社会"与"政府"这种类似的二元结构也造成类似的纷扰。然而，二元结构虽有明显的代价，但也有它的补偿。西方人有一种几乎无法达成的伦理观，他们既不接受也不拒斥历史实体，而是要去转变它，因此西方人以全副精力去征服物质环境。要在二元社会维持秩序几乎是无望的工作，但是西方人却受此目标的鼓舞，创造了独具动能可适应不断变迁之需要的政府形式。不论是好是坏，中古的二元法治理想都塑造了西方文明的发展途径。因此，要评断西方世界的成就，必须以这个理想为评断基准。

第三章

世俗化危机

公元十六、十七世纪是西方文明史的转捩点,直到那个时候为止,西方社会的二元结构都建立在教会与国家制度上。当人的主要精力都专注在宗教问题上时,教会才可能和世俗组织做实质的抗衡。然而,随着文艺复兴与宗教改革的到来,这种传统的二元结构终于被摧毁了。越来越多的人渐渐把兴趣从宗教问题转移到世俗问题上,而依然忠于基督教的人则因教派纷争而削弱力量。因此,中古的教会可以代表所有基督徒发言,但是后期的教会却只能代表一部分人发言;此时国家仍然声称统有所有的臣民,因此它也就成为整个社会的主要代表。在这种情况下,已无法仰赖教会对世俗权威的权力发挥独立的制衡力量。西方文明逐渐趋向世俗化,使人们必须重建二元社会的基础。十六世纪以来,这项重建工作就一直是西方政治的主要问题。

西方世俗化的第一步,是文艺复兴时代古典学术的复兴。中古的艺术学术活动由教会垄断,因此提高了教会的声望而贬抑了世俗权威,借着阿奎那(St. Thomas Aquinas)这类人物的努力,古代文献的一大部分(尽管是出自俗人或异教徒之手),都安全地纳入基督教传统中。但是，君士坦丁堡（Constantinople）沦陷以后，希腊难民学者却突然出现在西方舞台上，为西方人带来古典学术的新宝藏。他们不仅受到有文化教养的教会人士欢迎，也受到俗人欢迎。由于都市的发展与中古后期商业的繁荣，欧洲许多地区开始出现富有而具野心的中产阶级，他们与不识字的封建领主不同之处是多半都受过高等教育，急于把握任何机会，推动社会与知识进步。像美第奇家族（the Medici）这样的银行世家就有能力，也愿意赞助新学术，而和教会媲美；有野心的王侯也渴望吸引知名之士到宫廷来。因此，教会从上古以来首次停止垄断艺术与学术。文艺复兴时代的许多一流作品都是世俗学者及艺术家在世俗赞助者资助下完成的。这些作品普获赞赏，激使人重新体认世俗生活的尊严与重要。这种精神与世俗平衡的突然移转使文艺复兴成为近代的真正先驱。

文艺复兴的世俗化运动一度能不受教会妨碍而进行。研究古典学术的浪潮最初向欧洲席卷而来时，教会力量强大，足以控制这运动，使它配合本身的目的。但是，在文艺复兴时代，教皇的精神势力却出奇低落。经过"巴比伦之囚"（the Babylonian Captivity，指1309—1377年教皇被软禁于阿维尼翁的那一段时间）的长期羞辱之后，教会方才再度抬头，并悲哀地体认到，在欧洲君主（例如法王）地位稳固之下，干预任何事物（即使是精神事务）都是危险的。另一方面，罗马帝国的败亡使意大利成为政治的真空地带，暴虐的小君国纷然林立。教皇国（the papal state）身为较大较稳固的政治单位，正可对较弱的邻邦施加实质的外交与军事压力。这些情况的配合，自然而然促使文艺复兴时代的教皇专注于世俗权力、从事领土的扩张而忽略更广泛的精神责任。既然是世俗统治者，他们的问题与关切对象也都和世俗敌手大抵类似，教皇多少无可避免地受到当时世俗潮流的同化。有些教皇和利奥十世（Leo X）一样，曾赞助当时最伟大的艺术家和学者，然而，他的动机却也和他的佛罗伦萨美

第三章 世俗化危机

第奇家族亲戚没有什么不同。没有人像前人一样特别努力从基督教观点去修正并重新诠释这些新学术。

但是,基督教的传统仍然足够强大,未被文艺复兴人文主义的冲击所截断。的确,就当时某些代表人物而言,文艺复兴的精神完全是异教精神;但他们虽热衷于从古典艺术与文学中挖掘宝藏,大多数领导人物却仍然从基督教思想中汲取灵感。即使在新的创造力正值高峰时,吉洛拉谟·萨伏那洛拉(Girolamo Savonarola,1452—1498,意大利宗教改革家)也能在佛罗伦萨以滔滔雄辩掀起一场虽短而强的宗教反动,鼓励这座文艺复兴之城的公民与艺术家把异教绘画和其他世俗财宝公开焚毁,这是一桩极具意义的事。意大利以外的地区新学术生根比较缓慢,对异教人文主义的阻抗也更强大。文艺复兴的成就或能添增上帝的荣耀、增进朴实的礼仪与生活乐趣,这些方面是人们可以接受的;但是另一方面,它们也往往会使人心神不专注,忽略宗教责任,因此很快招致人们的敌视。基督教徒习于在两种极端之间游移,是故十六世纪的人们乃会对文艺复兴的世俗主义产生反动,爆发出一股新鲜的追求来生理想的热忱,新教的宗教改革运动与天主教(旧教)的反改革运动,就是这种反动的表现。

通常追求来世理想的重兴,总会使教会再度取得国家平等伙伴及独立批判者的传统地位,前述西方历史中便有这种现象。几世纪前,托钵僧团的兴起曾经导致可与此次反动比拟的普遍宗教热忱的爆发;当时教皇稍作踌躇之后就把该运动纳入教会体系。类似此种事件激发的新鲜宗教活力乃是十二、十三世纪基督教文明的活力来源。新教的宗教改革运动,一如其名称所暗示的,希望能为基督教会开创可与十二、十三世纪比拟的净化与再生时期。路德(Martin Luther)与门徒追随圣方济各(St. Francis)与其后继改革者的榜样,不认为自己是叛徒,反而是既存宗教传统的代表。他们在重新捕捉原始纯净的基督教义的过程中，十分强调《圣经》与早期教父的著作，但是原先并无意要诋毁中古基督教的基本假定；他们所抱怨的并不是天主教会的存在，而是那些使教会无法履行正当精神任务的长年积弊与腐败作风。他们的目的是使教会再度取得传统地位，成为团结的基督王国的领导中心。

然而，宗教改革所产生的实际影响却正好违背了改革者的初衷。文艺复兴时代的教皇由于专注于世俗的治国之道，很慢才明了即将发生于北方的精神危机之意义。为了满足改革者的最低要求，教皇必须放弃许多有利可图的积弊，并且全力进行教会（尤其是修道院）的净化工作。其后，反改革运动也证明了罗马教会仍然有能力实行改革，然而此一证明行动却迟了一步，无法保持教会的团结。新教徒要影响文艺复兴时代世俗化教士阶层的企图再度失败，最后终于决定脱离罗马教会，他们建立起属于他们自己的教会组织，希望最后能借此使人返归真正的信仰，在完美的新基础上再建大一统的教会，结果这些希望却成为泡影。新教徒虽然努力在许多地区建立他们的地位，但是天主教反改革运动组成了耶稣会（Jesuits），他们的热诚发挥了意想不到的力量，使西方相当大的地区并未加入新教的改革运动。更有甚者，改革派由于缺乏有效的中央领导，很快就分裂成互不妥协的教派。改革者的原意是要重建一统教会的权威，但实际上却反而使基督教世界分裂成争战不休的教派，削弱了教会的影响力，使得政治的理论与实行产生了许多意想不到的变革。

这些变革在宗教改革运动初期并不特别明显，关于二元社会的问题，改革者的领导人物理论上采取的是类似中古教会的立场，当然，新教的两个主要教派在这方面的看法是有某种程度的不同。路德教派注重宗教的神秘面，因此倾向于打破基督教此生与来世的平衡，而注重后者。路德及其门徒比大部分西方基督教代表人物更强烈地认为，世俗事务本质上是邪恶的，因此强调内心生活的培养是

第三章 世俗化危机

基督徒应有的行为。另一方面，加尔文教派则关心历史性存在这一偶然事件，因此他们往往从相反方向去打破今生与来世的平衡；他们极度关心如何在尘世上实现上帝之国，因此接近古代犹太思想之精神，他们经常引述旧约经文，喜欢使用希伯来人的名字，凡此都表示他们对古代犹太思想是有亲和感的。他们觉得对历史的升华（精神化）有直接责任，因此比路德教派甚或罗马天主教都更有干预世务的倾向。很明显地，只要情况许可，他们就会选择神权政治这条路（就如加尔文教派在日内瓦或清教徒在英格兰的情形一样）。然而，尽管新教的主要团体都偏离了基督教立场，但是他们却从未抛弃建立在教会与国家二元结构上的古老社会观，不论两个制度的关系为何，路德教派和加尔文教派一样都相信教会是有别于国家的团体。教会对于他们就如对中古基督徒一样是人类所有重要精神利益的维护者，是道德权威最崇高的具体化身。当国家威胁到教会利益时，即使是路德教派的信徒也知道起而抗议，在极端的情况下，他们还会抵制国家。加尔文教派则更具野心，至少在其发展后期甚至想要监视政治权威。因此，新教的教义结构虽然多有变迁，但在实质上却不曾改变西方基督教二元社会观的传统。

不过，宗教改革时的实际环境却使教会愈来愈仰赖国家。改革者传播的福音虽然未曾影响到罗马的权威当局，却很快获得世俗王侯的喜好。西方统治者在试图使国家行政结构合理化的过程中遭遇的障碍之一就是教会的特权；宗教改革者声言要大幅改革教会的组织自然受到王侯的欢迎，他们认为这是消除教会特权的良机。尤其在英法等地，罗马教会以贩卖赎罪券或其他方法对当地人民大肆搜刮，因此英法王侯特别欢迎宗教改革，于是从一开始，改革者就找到某些世俗王侯做他们的强力支持者。当教会谴责宗教改革为异端，意图将其消灭时，幸亏有像萨克森选帝侯（Elector of Saxony）这样的人保护，改革运动才不致消灭。改革者为了避免被迫害，同时也为了要迫害对手,遂不得不仰仗友善统治者的军力援助,当他们和罗马当局的争斗越演越烈,就必须更借重世俗权威的帮助,也因此必须对世俗权威做更多的让步,以为回报。理论上,改革者或许仍然明了必须以教会的道德权威来对抗国家滥用权力,然而,实际上他们的抗阻却有个限度,不能与王侯保护者失和。结果使教会变得较为软弱,无法对世俗权威的傲慢态度产生制衡。

同时,类似的因素也削弱了天主教会的力量。在和新教徒斗争的过程中,罗马教会的追随者的确占有许多优势。新形成的新教教会,由于缺乏组织完善的正统权威机构很难统一教义,或是在支持者间建立一种纪律,另一方面,教皇在天主教徒间所代表的纪律与教义权威,则是无人可动摇的。这一点使得罗马教会用比对手更高的效率来动员残余力量。然而,在几个宗教团体竞相对世俗王侯示好的时代,即使是经过重整的教皇权力也不足以保障天主教会的生存,这时大多数国家人民的宗教感都极其分歧混淆,没有任一权威能得到基督国度全民的一致支持。设若一个世俗统治者决定采信新教,将天主教徒扫除尽净,那么凭着他拥有的武力与新教人民的支持,他便能达成这个目的,即使罗马教会提出强烈的抗议也是一样,而假如有另一个统治者决定采信天主教而将新教徒赶尽杀绝,他也很可能成功。于是,罗马教会也和新教教会一样,倚重世俗权威的支持,为了得到世俗统治者的帮助,它也必须对统治者让步。虽然天主教国家里教会的削弱不如新教国家那么厉害,但这削弱的趋势本质上是一样的。

宗教与政治间的不安关系造成的第一个结果就是动摇了政治秩序的传统基础。设若某一地区的王侯赞助某一特定的宗教团体,这宗教团体的追随者只要宣扬绝对效忠邦国的理论,就能获得享之不尽的利益。英国国教徒(the Anglicans)与路德教派的力量主要是来自世俗统治者的支持,因此他们在这方面的工作也做得最多。另

第三章 世俗化危机

一方面，大多数地区都有不信从官方信仰的人，这些人易于遭受迫害，对他们来说，政治问题就是设法推翻既存秩序，从而拥立一个信仰其宗教的王侯。中古时代，大多数政治理论家都同意人民有权抵制暴君（包括那些支持异端、阻碍人民获得永恒救赎的君主），在极端情况下甚至可以由境内其他高官处死君王。在宗教战争风起云涌的岁月里，那些被迫害的激进教徒特别容易接受这一观念，尤以耶稣会教徒与加尔文教徒为甚（两者分别是天主教与新教态度最强硬的鹰派），这两个教派在新的政治理论学派"抵抗王权者"（the Monarchomachs）*的形成过程中都扮演了主导角色。这些作家在试图克服敌对统治者的权力时，多少都曾激烈地主张，推翻暴君是人民的天赋权利。这派政治理论家的用语带有某些现代意味，也对后来现代民主思想的发展起过一些作用。但他们当时所说的人民却不是没有组织的群众，而是占有领土的王侯、地方议会，以及其他公众权威；其中信奉被迫害之宗教者占大多数。基本上这些理论家不过是重申了中古的暴政论（doctrine of tyranny）；在中古时代，世俗统治者只臣服于单一教会的纪律，只要满足教会的要求，就不会被指为异端，但在宗教改革以及反改革运动的时代，情形却大不相同。在人民分属于两个或更多敌对教会的国家里，统治者注定会被许多人民视为异端，在这种情况下重申中古时代的理论不啻是招惹无穷的纷扰。

结果确实招来了纷扰，百年间西欧因空前惨烈的宗教战争而变得四分五裂。许多国家的异议宗教群体都曾成功地鼓动支持者对既存的政府展开血腥革命，外国王侯则常出兵为同一教派的统治者助

---

* "抵抗王权者"（Monarchomach）一词据说是一位住在法国的苏格兰人威廉·巴尔谢（William Barchay）所创，他在1600年出版的《论国王与国王的权力》（De Regno et Regali Potostate）中用此词指反对国王有绝对权力的人。

阵。激情的顶点是将文明的战争规则抛弃一旁。在宗教冲突中，暗杀与屠杀成为正当的武器。对那些相信自己信奉的宗派胜利才有获得救赎可能的人来说，在"把国家权力置于真实信徒手中"这个绝对重要的前提下，所有牺牲都是值得的。在宗教热诚的外衣下，世俗的贪欲与野心也充分得逞，结果造成一段血腥且法纪荡然的时期，三十年战争（the Thirty Years' War）消灭了中欧近半数人口，也毁灭了许多古老的欧洲文化重镇，混乱达到极点。此时各教派力量均等，任何一派无论如何努力，都不能支配重新团结的基督国度，其后的僵持状况使西方文明的生存濒于险境。

这些情势终于使人对传统的教会与国家关系的看法产生彻底的反动。宗教战争愈演愈烈，使越来越多的人觉得所有的宗教狂热主义都是不堪忍受的罪恶，因此企盼专制国家绝对主义（state absolutism）的出现，认为这是重建社会秩序的唯一方法。法国有一群职业政客（Politiques），是极具影响力的作者，其最明显的特色即是他们相信，为了政治的和谐，人类必须容忍宗教的歧异。许多身历当代邪恶罪行的他国公民也有同样的信念，他们认为，若现存各教会能接受劝告，做国家政策的附属与辅助工具，不因教派争端或征服异教徒的狂热而破坏和平，则或许还能为人们接受，成为维持现有秩序的有效堡垒。假如时下各执己见的教会能够满足于做私人的忏悔机构，各自为本会的教友服务，不坚持有权决定公共政策，则或仍可各行其是。不论如何，这些互相争议的教士却绝对不能因干预国家主权而造成杀伐与破坏。经过一个世纪多的浩劫以后，教会的政治声望已告破产，其后人们遂永远对教会抱持不信任与怨恨的态度。十八世纪启蒙运动的许多领袖人物反对教会不遗余力，并且大力强调宗教宽容的美德，这便是宗教战争对人类心灵造成深刻、恒久影响的一个表征。这段时期的记忆使现代人对教会产生某些最苦涩的制约反应。有过这样的经验以后，是否容许教会和国家并肩成为西方社会的统治者,已不问可知。

此一新精神的胜利表征乃是《威斯特伐利亚条约》(Treaty of Westphalia),这条约确定了"主权在国家"的原则,结束了宗教战争的时代。世俗王侯有权决定境内的官方宗教,再度正式获得肯定,为了社会和谐,这权利是用愈来愈宽容的精神来行使分歧的各教派,只要不妨害公共秩序,都可以生存下去。当权的教会虽仍旧发挥重要的社会功能,但是此时王侯已有足够的权威防止它们独立行动。在新教国家,王侯本身往往就是当权教会的领袖,指导宗教事务的方向。天主教国家的王侯因为有教皇的存在,无法和新教王侯有同等地位,但是他们对宗教阶层的控制却几乎一样彻底。他们强从式微的罗马教廷手中获取任命教职与管理其他教会事务的权力,甚至最虔诚的天主教王侯也会毫不内疚地利用他们的地位与教廷讨价还价,获得教廷的让步。教士虽然仍能影响虔信统治者的行为,但是这大都是个人的影响,再也无法以有效的社会制裁来强迫王侯听从。

宗教战争期间及其后,世俗的创造活动都特别繁盛,西方文明虽然在中古后期便开始显出科技成就的天赋(例如时钟以及复式簿记的发明),但是对教堂建筑与其他宗教事务的首要关怀,却使西方把精力耗费在彼世的事务上。十六、十七世纪,这些精力渐渐转移到世俗目标。西班牙、葡萄牙和伊斯兰教徒冲突了数世纪,新近才打败对手,其十字军热情在征服与探险的浪潮中得到发泄,这些征服与探险使西方世界得以掌握新大陆的资源,为近代帝国主义奠定基础。新教改革拒斥修院制度,坚持世俗使命有其宗教重要性,因此促使成千上万的修士与修女重回凡尘,并赋予他们热情的决心要解决世间问题以更荣耀上帝。宗教战争之后那段期间,这种关怀变得更显著。教会在失去社会领导地位的同时,也失去吸引有才能、有雄心者为其服务的能力,渐增的漠然态度代替了宗教热诚,世俗事业成为几世纪以来基督教生活经验所累积的紧张与精力的最佳发泄之途，结果加强了文艺复兴人文主义的精神，并且为惊人的科技发展立下基础。中古的西方文明较为拙劣贫乏，无法和同时代世界其他文化中心的物质财富相比。而到十七世纪末，西方却已经显示出可以当仁不让地继承这个世界的精力与资财丰富的特质。

世俗企业精神最早是表现在建立合理的国家官僚体系上。宗教战争期间，缠斗的宗教团体的生存完全依赖王侯支持者的攻击力与防御力，因此如何以最高效率来运用军事及其他资源乃成为一个最重要的问题。也因此，当时大部分宗教精力都耗费在改良军事技术，以及用合理的财政与行政程序来支持战争的工作上。由于加尔文教派特别坚决要在人世建立上帝的王国，他们在这方面也特别成功。他们建立了政府效率的标准，任何一个国家若忽视此效率，结果只有自取灭亡。宗教战争结束时，西方社会已民穷财尽，必须以全副精力与决心将国家的资源用于重建工作。有良心的王侯试图全力鼓励工商业，以使饱受战争蹂躏的国土恢复元气增进繁荣。对这些事情的关注，导致新的行政科学与经济学的发展〔就是重商主义（mercantilism）及重商财经主义（cameralism）〕；设法使国家官员的行为导向合理途径，使他们能完成既定的目标。由于其所带来的机会之吸引，有雄心、有才干的人遂被网罗到王侯的行政体系中，为其服务。因此，十七世纪末，有效率有训练的官僚体系已奠定基础，日后成为近代国家的特殊力量。

然而，国家权力崛起的直接成就虽然辉煌，从长远的角度来看，却也威胁到西方文明的基础。如今教会不能再约束世俗权威的活动，西方世界再度面临一个古老的问题——在面对权力广大的官僚体系时如何维持有效的法治？如博丹这样有影响力的政论家或许会坚持，从传统政体的角度来看，即使独立君王的权威也要受法律约束。法律原则除非能够实际执行，否则便无甚价值；然而，以当时那种社会情况而言，很难有人能抵抗君王的违宪行为。罗马帝国

第三章　世俗化危机

固然尊重宪政传统，但是这也不能阻止它发展成羽翼丰满的官僚专制体系。十七世纪欧洲政治情况也隐含着类似发展的可能。由于专注于行政效率，干练的君王总想侵犯臣民所拥有的一些麻烦而不合时宜的权利；贪欲及野心也会驱使他们走上这一途。罗马法包含一些绝对主义的条文，这些条文事实上等于赋予王侯无限的特权，只要诉诸这些条文，王侯很容易就可以为国家想做的任何事找到法理上的借口，结果使王室绝对论迅速发展，一度甚至可能消灭西方文明构成基石之一的法治思想。

对许多人来说，这种发展也并非不受欢迎。经过一个多世纪的浩劫与混乱，只要能获得和平，不论任何代价都是很吸引人的；而确保和平的唯一方法似乎就是使国家强大，使所有歧异分子都不能再与之抗衡或挑战。文艺复兴时代的意大利情势纷乱，各种共和派系与小暴君之间无休止地互相争斗，马基雅维利（Niccolò Machiavelli）便曾因此采取了异端的政治观点。马基雅维利深信创造并维持有效的政治秩序是人类生活中所能达到的最高目标，因此，他可以牺牲任何法律或道德原则来达成这目标。一个多世纪以后，英国的长期内战也使霍布斯（Thomas Hobbes）获致类似的结论，在他看来，唯有让一拥有主权的国家掌握绝对的、无条件的权威，才能维持最低限度的人类生活秩序。霍布斯与马基雅维利同样都明白表示政治行为不必受道德与法律约束，这样的观点和传统西方政治思想大相径庭，而当时多数人都不能接受这种与历史迥异的看法，所以两人得到的评价是毁多誉少，但是有许多在理论上弃绝他们观点的人，却有心按照他们的说法去实行。要把这种事公开说出，诚然是尴尬、不智的，但是恐惧与民穷财尽却逼使大多数欧洲国家走到一个临界点，只要能换取最小限度的和平与秩序，宁可接受国家的任何举措。这种心理便是十七世纪绝对专制论的基础。

然而，西方的二元传统也根深蒂固，不经过一番挣扎不会消逝。人们虽然或明或暗地承认教会再不能保障法治，但是用新的、纯粹的世俗二元形式取代旧秩序的可能却仍然存在。中古教会的权力在于它能动员社群的道德共识（moral consensus），来对抗国家的军事与行政权力，那么，社群是不是也可能于世俗而非宗教的领导下针对公众事务而达成有效的共识？社群能否不援引教会阶层而将此共识组织起来，控制政府行为？这些便是十七世纪政治发展所引起的一些问题。西方教会与国家乃是分立的制度，传统西方文明便是在社会二元论上运作的；如何以纯世俗制度为基础来保存这个二元体系，便是近代政治的课题。

为了解决这个问题，十七世纪的政治理论家遂极力强调自然法（natural law）的概念。"就其身为理性存有之能力而言，所有人皆能针对社会生活的方法与目的达成共同协定"，这个观念早已深植于西方政治传统中。这观念发源于古代，然后与天启宗教的一些特殊教义一起融入中古教会的重要训示中。当教派纷争使人类无法对宗教启示之内容有一致见解的时候，自然便成了维系社会统合的唯一力量。因此，有责任心的政治理论家便得更加倚重此一观念，以约束政府的滥权。为了抑制国际战争的野蛮残酷，诸如格劳秀斯（Hugo Grotius）这样的人遂逐渐发展出"国际法"（international law）的理论，这个理论的基础是世俗的统一理性共识而非天启宗教的分歧教条，对各教派的信奉者具有同等约束力，因此可被人接受。像普芬道夫（Samuel von Pufendorf）这样的宪政理论家也引用类似的方法，界定国家行为涉及臣民权利的内部权限。这些理论家希望用这种方式使近代国家从有组织的教会束缚中解脱后，仍能为社会的道德共识所约束。

然而，仅强调自然法本身却不足以确保西方二元体系的维持。同样的学理在古代曾对有良知的皇帝［如马可·奥勒留（Marcus

第三章 世俗化危机

Aurelius）]产生强大的影响，但是却不足以遏止官僚绝对主义的成长，十七世纪欧洲的情形也大抵类似。几个世纪以来，共同的基督教信仰已帮助人类对"政治行为的道德界限"发展出一个相当一致的看法。所形成的共识已相当强大，足以影响政府的行为。三十年战争以后的文明战争，其道德标准已有显著进步，证明当代政治理论家倚重自然法权威的看法并没有错。然而，社群的道德共识如果要生效，社群（别于政府而言）本身却必须要有能力通过依法组织而成的机构来行动。在中古时代，教会的各种机构曾为具道德感的社群提供了从事有组织行动的基础。如今，教会已无法发挥此一功能，必须再建立一个类似的世俗组织，以使社会动员道德力量来对抗官僚政府的权力。

很幸运，中古后期已跨出创造这样组织的第一步。中古君王也和近代的君王一样，经常为超征税收而伤脑筋。若要中古邦国的原始行政单位去直接抽税，势必使这些行政单位疲于奔命，因此，唯一的办法便是把抽税的责任交给拥有足够财富与影响力的人，让他们直接去向拥有产业的人收税。这造成了一种习俗，即定期召集封建贵族、教会、特许城市（chartered cities）的代表与其他富有阶级开会，逼使他们以各自阶级的名义同意国王征收特别税。渐渐地，邦国的正常运作愈来愈仰仗这些定期的授权，被征召的代表也很快就发现他们可以趁应允缴税的同时向国王争取具体的让步。的确，中古议会（medieval parliaments）的权力根本无法与近代的议会权力相提并论，管理公共事务的基本责任仍然落在君王的行政官员身上，而且即使是最无能的君王也不愿意承认这些议会代表是执行政府事务的平等合伙人。但尽管中古代议团体的权力有限，却足以予人一种概念——社群整体拥有别于国家的权益，且此权益应由有别于政治组织的形式所保卫。

其后，由于宗教信仰不同，人民与君王发生冲突，持异议的集团自然会想到以议会的传统权力做基础，组织反对的力量。"抵抗王权论者"的政治理论大部分便是致力于争取这些权利。随着教会力量的式微，议会日益重要，成为表达社群共同意志、对抗王侯过分要求的另一工具。议会的权威是唯一能与中古教会相提并论的世俗权威，若能加强此权威，或许仍可维持西方社会的二元传统。

虽然西方许多国家都致力于类似的努力，但最为成功的是英国。十六世纪，都铎王朝（Tudor）的绝对王权论兴起，英国议会曾被降格为低一级的代表会议，但未被完全废除，因此在后来的斯图亚特王朝时期（Stuart period），议会又再度扮演更积极的角色。在地主士绅之精干成员领导下，议会成为抗议王室扩张特权的有效工具，当抗议难以与王室对抗时，议会就建立自己的军队与行政机构，公开与国王的力量对抗。议会的军队一度获得决定性的胜利，几乎能把国王完全罢黜而建立一共和国，后来虽然由于难以建立令人满意的议会行政形式而使王室复辟，英国的王权却从此一蹶不振。查理二世（Charles II）为了重新戴上王冠，不得不承认议会为地位多少与之平等的执政伙伴。查理二世的继承人试图恢复君主的传统地位，立即引起一场不流血革命，使王位移转给一个新统治者，而且新国王做了更多让步。国王仍为国家行政机构的首领，但他的立法权已受到议会立法权制衡，议会已被视为立法与财政的终极权威。两次成功的革命已明白显示，议会可以作为动员世俗社群对抗王室特权主张的工具。从此以后，二元式的英国社会组织就再不受王权绝对论的具体威胁。

英国的经历促使了新政治思想学派的发展。在英国，这学派的思想表现在洛克（John Locke）的著作中；根据洛克对辉格派（the Whigs）立场所做的标准阐释，建立社会的目的是要确保人类的天赋人权；王室行政人员是社群意志所创造的，其权力应以达成社群目的所需者为界限。即使在王权建立之后，议会仍然是社群行动的独立代理人。立法与财政权仍然由议会直接掌握，以制衡国王的行政力量。一旦王室滥权而侵害到社会的利益，议会便有天赋的、不可让渡的权力与之对抗，必要的话还可以取代犯错的行政部门。换句话说，中古教会代表基督教社群最高道德的传统权利，即制衡世俗政府、在极端的情况下甚至解除其权威的权力，已经以纯世俗的形式再度伸张。议会成为公民社群最高道德利益的代表，被催促去接受从前由宗教权威行使的功能。如今认为自由有赖于制衡宪政体制中之分权（separation of powers），其实这正是传统的西方认为"自由是教会与国家分立的产物"这一观念的新版而已，孟德斯鸠（Charles-Louis de Secondat Montesquieu）在著作中大肆发挥这种理论，使此观念不仅流行于英国，也流行于欧陆。这是取代十七世纪一元政治倾向的唯一方法。

衡诸十七世纪欧洲的一般状况，要以议会去制衡绝对王权的可能性仍是微乎其微。议会的权威也和中古教会的权威一样，有赖其动员统一社群道德力量的能力。除了少数几个不重要的例外，欧陆的议会都不如英国的议会完备，不能应付这种情况。中古时代没有几个国家能像英国一样集权于中央。因此，他们的代议机构也往往是地方性而非全国性的。在近代，每当代表王权的中央机构渐趋有效率，地方议会反而变得不合时宜。身为衰落的地方社群代表，他们根本就没有力量协同一致抗拒野心王侯的要求。法国有地方议会，也有全国议会，然而即使在这个国家内，这些议会的阶级结构也极不适合创造社会的统合。在这方面，中古英国的传统是独树一格的；当教会与特许城市的代表首次在国会中集会时，他们不曾另组一阶级而和或大或小的地主合并形成后来的上议院（the House of Lords）和下议院（the House of Commons），由于上、下两院的利益并非完全冲突，它们也就很容易组成联合阵线去和王室抗衡。另一方面，欧陆的议会往往由三个或更多的社会阶级组成，每一社会阶级也只代表某一特定社会群体的利益。协调不同的社会阶级，使他们达成有效的协议并不是一桩容易的事。在这种情况下，国王比议会更有权利对外宣称他代表整个社会的利益，而王权的加强也普受欢迎，一般人认为这可抵御特殊利益阶级的贪婪。在缺乏像英国那种天然屏障的国家，为对付外来侵略确有必要建立一支强大的王室军队，这个事实也成为主张绝对王权的有力借口。十六、十七世纪，这些因素加在一起促使欧陆的议会制度急遽衰退，虽然偶尔有人对英国的宪法表示仰慕，但是却无法不使绝对王权成为当代最流行的政府形式。

甚至在英国，国王与议会的均势也很快就破坏了。英国议会的基础虽然比欧陆议会的基础广大，但是主要仍为乡绅地主代表所构成。当革命成功显示出有可能制服君王的时候，这个社会群体便迫不及待地垄断了权力。在其他地方，许多地方政府的任务都由王室行政代表来执行或监督，但是在英国，这些工作却直接落到拥有地产的保安官（justices of the peace）手上。控制国家行政机构原先被认为是王室理应拥有之特权，现在马上转移到向议会负责而非向国王负责的内阁手中。立法机构严密监视着财政权，而且必要时不惜变更王室继承法则，在此情况下，王室对于立法机构的过分要求也就不能够有效地抗拒。如是，洛克与孟德斯鸠理论中所揭橥的分权与制衡遂成为泡影。实际上，政府形式稳定地迈向议会专权之路，权力由一小撮密切合作、仅代表某一有限阶级之利益的寡头执政者所掌握。在既存的宪政结构下，其他的社会群体找不到合法的途径来约束此一寡头执政团的权力。英国的情形也和欧陆一样，政治一元主义成了当时的常态。

因此，就十六、十七世纪而言，中古二元主义之崩溃留下了一段无法弥补的罅隙。在中古时代，身居领导地位的教会纪律严明、团结一致，经常呼吁真正的信徒挺身而对抗暴君的无理要求。当时的人都熟知，为了本身不朽灵魂的利益，每个人都得准备负起某一程度的政治责任；但是为世俗利益而承担类似政治责任的观念，却比较不为人所熟知或广布。封建领主与特许城市虽然都可能为既有权力而起来抗拒君王，但是广大民众仍然认为世俗层面的政府事务是统治阶级的专利，朴实老百姓的责任只是默默忍受而已。直至相当晚近的时代，此一观点仍然继续主宰着西方的政治思想。在这种情况下，根本没有可能动员世俗社会的整个力量来制衡君王或寡头执政者的权力，君主专制论遂不可避免地伴随世俗化危机而存在一段时期。

但是到十八、十九世纪，西方二元论的活力却很显明地再度被人肯定。所有西方国家，一个阶层接一个阶层的人都有政治责任感的觉醒。由于他们的努力，议会制度再度注入新的活力，逐渐变成制衡近代官僚体系扩张的有效力量。新的世俗道德观念取代了中古教会的政治训示。如是，原先以教会与国家分立之基督教二元主义为基础的西方社会二元主义，遂一变为以社会与国家分立之世俗二元主义为基础而再度出现。这过程是缓慢而痛苦的，其间也不乏许多令人失望的挫败，但最后终于克服了世俗化的危机，恢复并扩大西方文明的传统特色；造就这个结果的思想与制度，构成了近代的自由主义。

第四章

普遍意志的问题

近代政治的主要课题即是社群问题。在社会情况比较静态的时期，人们往往认为既存的社会秩序是自然界不变的事实，一代接一代的人执行他们在社群生活中的功能，而不曾停下来探询社群本身是如何形成的。即使十六、十七世纪时，政府基础受到严厉的质疑，但能执行复杂而微妙的行为（诸如交涉订立政治契约）的社群，其存在仍多多少少被视为理所当然。像洛克这样的人虽然提出社会契约（social contract）作为社群的基础，但他们主要是把它当作界定政府权力适当界限的工具，而几乎不曾试图研究人类究竟是通过怎样的过程，才获致有效执行群体行为的能力。但从那个时期以后，西方社会愈加趋于动态；由于以世俗的二元论取代中古"教会——国家"二元论的结果，先前不熟悉政府传统的人也必须承担积极的政治责任。技术的急速变迁一再损及人际关系的传统基础，在这种情况下，如何维持有效的社群行动遂成为主要的政治问题。我们是否能够在一个"意识"——而非纯粹传统——的基础上促使人类合作达成共同的目标？我们能否将如此形成的社群组织起来，使其对政府的行为发挥有效的影响？自十八世纪以降，这些问题越来越明显地成为重要的政治问题。

卢梭（Jean-Jacques Rousseau）在历史中占有独特的地位，原因在于，他是第一个直接面对这些课题的人。卢梭固然以大胆创新知名，但他却熟知早期政治理论家的著作，他在政治领域中所做的大部分工作都是重申传统的观点而已。《社会契约论》(The Social Contract)是他最有名的政治作品，这概念也一直是传统知识宝库的一部分。"普遍意志"（general will）的观念虽然较具独创性，但是大部分仍要归功于孟德斯鸠与其他早期作家的贡献，这些作家早已强调社群的共同精神是政治的重要因素。然而，卢梭却相信政治生活有赖于整个社群的意愿及积极参与。在这一点上，卢梭远超过他的先驱者。同时，他也彻底明了要促成有效的社群行动会遭到什么困难。他的"普遍意志"理论便企图解决这些困难。即使就理论本身而言，他的企图也不能算是完全成功。卢梭的天才是艺术与直觉的，而不是逻辑、系统的，要建构广泛又一贯的理论，实在超出他的能力。但就算他对普遍意志的探讨引起的问题比解决的问题还多，它至少有一个功劳：将人们的注意力引向基本的政治问题。无与伦比的文学才华加上热情的个人信念，创造出动人的声明，陈述了社群在近代政治生活中应有的地位。从那时以后，普遍意志就一直成为西方政治关心的主要问题。

我们唯有通过卢梭的个人生活才能了解他的政治思想本质。大多数政治理论家的思想或多或少都反映他们的个人经验，但同时也反映他们时代人的期许与希望，其作品的重要，就看能反映多少当时的期许而定。然而，十八世纪中叶，卢梭的事业正如日中天，当时的背景却几乎不曾显示有必要对社群问题做彻底分析。群众的政治觉醒使普遍意志成为十九世纪政治的关键问题，但这也要等到法国大革命的时候才开始，而且即使那时的发展也仍然很缓慢。当时的社会情况较稳定，由于大家的注意力都集中在如何维持秩序，大

第四章　普遍意志的问题

多数人都愿意接受专制主义，当作政府的正当形式，而不认为有必要深究其基础。因此，卢梭对社群问题的关心便不能解释为时代需要的反映。卢梭本身的性格以及经验特殊，使他和同代人疏离。我们要诠释他的政治思想，就得从这些特征入手。

使卢梭和友人隔绝的形势之一乃是他原为瑞士人。虽然他的成年时期多半在法国度过，但他却是日内瓦（Geneva）的公民；日内瓦是绝对君权世界中硕果仅存的共和国之一，卢梭也一直以继承此一共和传统为傲。卢梭是独立社群中卑微却有选举权的公民，他可以说是在以积极参与政治为每个自由人权利的社会传统中成长起来的。野心贵族的权力确实已使这项特权变得不具实质意义。但是，群众的抗议不断发生，显示过去的民主精神并未完全消失。卢梭身为中下阶层独立成员之子，也就继承了民主的传统，这点大大影响了他的政治观念。当时，大多数知识分子都愿意把自己视为专制君主忠诚、顺服的子民，但卢梭却坚持认为人应当是独立政治社群内负责的活跃成员，这一点就足以使他与十八世纪盛行的思潮完全隔绝。

但卢梭生命历程的决定性因素却是，他是一个不能适应社会的畸零人。近代社会解体的一个症候便是波西米亚型人物（the Bohemian）的出现，这类人是无法顺应传统社会行为模式而脱离社会的艺术家与知识分子，卢梭便是这种人物的最早典型。他父亲是瑞士艺匠，按理他也该传续这行日内瓦有名的工艺生涯。但由于早年生活散漫无纪，使他无法适应这一行，因而放弃成为匠人的企图而成为流浪汉。经过多年无所事事的流浪之后，他的才华涌现，赢得巴黎知识界的注意。但巴黎虽然为他带来成功，却永远无法满足他。卢梭幼时虽然曾学过基本的待人处世之道，但是中年时却无法老练处理这种艺术，他敏感、神经质的身心结构，最后使他陷入疯狂。当时许多有影响的人虽然都真心喜欢他，也愿意为他找晋身阶，但是社会生活的倾轧却使他无法忍受。他处理人际关系的笨拙、敏感,使他与许多朋友都疏远了,而且也使他无法追求传统形式的成功文人生涯。唯一能使他平静的方法是遁隐乡间,避免日常社交。他无法适应当时社会的需求,这是他和大多数知识界朋友不一样的地方,卢梭的朋友狄德罗(Denis Diderot)曾经说卢梭是个"迷失的灵魂",这话把卢梭和其他启蒙运动领导人物的隔绝生动地表达出来。这种个人的悲剧是决定他作品特性的最重要因素。

卢梭个人与社会生活的接触一直不很顺遂,自然促使他去从"个人与社会之关系"的角度来看政治问题。他对这问题的看法也和大多数波希米亚型人物一样,奇妙地具有双面性。他深觉要表达自己的个性必须拥有绝对的自由,因此有时觉得正当的做法是完全拒斥社会,这种心态是他非政治性作品的特色,也是他被视为近代浪漫主义创始人的原因。例如,他在《爱弥儿》(*Emile*)一书中提出的教育观念,很明显就是要塑造一种人格,使其能不受腐败社会的影响而独立表达自己。但是,另一方面,就像大多数无法获得最基本满足的人一样,卢梭强烈地感觉到他失去的东西的价值。他个人的不愉快经验使他深信,在当代欧洲既存的环境下,要建立个人与社群间的圆满关系是不可能的。但是,人类却仍然有可能建立一个不同结构的社会,俾使在不挫败个人意志的情况下,仍能达成有效的社群行动。卢梭涉足政治的原因,便是他热切企望能建立一个他也能参与的社会。

卢梭首次引起大众注意的作品是一篇论文,主张原始社会优于文明程度较高的社会。他在后来的文章中也喜欢谈论这个题目,原因便是他认为个人与群体行动的协调问题在早期社群生活中已经获得解决。近代人类学家都了解,许多原始社群的人民都要受严格训练,因而产生高度的社会整合。这种训练有助于培育社会接受的人格特征,使大多数个人能接受传统角色而内心少有冲突。十八世纪的欧洲人已渐渐开始对世界其他地区的原始文明稍有了解,这虽然

第四章　普遍意志的问题

也对卢梭产生一些影响，但他对原始人类的了解，也和大多数同代人一样是得自古典与圣经历史。古代城邦和近代人类学家了解的原始部族一样，都是小而俱全的社会。这些社群的人从年轻时，在共同传统价值的架构下接受教育，因此能同心协力为达成共同目标而努力，而不觉得个人的欲望在此一过程中被牺牲掉了。这样描述古代的实际情况，实在过于简化，也未能公平论断古代城邦生活中隐含的强制（coercion）与冲突因素。但是，对古史的传统描述却相当有力地支持了一个假设：古希腊人与罗马人一度曾获致极为和谐的社会调适模式，后来的阶级冲突则是因为早期健全习俗的衰败所致。卢梭引用这些描述，因为他认为它可以显示出解决政治问题的理想途径。他希望借着对这些所谓原始社会的基本原则的分析与归纳，来显示（甚至克服）当代欧洲的缺点。

卢梭对原始生活的理想化可以由他的"普遍意志"概念中窥见大概，完全从"意志"（will）的角度来讨论政治是一项大胆的革新。在卢梭之前，即便是最严厉批评君主专制论的人也假定，如果政府于某些标准下是为社会最大利益而行事，那么政府便有理由存在；重要的不是去发现人民需要什么，而是找出什么对他们有益。然而，在卢梭看来，仅仅显示政府行为在客观上为正确是不够的，他的主要问题是找到一个群体的行动并不沮挫个人意志的社会，这只有一个可能，即政府所做的事同时也是社会每一成员想做的事。一项命令不论合理与否，只要是不符普遍意志势必会使个人遭受某种程度的挫败。由于"挫败"（frustration）乃是极恶，因此除非政府的行为与普遍意志相符，否则，便是不合法。根据卢梭所述，原始社会每一件事都是以共同社群目标为基础完成的。卢梭的整个政治理论架构都建立在"普遍意志"的概念上，认为"普遍意志"是唯一可以接受的社会生活基础。

任何这类政治问题的陈述似乎都会陷入一种无望的困境。"普遍意志"概念的逻辑意涵必然会指向无政府主义（anarchism），假如所有政府都必须按照全体社群的共同意志来做事，则必然找不到任何理由可以强制个人为全社会利益而行事，有些哲学或宗教上的无政府主义者确实相信可以不依赖强制力来维持社会生活，但卢梭却不是这种人。卢梭深信唯有依普遍意志治民，人类才能获得自由，但同时他也承认，不用强制，政府就不可能有效力。一如他的名言，有时人类必须"被强迫去获得自由"（forced to be free）。但是，政府又如何能够对社会的某一成员施加强制力，然后又说它的行为是基于此一成员也参与其中的"普遍意志"？卢梭政治思想的中心便存在着这个矛盾。

为了解决这问题，卢梭不得不进一步分析人类意志的本质。一个人怎会和他自己也参与其中的"普遍意志"发生冲突？显然这个人必是在同一个时候企求两种互不相容的目的，才会发生这种情形。这种心态并非不寻常；想要拥有一块饼干，同时又想把它吃掉，是常见的人类行为。许多人都想要有一支大型舰队保护，但同时又不愿意纳税。当税务员找上门的时候，持这种立场的人的心态是很复杂的；为自己的荷包打算，他希望能够逃避这笔税捐，但是身为对执行公务有兴趣的公民，他也明白一定要缴税。假如他因为逃税而入狱，我们不能说他的意志是全然遭受挫折；以私人而言，他的意志是受到抑制，但是其身为公民的意志却得以实现。这种情况下，我们是强制使受迫者自己企求的目的实现，因此我们说此人"被迫获得自由"并非完全没有意义。

"个别意志"（particular will）在卢梭政治思想的发展过程中占有重要地位，他对"普遍意志"与"个别意志"的区分便是对这些概念的更精致阐释。根据卢梭的解释，一个人只要是受与普遍意志相符的政府治理，他就是自由的。政府要达成整个社群所欲之事，实为增加而非减少个人的满足范围，但政府在达成这些结果的过程中

第四章　普遍意志的问题

往往会和个人的其他利益冲突。人们虽然可能希望达成相同目的，但是对于达成目的该采用何种手段的看法却不能一致，而即使是他们对于目的与手段二者的看法一致，他们也想规避自己该付的那一份社会行动的代价。在此情况下，普遍意志与个别意志势必发生冲突，而唯一的解决办法便是强制个别意志屈从普遍意志，这当然使个人的欲望受到某种程度的遏抑，但是，只要这种做法是为了帮助个人达到目的，那么挫败感便不会十分彻底。一个爱国的美国人，可能因为个人的原因而尽可能不加入军队，但一旦他受到征召入伍，他也应当明白自己是为保卫自己希望它存在的社群而入伍，因而感到欣慰；如果一个归化美国的波兰人，身为少数民族而被迫加入他希望被毁灭的美国军队服役，比较之下，前述美国人受到的挫败自然少得多了。当然，任何形式的社会行动皆会牺牲一些个人的自由，但是为了达成整个社群的目的，这种牺牲应是最小限度的。卢梭曾说，唯一合理的强制形式，便是由普遍意志指示的强制，这就是他要求的自由的限度。

这一理论值得细加探讨，因为它是其后自由主义理论与实践的发展基础。近代服膺民主宪政理论者也和卢梭一样相信所有人在政治领域中，都有权表达自己的意见。但假如社群中的某些人发展出和其他民众极为相左的观点，社会便无法维持有效行动所需的团结，而一个自由政府却无法对付未分享社群共同利益的可观少数团体之抗拒行动。例如，在爱尔兰自由邦（the Irish Free State）成立之前，爱尔兰的民族主义者便曾利用他们的民主权利来妨碍英国议会体系的运作。于是，如卢梭等近代自由论者便面临一个问题，即如何维持一个有能力运作的政府而同时又不使为数可观的公民，因协调无望而觉得受挫。当普遍意志够强大时，人民可以接受许多强制而无怨言，但是这一点却只有当政府把行动限制在社群同意的程度内的时候才是真确的。美国全国禁酒令的实验到最后终于必须放弃，因为很多人认为管制饮食习惯并不是政府该有的功能,因此随意触犯法律,造成法律执行的严重困难。任何政府都必须使行动目的在某程度内为全民所支持,否则它只有放弃宪政的民主制,改采用集权国家的强制方法才能行动。当卢梭说"政治自由有赖于普遍意志"时,他也就是在陈述近代自由主义的基本原则。

当我们承认普遍意志的重要以后,接下来的问题便是如何达成普遍意志。在这一点上,卢梭的思想有点含混,并以奇异的预知方式反映出二十世纪政治的中心冲突。问题中心便是对他的名言"普遍意志永远是对的"(The general will is always right)这句话的诠释。一方面,我们可以认为它是指:意志若不对即非普遍意志。西方文明史上一直相信,理性是唯一获得协议的方法,自然法观念便是这信念的表现。强调意见与讨论自由的近代自由主义也建立在类似的信念上,认为强制造成的团结,不论如何彻底,客观而言总是劣于由对立观点之理性协商所获致的团结。另一方面,我们却能说理性的标准与意志之形成是无关的,意志纯粹是因为它为众人所共有,所以就是对的。这就是集体主义者所采取的观点;集体主义者认为,所有分歧意见会严重损及社会统合,应该用一切宣传与强制方法防止分歧的出现。卢梭在他的著作中从来不曾澄清"普遍意志永远是对的"这句话的真义。因此,他的"普遍意志"观念便成为永无休止的争论起点。

卢梭虽然不曾正视这一点,但是整个来讲,他思想的道德特质却把他引向客观的理性主义。卢梭深受柏拉图及其他理性主义哲学家的影响,相信人性本善,政治的正当功能便是找出方法来表达这种天性之善。他对原始社会的偏好主要是出于道德判断,他和许多道德家一样,认为文明之艺术与奢华会腐蚀人类的道德本性,人类不顾一切的追逐财富与权力,丧失了构成社会生活自然基础的同情与互谅。卢梭认为,原始社群的社会和谐是因为单纯的生活使人能

第四章　普遍意志的问题

无限发挥天性之善。这类社群形成的普遍意志是人类内在道德能力的表现，而不是其代替品。因此，当卢梭说"普遍意志永远是对的"时，他的意思是"对错与否"是"普遍意志"的真正基础，而不是"普遍意志"是"对错"的唯一准绳。一些诠释者认为卢梭把意志当成人类生存的最高价值，这是忽略了潜藏在卢梭政治思想结构中的道德关注（moral preoccupations）。

卢梭的普遍意志概念所含的理性主义可以从他对法律问题的态度看出来。如果他认为众人见解一致便足以构成政治生活的充足基础，他便会承认整个社会想做的任何事都是合法的。但是，他却一直坚持，"普遍意志"和"所有人的意志"并不是同一回事；唯有通过立法形式，才能显现出普遍意志。政府的某些特定行为（譬如普选县长）虽然可能代表社群每一成员的一致见解，但他却认为这是"个别意志"而非"普遍意志"的表现。这观点极端有特色地反映了西方社会"法理性主义"（legal rationalism）的倾向。立法过程迫使人类从"普遍"（general）而非"特定"（specific）的观点去思考，因此本质上就比行政过程更理性，这一点即使在亚里士多德的时代也早已为人熟知。一个人选择秘书时虽然可能因个人偏好而喜用金发女郎，但即便是在他心里也必须找到合理的理由订下规矩说褐发女子皆不能任秘书。典型的西方信仰认为最好的政府乃是法治政府，而不是人治政府，这信念便是建立在这个简单的心理经验上。卢梭亦完全认同这信仰；他虽深信普遍意志总是对的，但他同时也持有传统观点，认为所有特定的决定（specific decisions）即使是整个社群一致同意的，亦容易出错。唯有当人超越了特殊利益与偏见而致力于考虑普遍的问题时，真正的理性才可能出现。唯一能使人性当中的理性完全发挥的社群行动形式就是立法，因此，也唯有立法才是真正可归于普遍意志的行动形式。

卢梭常被描述为"绝对民主制"（absolute democracy）的先知，

但是他的普遍意志概念却导致一种毫不妥协的政治二元观。"绝对民主制"的提倡者深信民众具有无限的政治能力,因此相信政府行为的责任应当由民众直接担负起来。另一方面,对于卢梭而言,严格区分"社会"与"政府"乃是一桩最重要的事。整个社群的功能一如普遍意志所表现的纯粹是规范性的,其任务是在立法行动中理出道德共识,然后监督政府强制执行该项立法,当社群不满当前政府对其指令之执行结果时,它有权解散该政府,并以另一政府取代。不论在任何情况下,普遍意志本身都无法执行政府的功能;任何"行政行为"(act of administration)都只不过是"个别意志"行为,即使这项行为是由全体公民而非特别选出的行政官所执行也不例外。在卢梭的政治思想中,普遍意志是社群道德利益的最高代表,它的地位就如人类精神利益的最高代表教会,在中古时代的政治思想中所占有的地位。它和中古的教会一样,有权指示政府的行政机构,必要时,甚至可以更换这些机构;当教会企图接掌政府的功能时,它的精神特质就会受损;同样的,当普遍意志要接掌政府功能时,它就不是"普遍意志"了。卢梭相信,正确的政治观念有赖"社会"与"政府"的绝对二元体制的维持。他对普遍意志与"个别意志"所做的划分势必会导致此一结论。

近代自由主义的经验肯定了卢梭分析的价值,自十八世纪以来,社会的行政逐渐成为官僚体系的专责。随着近代工业技术的发展,以整个社会来指挥政府的观念变得像天方夜谭——比卢梭那时代更像空想。但是,公众意见之发展倒也使官僚权力的使用有所限制。许多议会都代表社群的道德共识而成功地发展出凌驾于政府机构的权威,指挥政府机构去执行一般人接受的立法标准。一如中古时代的"教会—国家"二元论一样,"社会"与"政府"二元制也引起了一些极难解决的问题。一方面,社会的代表有侵占政府领域的倾向,不仅指示政府一般性的目标(general objectives),也干涉特定

第四章　普遍意志的问题

的行政行为的方法。压力政治(pressure politics)与分赃制度(spoils system)便是宪政民主制干涉政府行为的常见例子。另一方面，公职人员也有一种倾向，试图利用民选代表的弱点与缺乏经验而蔑视民意，一意孤行，因此，如何使群众与官僚的力量维持有效的均势，也就和中古时代如何在教会与国家之间维持有效的均势一样，成为棘手的问题。但问题虽然存在，卢梭为"普遍意志"与"个别意志"所划的界线却已经指出政治二元论得以生存下去的途径，使西方文明获得新生。

然而，卢梭学说的意义并不只限于为宪政民主制理出头绪，他比同代任何作家更知道有效群体行动的障碍。这使他采取了许多奇异而预示到近代极权主义的立场。宪政民主制之理论与实践建立在一个假定上，即群众能通过理性协商而获致足以维持社会生活的共同协定。十九世纪许多西方国家的经验证实了此一假定是有道理的，但是在其他时代其他地方，却不容易产生这种共同协定，因此导致对人类理性本质的不同看法。柏拉图虽然相信理性对指导人类事务无比重要，但是当时雅典的政治却使他失望而得到下列结论：有真知的人极为有限，唯有让知识贵族利用神话或其他非理性工具将他们的理念强加于社群其他人身上，社会才能统合。近代一些令人失望的类似现象，更促使极权主义兴起，甚而接纳暴力与诈欺当作达成社会整合的工具。卢梭虽然不熟悉近代极权主义，但他却熟知柏拉图的著作，而他所处时代的社会情况也和柏拉图的时代一样令人失望。十八世纪的欧洲人还没有准备好要担负起自由政府的责任，在卢梭看来，当时欧洲乃是一片无望的腐败景象。他虽然深信人性本善，却也不得不对人类的政治能力采取悲观的看法。这一点使他不仅成为近代自由主义最早的提倡者，也成为它的最早批评者。

归根究底，卢梭并不相信理性的能力，这点可以在他夸张的一元论式的"普遍意志"观中看出来。如果要由理性的讨论过程中形成有效的公意,社会本身便必须建立在多元基础上,必须让社群各种群体都能发展、澄清他们的观点,然后又有机会和其他群体协商,发现大家都能接受的妥协方案。在近代宪政民主体制中,政党与议会便是达成此目标所需的基本机构,极权主义攻击自由主义的主要目标之一就是要毁灭这些机构。这一点使下述事实更富兴味,卢梭比近代的独裁者更反对多元社会结构。自由主义者认为,个别意志互相沟通的结果可以形成普遍意志,卢梭则与所有极权论者一样不相信这看法。看来,每一种个别意志都是对普遍意志纯洁性的威胁,一经发现便必须尽快除掉。他对政党尤其感到恐惧。就贵族政府的传统机构而言,代议团体或可容忍,但卢梭却把这些团体看成纯粹的政府机构,否认它们具有任何表达普遍意志的意义。一如其他政府机构一样,议会是一些具有自己私人意志的立法诸公所组成的,基本上,这些私人意志是反普遍意志、对普遍意志有害的。"普遍意志"本身无法委托给任何代理者,它永远必须由未经组织的群众来表达。这些存在于卢梭政治思想中心的信仰正代表着极权主义者的社会整合理想。这种思想同宪政政府的理论与实践根本背道而驰。

在拒斥了其他所有表达公意的工具以后,卢梭也和近代极权主义者一样,不得不求诸"领导"。当然,任何形式的政治生命都必须有领导的存在,在宪政民主制里,"领导"是一种杰出的能力,可以协商、澄清、修正由社群各层面经验所形成的自发驱策力量。但是,在卢梭眼里,领导者不仅是社会的合作者(collaborator),也是社会的创造者。这概念和他政治思想中的其他许多要素一样,也是通过古史的研究而来。早期历史的传述充满了一些像摩西(Moses)、莱库古(Lycurgus,公元前8世纪的斯巴达政治家,斯巴达宪法的制定者)、努马(Numa,传说中的古罗马皇帝)等人的事迹,人们认为这些人把他们的人民团结在智慧、永存的立法制度下,建立了各民族的伟大绩业。近代史学研究对此等传说表示相当怀疑,但是

第四章　普遍意志的问题

卢梭那个时代的人却仍然相信此说。卢梭和当今的极权主义者一样，都怀疑一般人的政治能力，因此他利用这古史传说，做解决他思想困境的唯一可能途径。人类虽然无法靠自己的努力达成社会的整合，但是仍然能通过对某一杰出领导人物的共同景仰与服从而团结在一起。古代曾出现一些伟大的立法者，他们诱导先前散乱不团结的人民遵循同样的法律，使后世人们也能生活在有效的普遍意志统治下。卢梭的时代或许也会出现类似的睿智立法者来替那时代的人完成这一项工作。这便是卢梭所看到的唯一能使"普遍意志"在近代欧洲发挥功能的方法。

卢梭的政治思想中有了这种立法者概念，便注入了强而有力的非理性主义因素。当然，他并不曾和近代法西斯主义者（fascists）一样极端到认为为了达成社会整合的目的，领导者可以不择手段。卢梭个人对强制深恶痛绝，他无法想象一个领导者竟可以对不赞同的人民行使暴力强迫他以达成目的。因此，他主张立法者应当只用说服来达成目的，而不应动用丝毫的强制力。然而，即使立法者与其他人之间是一种说服的关系，他们也仍然会有非理性的表现。卢梭的立法者采用的方法虽然也可能和柏拉图心目中的"哲学王"（philosopher king）的方法一样，都是建立在对"何者对社会最有益"的理性了解上，但是卢梭的立法者却无法以理性的说明方式来使一般人同意他的做法。他对社会的控制一半建立在个人人格的吸引力上，另一半则建立在有意的诱骗上。立法者为了使众人初步接受他的建议，必须利用群众的迷信心理，告诉群众他是受到神的指示，任何违反新立法体系的人都会受到神的惩罚。他要利用一堆令人印象深刻的仪式与习俗（不论多么没有意义）来延续法律的尊严，使民众毫无疑义地接受立法者为他们安排的一套生活方式。卢梭固然相信人性本善，但是他却不认为一般人有能力体认显现在眼前的真理，也无法由纯理性的基础追随此一真理。这种奇异的双面人性观最足以说明卢梭政治思想的根本含混与缺失。

卢梭向非理性主义屈服,因此,像后来法西斯主义者一样无法为近代政治问题提供令人满意的解答。近代形势使我们必须创造更大更复杂的政治单元(political units)。在卢梭那个时代,法国的崛起已使日内瓦城邦变得不合时宜。自是以后,欧陆诸强权之兴起使这类小邦逐个淘汰。近代政治的任务就是提供广大形式的社会整合基础,以配合时势发展。另一方面,非理性主义则倾向于拘束性;法西斯的独裁制度虽然借着诉诸民族与种族偏见,使特定社群统一为极权主义的单元,但其意识形态的排他性,却使它除了绝对强制力外别无更可靠更不激烈的方法可拓展社群的范围。卢梭的政治思想也具有类似的限制,十八世纪的普世精神(cosmopolitan spirit)促使欧洲各民族形成更紧密的社会单元,但卢梭却认为这是腐败的征象。他心目中的理想政治单元是小规模的自给自足社群,规模约似日内瓦,人民因绝对忠于其本身特殊的传统而团结在一起。他认为,唯有欧洲其他国家也都缩小为这种城邦大小时,"普遍意志"才能产生作用。

当卢梭认识到有必要形成更广大的政治整合单元时,他也确曾建议诸小邦应以联邦结合体(federal association)的方式重新结合。然而,这观念却不能和他的极权主义社会观相容。卢梭要以自己的思想体系来解决问题有其内在的困难,他曾想写一本关于联邦理论的书,但终未写成,其原因或许正在于此。要实行联邦制度,地方社群必须认同广泛的大社群,而放弃个别的利益。由于卢梭相信唯有绝对专注地忠于本身特定之社群传统时,普遍意志才能产生作用,因此任何更广的社会形式在逻辑上都是不可能的。结果遂使他的国家观念与近代法西斯主义的教条一样,都变成了无望的不合时宜之物。

就卢梭而言,他涉足于政治理论领域的结果是使他趋于极度的悲观。虽然他相信要使普遍意志产生作用,必有待"立法者"的

第四章 普遍意志的问题

出现,然而他却又不能不承认"立法者"(就他所指的意义而言)乃是绝对少见的人物。一个具有足够的力量与智慧,可以用纯粹说服的方式去创造一个国家的人物根本就是一种奇迹。即使在极不常见的情况下发生了这种奇迹,卢梭也认为它极不可能成功。大多数的民众(尤其是近代的民众)都已太过腐败,太执着于邪恶的习惯,因此即使是有最具智慧、最具说服力的人去向他们诉求,他们也不愿意改变自己的生活方式。除了加尔文创立的日内瓦邦以外,卢梭所知道的成功立法者都是一些上古的人物,他们生活在社会情况单纯、习惯尚未定型的民众间。在卢梭那个时代的欧洲,他认为唯有科西嘉岛(Corsica)还算够原始,有希望在那里创造一种有效的"普遍意志"。

确实,卢梭对更广泛的当代政治改革也曾看到一线希望,甚至在极为腐化的社会里也可能有革命式的危机,这种危机就像人类某些疾病一样,会造成一种记忆丧失症,使人类摆脱过去的习惯,准备接受新的观点。这时候,如果恰好有一位真正的立法者出现,他就有可能成就一番事业。

然而,卢梭觉得这类革命发生的机会也和"立法者"出现的机会一般渺茫。由于改革的可能有赖这两种极端不可能的奇迹同时出现,所以欧洲似乎永无脱离腐败的可能了。因此,卢梭的历史观也经常为深刻的悲观感受所笼罩。他认为,人类的一般倾向并不是往前进步,而是从早期的完美境地中堕落下来。假如人类能够固守古老的习俗,则或许还可能继续享受早期社会及更纯朴阶段的某些美德;假如抛弃过去,就会日趋腐败。分析到最后,卢梭对政治问题之解答乃是一种悲观的保守主义。

不管卢梭本人从普遍意志观念中得出的是什么结论,这观念却仍是自由主义者政治立场的灵感之源。卢梭和许多缺乏系统化阐述能力的作家一样,常以大胆、惊人之语表达刹那的热忱,然后才在后面的讨论里表示怀疑,并修正先前的说法。这种做法很容易使读者只记得前面的惊人之语，而忘了他修正的话。法国大革命使人们必须重估政治秩序的基础，这时"人生而自由，却无往不在枷锁之中"这句话就变成群众表示不满的口号。卢梭告诉众人说主权的基础在普遍意志，于是各处民众都受到鼓励，起而反对既有的政府，却不曾想一想卢梭自己也认为唯一有希望享有自由的仅有科西嘉一个地方。人性本善的信念使新的社会阶级受到鼓励，起而挣脱传统束缚，承担起政治行动的责任，一点也未虑及卢梭自己对一般人的政治能力是持悲观的怀疑的。在后来的革命危机中，马克思（Karl Marx）告诉全世界的工人说，他们没有什么可损失的，只会失去锁链而已；其实他正是在重述《社会契约论》中人人耳熟能详的话。甚至在今日，卢梭这位保守的悲观主义者的著作也依然是民主乐观主义（democratic optimism）的灵感之源。这就是卢梭在政治思想史中的重要所在。

我们从康德的社会哲学中最能清楚看到卢梭对近代自由主义发展的贡献。康德在事业刚起步的时候，原是一个贵族的理性主义者（aristocratic rationalist），深信只有少数人才拥有理智这种最高天赋，一般人是无法对人类生活中较重要的层面提供任何贡献的。阅读卢梭的著作以后，康德改变了他的观点，并且对平常人的尊严与能力产生了新的敬意。其后，他的道德与政治哲学著作中都洋溢着这种感受。康德将他系统化阐述的才华致力于把卢梭想象洞察力的吉光片羽加以扩充、精练，普遍意志的观念在他手中，变成一种深入分析自由主义之精义的武器。

康德对卢梭学说再诠释的主要特色，是重估了理性在社会中的地位。他也承续西方理性主义的一般传统，相信理性主要是用来订定通则（general rules）的。康德的"绝对命令"（categorical imperative）学说主张人类的行为应该合乎普遍的行为规则，这和卢梭的"普遍意志唯有借一般性的立法才能表现"的原则是类似的。但卢梭将他的原则限制在整个社群的行动上，康德却认为它是一种普遍的道德行动标准，既适用于国家，也适用于个人与较小的群体。这一点使他能够克服"普遍意志"与"个别意志"间不自然的僵化界限（此一界限曾使卢梭的政治思想几乎归于无效）。在所有人类活动（包括拥有主权的国家的行为）中，人类都具有一种倾向，会因为渐渐认识别人的权利而修正自己的权利要求，从而扩展社会关系。康德和卢梭虽然都明白道德意识的表现在实践过程中会出现无数瑕疵与腐败，但他却和卢梭不一样，他相信冲突的经验不仅不会削弱，反而会加强社会整个的整合。人类借着接触其他人陌生、带有敌意的意志，可以渐渐察觉有必要去发现某些可为大家接受的共同行动基础。群体也可通过类似接触，学会和其他的群体相处，达成共同的目标。因此，对康德而言，个别意志的冲突并非社会整合的敌人，而是其工具。法律并不是神一般的"立法者"赠给人类的完美礼物，而是一般人累积经验逐渐演化而成的。任何形式的个人或群体行动都对这经验有所贡献。康德相信"普遍意志"是逐渐演化而成的，因此他对社会也采取多元观点。这一点使他能够避开卢梭极权一元论（totalitarian monism）所带来的困难与失望。

最重要的是，它使康德能够以一种和近代文明扩大之需要相容的形式把"普遍意志"表现出来。只要人们仍然从"维持独特的社群传统"这个观点来看社会整合问题，就不可能在群众政府与普世意识的成长间获得协调。中古教会拥有道德权威是因为它能代表西方文明真正而特别的一统意识。同样的，近代自由主义的力量大部分也是得自它，普世运动（cosmopolitan movement）的立场由此激发西方人的良知，协力对抗官僚绝对主义的力量。如果"普遍意志"问题的正确诠释只限于卢梭那种极权主义社会观的解释的话，就不可能有这种发展。近代的自由主义遵循康德立下的方向去重新诠释，才克服这些困难。当我们把社会整合看作不断演化的社会经验的功能，就可以让人的社会创造力尽量发挥。康德在他的论文《永久和平论》(*Perpetual Peace*)中提供了一个希望。他认为,人类的理性已渐渐觉察到共同行动的必要,有一天,它一定会创造出够强、够广的普遍意志,将所有民族纳入联邦式世界国的架构中。此一希望虽然还有待实现,但是却代表了自由主义政治观的终极抱负及其终极力量的形式。

卢梭的"普遍意志"理论在分析立宪民主制的方法上虽然有所欠缺,但是作为对近代自由主义基本目标的陈述却有其价值。议会与其他组织虽然都可能是表达舆论所必需的工具,但是唯有它们能把社群的道德共识加诸政府行为之上时才具有意义。人们若完全把注意力集中在政治行为上,很可能会忽略此一最重要的事实。中古教会赖以限制政府权力的唯一力量乃是道德权威,但这权威却常受制度的惰性所危害。因此,有时候只得靠一波又一波的革命热潮(如在圣方济各时代所发生者)才能清除教士阶层内的弊端,恢复基督国度的精神团结。近代世俗社会组织也遭遇到类似的问题,目的在求动员舆论的宪政制度变成可通过此一制度之运作而获利者的工具。正如卢梭所言,任何特定的一群人,包括议会主义者(parliamentarians)与政党领袖,都有形成有别于社群普遍意志之个别意志的倾向。假如社会要维持其所赖以约束政府的道德权威的话,就经常要以激烈的改革运动来克服制度的惰性。因此,自由主义的历史便是由一连串的革命危机构成;呈惰性的民众在遭遇新觉醒的政治意识时,都能一再地打破既存宪政法统(constitutional legitimacy)的约束,重振并扩大社群的范围。卢梭不喜代议工具,并坚持认为"普遍意志"无法由任何人或机构来代表,这种见解固不足以当作解决近代政治问题的充足指南,但是至少可以用来纠正一个与此对立的错误——亦即认为工具本身便是宪政民主制之基本要素的看法。基本问题乃是要设法使政府制度与不断扩大的社群道德共识配合。"普遍意志具有绝对与不可让渡之主权"的观念仍然是说明自由主义政治目标的正确陈述。

第五章

中产阶级的觉醒

近代自由主义发展的第一个阶段便是中产阶级的兴起。中古末期以来,组织健全的商人与匠人团体便控制了欧洲城市的生活,有一段时期,他们还有能力通过诸如"汉萨同盟"(the Hanseatic League)之类的组织在政治上扮演独立的角色,与国王及封建领主在实质平等的基础上互相抗衡。君主专制的胜利虽然使许多都市丧失了一度享有的行动自由,但是都市的中产阶级却仍是社会生活的重要因素。中产阶级的成员与领地王侯联手,一起对付封建贵族,在创造近代国家官僚体制的过程中扮演了领导角色,也因此赢得相称的声望与利益。宗教战争结束后,物质日趋繁荣,更使他们有晋身的机会。如是,到了十七世纪末,西欧中产阶级已稳固地形成具有影响力与自尊心的群体,不但意识到自己的重要性,也决心面对敌对压力,维持他们的利益。十八世纪,当君主专制的政策与他们的目的背道而驰时,他们的态度就逐渐变成批判式的,最后终于演变成革命的心态。由于相信世俗社会的价值与潜力,他们遂把可与中古教会所产生的压力相比的(经过组织的)社会压力加于国家之上。他们的活力与奉献使首次纯以世俗基础重建西方文明二元传统的企图获得成功。虽然在这次事业中，指导他们的思想与制度是建立在较狭小的社群经验上的，不足以创造包罗广泛的普遍意志，但是却成为日后民主发展的起点。因此，中产阶级的觉醒遂成为近代自由主义史的第一个伟大的里程碑。

十八世纪的革命高潮看起来虽然像是意料之外的突发事件，其实却是早已在西方文明中趋于成熟的诸多力量造成的。宗教战争结束后，欧洲就一直迅速朝着彻底技术革命的方向迈进。近代科学在牛顿（Issac Newton）等人的努力下建立了稳固的基础，渐渐显露出潜力，足以成为了解与控制自然环境的武器。新的经营商业方法以及殖民地的拓展早已使世界上许多地区成为欧洲的属地，现在这些因素也提供了累积财富的新机会。工业革命第一阶段的一系列技术发明，使西方工业的生产能力大为提高，对有能力参与这些发展的人来说，这一段历史提供了无限美好的拓展与获利的远景。然而，任何想要利用新机会的企图，迟早都会和既存的社会秩序发生冲突。自从教会成为智识生活的权威中心后，宗教与政治的检查制度（censorship）便一直威胁着科学的成长与散播。商业受到许多复杂的地方性与国际性贸易限制，这些限制是当初经济往来仅限于狭小区域时的残留痕迹。在过去，传统技术的传递是生产的基础，因此有行会（guilds）及其他垄断机构的存在。现在，这些垄断权利便成为人们采取进步工业技术的障碍。过去，足以应付较静态社会需要的制度，几乎都不能适应更动态时代的需要。结果是不断的摩擦，最后除了以革命解决之外，别无他法。

然而，只有少数人意识到即将来临的冲突。唯有具有相当禀赋、受过相当教育，同时又有心要摆脱传统习俗的人才有机会参与较进步的知识与经济活动。也就是说，有可能从革命中获得利益的大多是一些都市的中产阶级。在十八世纪大多数的欧洲国家，人民多半都是一心遵奉古老生活传统的不识字农民，另一端的社会阶级——

第五章　中产阶级的觉醒

土地贵族与乡绅——虽然有机会享受更多教育，但却也一样只专注于执行传统的统治阶层功能，对于新机会的拓展则不感兴趣。除去英国与其他少数社群而外，人们大多受到境内的法律与习俗的约束，无法参与任何形式的工商业活动。科学与文学活动则未完全受到禁止，因此有些贵族遂利用财富与教育上的优势，在此一时期的智识生活中扮演了杰出而重要的角色。在法国尤其是如此；法国王室为使地主与其产业分离，命土地贵族住在宫中，为了排遣宫中生活的无聊，许多宫臣都致力于智识追求以为调剂。但大体而言，最有准备要在新时代拓展智识与经济机会的，却是较具雄心的中产阶级。这些人熟知工商业生活的问题，拥有相当充裕的流动资金，因此在较具试验性的经济活动中占据了极有利的地位。他们教育背景良好，探求新知的欲望又强，因此能在新知识领域的探究中扮演积极的角色。由是，十八世纪乃是中产阶级机会特别多的时代。由于既存的社会秩序不允许他们完全利用这些机会，他们特别觉得有必要做激烈改革。

中产阶级或多或少是被排除在政府责任之外的少数分子，没有机会通过直接的政治行动来表达他们的苦痛。但到了十七世纪末，他们渐渐获得了相当程度的独立权力。在近代资本主义的早期，商人与制造业者都必须仰赖政府之助才能进行大规模的商业冒险。带动经济进步的典型机构是官方与半官方的贸易公司，例如英国与荷兰的东印度公司（East India companies），以及由政府拥有并实际负责经营的工厂，例如法国塞夫尔（Sèvres）地区的瓷器工厂。在智识生活领域中，中产阶级一样需要王室或贵族的赞助，因此中产阶级的作家与艺术家也和商人一样，处于类似的非独立状态。只要这种情形还存在，中产阶级几乎没有希望得到真正的行动自由。不过，十七世纪末，这种情形开始有了改变。通过像英格兰银行（the Bank of England）等机构的协助，公私企业都有机会取得大量的资金与货款。控制了这些资金与货款(已较全国总税收之数额为多)来源,伦敦、阿姆斯特丹等地的杰出商人及金融家,乃能把经济领导权转移到自己手上。同时智识生活的领导地位也有从礼仪烦琐的宫廷转移到较自由、较富生气的私人沙龙的倾向;十八世纪,沙龙以巴黎为中心发挥了最大的国际影响力。许多成功的中产阶级人士利用他们新近挣得的财富与闲暇去赞助、参与此一艺术与文学世界,并且以平等地位与土地贵族阶层的志同道合之士结交为友。由于书籍与期刊的读者群不断成长,有才华的作者如伏尔泰(Voltaire)及约翰逊博士(Dr. Samuel Johnson)等人甚至能靠写作为生,不必依赖有钱人的赞助。不论在智识生活还是经济生活上,十八世纪的中产阶级都已形成颇具独立形态的社会组织,这使他们在当时的社会生活中扮演着越来越重要的角色。

然而,要在面对稳固专制王权的情况下缔造重大结果,则所需自不止此。罗马帝国曾被迫与基督教会共享权力,因为基督徒的教会组织虽然有弱点,但他们却因献身于同一信仰而紧密团结,这些占全人类少数的基督徒深信"来世之救赎"(other-worldly salvation)的福音是唯一能满足人类需要的东西,并能使世俗统治者接受他们的想法。十八世纪的沙龙与银行团虽然是在纯世俗的基础上运转,但是地位却和早期基督徒的集会相当类似。他们是分散各处且未获尊重的少数人的代表,唯有以有效的战斗信念唤醒整个中产阶级,才能使他们的观点为社会所接受。十八世纪的思想,就是要为这种信念提供基础。

启蒙运动(the Enlightenment)这种知识运动满足了这项需求。启蒙运动并非源自某一个人的著作,而是数世纪以来政治与社会思想家共同努力的结果。启蒙运动的作家虽在不同的时间与地点写作,但是关心的是同样的问题,亦即如何将创造力从古旧的社会体系束缚中解放出来。这问题有许多不同层面,因此许多有功于这运动的人都可从不同的利益及意见去一抒己见。苏格兰经济学家亚当·斯密（Adam Smith）关心的主要是自由贸易问题；伏尔泰攻击愚蠢的文学与知识检查制度，而切萨雷·贝卡里亚（Cesare Bonesana Beccaria，1738—1794，意大利经济学家及法学家）则专注于刑法改革问题。个别国家盛行的思想学派也具有地域性的特色（这特色和地方情况的特殊性符合）。法国经济以农业为主，因此早期法国经济学家的领导群，即所谓的"重农学派"（the physiocrats）关心的便是如何使农业合理化；在英国则因经济利益牵涉范围甚广，因此英国的功利主义者（utilitarians）注意的便倾向于如何使国际贸易合理化。但尽管启蒙运动的倡导人之间有差异，人们注意到的却是他们的相同点而不是相异之处。每个国家中产阶级的需要与理想多少都是一样的。共同的经验孕育了共同的思想与信仰，这些思想与信仰总合起来就是启蒙运动的哲学。

将服膺这派思想的人结合在一起的是"人类有可能获得俗世幸福"（terrestrial happiness）的信念。正统基督教虽然并非完全不关心如何改善人类俗世命运的问题，但却教导说，苦难是人类堕落后不可避免的结果，获得幸福的最终希望在于此生以外的来世。启蒙运动的哲学就是对这个观念的直接挑战，的确，哲学家并不一定否认死后可能有幸福的来生，有些哲人也继续信仰基督教。但是，由于他们对近代科技深具信心，因此对俗世生存问题也非常乐观。当时，近代医学虽然还在襁褓阶段，但已显示出足以克服古老疾病与苦痛的能力。商业与制造业的新技术已使西方人的生活水准提高不少，因此，贫穷终将被扫除似乎也成了合理的期望。这类经验造成的结果是使人对人性与人类命运产生了新的观念，根据启蒙运动的信念，这个世界是一个善意的上帝创造的，他并不想把它造成忏悔受难的地方，而是要使人人快乐幸福的地方。里斯本大地震以后，具讥讽天才的伏尔泰虽曾嘲讽主张"这世界乃是最佳世界"者的极端乐观主义，但是当时所有哲学家却都还一致同意未来人类的尘世生活有可能变得比过去更愉快、更欣欣向荣。设法把苦痛降至最低，使幸福达到极点，乃是人生的真正目标。这就是启发了十八世纪启蒙运动、思想的人道主义信念。

然而，假如幸福是上帝指定的世俗生活的目标，为什么它到此时仍未实现？基督教曾经解释说世上之恶（evil）是罪（sin）造成的，并且教导说以上帝的恩宠（grace）来克服，是战胜恶的唯一方法。对于此一令人困惑的问题，启蒙运动的哲学家也提出了一个解决方法。根据他们的说法，过去人类无法使潜在的幸福获得实现主要是因为"无知"，而不是罪恶造成的；上帝指定的救赎工具不是"恩宠"，而是"理性"（reason）。通过天赋的理性，上帝使人类能了解宇宙的法则，并遵照上帝计划的善意要求去调整行为。在历史早期，人类曾因遵循大自然的单纯法则生活，而获得极大幸福。大多数十八世纪思想家都和卢梭一样，深深被一幅由"高贵蛮人"（noble savages）组成的理想化原始社会之图画所吸引，他们视这种原始社会为人类可生活于没有腐化的社会的承诺。后来基于某种永远无法彻底明白的原因，人类不幸失去理性的指引。具有权势的人发现，可以利用全面战争使人类一直陷于无知中，以增进他们自己的幸福。国王与教士强迫臣属纳贡以吸取人民膏脂，由于教会与国家的联手，冥顽与迷信遂成为群众生活的宰制。几个世纪以来的人类苦痛便是这非自然状况造成的，但是理性却仍能使人类重获幸福生活——这是天赋的权利。借理性之解放以克服无知，是十八世纪解决人类生存问题的方法。

但是，启蒙运动的哲学家却不以在世上建立人道主义的天堂为满足，也不以主张人类理性为达到此目的之方法为满足，若要使中产阶级彻底发挥攻击君主专制的力量，就要使他们相信，中产阶级的全胜不仅是可能、可欲的，同时也是无可避免的。在这方面，

第五章 中产阶级的觉醒

十八世纪的人无意中显露出一种长久为西方文明秘藏的心智习惯。其他文化的改革者在尽力而为时，并不预期他们的努力会获得完全或永久的成功，例如，中国古代一代接一代的儒家圣人都满足于致力恢复先圣美德，而心中却清楚知道所有人类的努力（包括他们自己的努力）都是不完美、会衰颓的；但是，对一个生长于犹太教—基督教背景的人而言，认命是一桩极难忍受的事。创世、救赎、复活的故事中即已隐含着历史并非无意义之循环，而是具有独特、幸福结局的一场戏。通过基督教的影响，西方世界已习于认为基督再度来临，并且建立永恒完美之国度时，所有世俗的苦痛终将结束。当启蒙时代的人把注意力从宗教活动转移到世俗活动，他们天启式的希望便从精神界转移到世俗界了。虽然偶尔会有像卢梭这种不快乐、以自我为中心的人会脱离那个时代的正常乐观主义，但一般而言，人们仍然理所当然地认为"完美"是历史注定的结局。如何以俗世观点阐述这宗教性的信念，乃是启蒙运动特有的问题之一。

"进步"（progress）理念便是十八世纪对此一问题的解答。在此之前，人们总认为腐朽与死亡就像诞生与成长一样，是世俗生活的一部分。然而，在西方历史的演进过程中，一种较为乐观的观念基础也一直在累积成长。自黑暗时代以后，欧洲社会一直想要重新学习古典文明的艺术，到十八世纪，此一发展已达相当之地步，一千余年以来，人类首度体认到他们的成就已超越古人。在自然科学、医药、军事技术及其他许多领域内，近代的发现都已使古典权威作品成为过时之物。在文学与艺术领域，优劣程度较难以经验性的试验方法衡量，因此古人在这方面所享的声誉便较为持久。然而，到了十八世纪末，人们也终于有勇气向古人在此一领域的优越地位提出挑战。所谓的"今古之争"会引起人们的广泛兴趣，便是因为此一有名的文学论战代表了西方人的心灵从长久以来的自卑感获得解放的最后一步。在人们心目中，世俗历史再也不是为了重获希腊、罗马逝去的光荣而做的痛苦努力，而是日趋完美的胜利历程。这观念极为新颖且令人振奋，因此紧紧抓住了西方人的想象。这观念最富影响力的陈述见于孔多塞（Marquis de Condorcet）的《人类精神进步史表纲要》（Outline of the Progress of the Human Spirit）一书；然而，此书写成时，孔多塞本人却是法国大革命断头台下的逃亡者。从个人观点来看，孔多塞所促成的运动虽然有点令人失望，但他对"人类终必不断进步"的信心却是无法动摇的。他的态度便是启蒙运动精神的典型。

"进步"观的价值不仅在于它是激励中产阶级士气的工具，同时也因为它是腐蚀对手信心的工具。在改革者遭遇的所有障碍中，最恼人的就是人类倾向于执着于长久以来早已存在的习惯。某一制度或习俗，只要存在的时间一久，人们就先入为主地认为其存在是有道理的，至于它们为何没有道理，却要由想改变它们的人去举证说明。然而，对任何相信历史有进步特性的人来说，这种新旧事物之间的正常关系，都被倒转过来。假如人类事务有不断改良的倾向，则整个来讲，新观念与新制度应该比历史发展早期的观念与制度更优秀才对。当然，这并不是说，任何轻率的计划都一定值得接受。即使热心于近代化的启蒙时代人物，也不曾极端到认为目前一切和古代一样不可用理性批评。"进步"观带来的乃是举证责任的改变。过去的人总认为，直到新事物被证明更好以前，旧事物总是好的；今人则认为，除非有人能证明新事物比旧事物更差，否则旧事物就是不好的。此一观念赋予人们极大的自由去批评既有的习惯。在英国，此一态度的最典型的表现乃是功利主义者的著作；这些功利主义者主张，所有的观念与制度，不论多古老、多受人尊重，皆要拿来以"它们是否有能力证明它们能满足目前需要"的标准来评断。其他具革命精神的思想家虽然以不同语词来表达思想，但是他们的立场在实质上却也和功利主义者一样。

当时，近代科学与工业技术虽然远景一片美好，但毕竟还是在发展初期，所以这种认为有可能做立即改革的信心，似乎是言之过早。然而，我们必须记得，十八世纪的进步观并不是基于十九世纪的历史进化（historical evolution）观，而是基于没有时间限制的十七世纪科学的数理前提。在所有近代学术成就中，牛顿的物理学（Newtonian physics）是对启蒙思想最具影响的发现。牛顿对他观察到的天体运动赋予某些数学上的假说，利用一些极为简单的运动定律成功地解说了地球与天体的广泛现象。这杰出的成就使人们产生了过于夸张的观点，以为宇宙具有合理的单纯性。一般支持启蒙运动的人都认为，所有受造物都是依据一些有限且可为理性了解的法则所建构的实用机械（economical mechanism），对聪明与善意的人来说，发现并应用这些法则是颇为容易的事；一旦发现并应用这些法则，人类生存的问题就可以永远解决了。后来几个世代的科学家认为，进步乃是人类缓慢、有耐心地累积经验资料所形成的；而十八世纪具影响力的哲学家却认为，人类可因突然引介理性所直觉、所知道的假说（rationally intuited hypotheses）而获致终极的完美，这看法使他们的革命乐观主义有极具说服力的基础。

十八世纪的智识气氛塑造出非常特殊的人格典型，富兰克林（Benjamin Franklin）不论在美国或欧洲都负有盛名，就是因为他给同代人一种人类理想之化身的印象。富兰克林出身贫困，以一己之力跻身富人行列，成为富有企业家精神的作家、印刷家、出版家。他天生具有强烈的好奇心与热忱的生命意志，并积极参与当时的智识生活，做出好几项重要的发现与发明。富兰克林生长于欧洲社会旧传统较弱的国家，故能以新颖、批判的眼光看待宗教与政治问题。的确，他的心灵在许多方面都带有某种程度的浮浅实用特色，致使他无法体会到人类经验的复杂层面；在这方面，他是那个时代的真正代表人物；在革命即将来临的时期，富有活力、能信心十足地行动、不为微妙哲学思想的无尽复杂性及条件限制所抑制的人才是人类最需要的人。启蒙运动正足以鼓动人类心中的此类热忱，这方面的能力正是它是否能成为成功的革命学说之准则。

在另一重要层面，十八世纪的思想却不如它外表那样清楚单纯。这乃是以新的世俗形式出现的西方宗教特有的两难处境。基督教（尤其是西方形态的基督教）乃是"独善"（self-regarding）与"兼善"（other-regarding）两种动机间不甚平衡的结果。基督教强调个人之得救为无上重要，在这方面，它强调个人的道德意识而牺牲了社群的道德意识。耶稣基督曾指示他的门徒弃家相随，这就是基督教教义中隐含的无情的道德自我中心主义（moral egoism）。基督教对僧人、隐士表示尊敬，而且通过诸如忏悔等制度来鼓励一般人内省，这都显示它深信宗教活力的真正来源是个人良心之发展。然而，除了这种个人主义的倾向外，基督教也包含强而有力的社会因素。其最崇高的理想之一便是要将全人类团结在一个爱与慈善的社群里。基督教实行上的关键问题，便是如何在这些相反的力量间维持有效的平衡。启蒙运动兴起，这个问题非但没有解决，反而从宗教层面带到俗世层面，这点正解释了为何在十八世纪思想的单纯外表下潜藏着许多复杂的问题。

这段时期最明显的特色或许就是夸张的个人主义（exaggerated individualism），在新兴的知识与经济力量跟旧社会传统发生冲突的时代，新兴运动的支持者自然会极度强调个人自由的需要。基督教的创造活力存在于个别圣徒的宗教活力，同样的，启蒙运动的希望也维系在个别科学家与企业家促使事物合理化的能力。这便导致一种激烈主张，认为个人有权利不顾社会的传统约束去追求自己的合理利益。当时心理学的"感觉论学派"（the sensationalist school）正达巅峰，其假说便是人类生来本就不具任何道德或社会观念，后来所有人格发展纯为"独善"企图所造成，其目的是使人类有机个体的痛苦减至最低，快乐达到最高。根据这个理论，社会乃是一种由有感觉之个人所构成的机械聚合体，而个人之行为动机则完全是为了追求合理的个人利益。因此，随着世俗化的发展，基督教"个人灵魂有无上价值"的说法也随之转变为同样强硬的"个人的感官肉体有无上价值"的说法，结果便造成极端明显的个人主义倾向，其实此亦为西方文明一向具有的特征之一。

然而，为了配合西方思想的二元论习惯，除了强调独善动机，也要同样强烈地强调人类生活的"兼善"层面，以使两者平衡。虽然近代学者因反对十九世纪泛滥的个人主义而时常忽略这项事实，但这仍是启蒙运动包罗万象层面中的一层。启蒙运动的领导者深信，他们的原则不仅可以增进禀赋特殊的个人之快乐，同时也能增进整个社会的快乐。在从前，基督教曾梦想有一天全人类会团结在互爱与慈善的普遍法则下，同样的，十八世纪的人也沉醉于慈善的普遍法则下，而且，十八世纪的人还沉醉于一幅远景——有一天，全人类将共享免于匮乏与痛苦的幸福。这想法并非虔信者的陈腔滥调，而是热情的信念，无数人道主义的奉献行动便可证明。仰慕富兰克林的人把他奉为那个时代的理想代表；但是，他们也清楚记得富兰克林是一位知名的慈善家，他曾经奉献时间与金钱创立许多的福利事业。当时的人普遍都持有这种分担社会责任的态度。由于震怖于人类的苦难，许多男女都乐意奉献于医院与监狱，去减轻这类怖苦。又有感于无知之普遍，另有一些人以同样无私的态度，献身于平民教育。虽然较极端的人道主义英雄作风与极端的圣徒献身一样，都不是常人能做到的，但当时人却都仰慕这些行为，认为这就是当时道德感的表现。这些发展都是由"兼善"的动机引发出来的，对此若无适切体认，我们将永远无法了解十八世纪启蒙运动的本质。

由于人道主义的因素非常强大，有时甚至有摧毁个人主义之意义的危险，我们从边沁（Jeremy Bentham）的著作最能清楚看出这种西方二元主义的平衡所受到的威胁。英国功利主义学派受到牛顿力学的启发，相信人类的快乐与痛苦也和物体的质量与速度一样，可以用单一、普遍的有效标准来衡量其多寡轻重，这导衍出一种人类福利的观念，而由于此一观念的影响，个人被看作社会统计学计算对象。根据《道德与立法原理导论》(The Principles of Morals and Legislation)一书所述，生活的最高目的是"为最大多数的人谋取最大的幸福"，以某个人的快乐来抵消另一个人的痛苦，从而获取可能的最高"人类幸福净值"(net quantity of human happiness)。人类天生的倾向就是竭尽所能获取个人最高快乐，即使会使整个社群的幸福净值减少也在所不惜。在这种情况下，社群计算个人的私人利益时也有权加入新的因素。开明的立法者可以估计个人从各种反社会行为中所得快乐的确实"数量"，然后对这种行为赋加法律惩罚，使他的痛苦超过所得的快乐，以使自私个人的快乐计算符合更高层次的社会利益。然而，假如惩罚性的法律是唯一能对抗个人自私心而维持社会福利的力量的话，那么道德权威的最终来源便将是国家而不是个人了。在英国史上稍早的危机中，这样的人性观曾经促使霍布斯发展出强硬的国家专制论(state absolutism)学说，功利主义的逻辑含义(如边沁之法学著作所阐述者)基本上就是霍布斯式的。

所幸十八世纪思想中的个人主义因素要比功利主义者所说的更强烈。启蒙运动时代的人虽然喜欢从"无条件的自我中心主义"(unqualified egoism)观点去描述人性，但他们对个人的看法同时也有某种程度的理性论式的理想主义(rationalistic idealism)，这使他们不一定要诉诸国家，把国家当作人类价值的唯一守护者。大多数人都相信善心与同情心是人类理性的正常表现，根据此一观点，任何真正开明的人都会乐于行善，并发现使别人痛苦也会引起自己痛苦。因此，在使自己的幸福趋于最大值的理性企图中，个人通常都会以社会能接纳的方式行动。此一理性主义者理想主义（rationalist idealism）虽然在葛德文（William Godwin）、康德以及与虔敬主义者（pietist）和其他基督教派有所接触的思想家身上表现得特别明显，但也是大多数十八世纪理性主义者思想的一部分。边沁虽然意图缩减为善所获的快乐，但也从不曾认为害怕法律惩罚是人类行为合度的唯一原因。总括而言，启蒙运动的领导人物也和那些基督教先驱一样，对人性的"独善"与"兼善"因素采取相当平衡的观点，这一点使他们的政治思想得以循着西方二元主义的传统路线发展。

然而，为了调和对立的因素，必须找出一种社会组织的形式，使个人主义与人道主义的价值能同时发挥。中古基督教以教会制度来解决宗教上的类似问题，教会设立的目的是要提供一个架构，使特别富有宗教精神的人能献身于救赎全人类，身负特殊宗教使命的人经过缜密的拣择与训练过程后，被赋予牧师之职领导信徒。对于另外一些人，教会则鼓励他们在修道院中过沉思默祷的生活以修养灵性，根据一般人的看法，此种灵性不但有益于他们自己，也有益于供养他们的社会。在"圣灵"（Holy Ghost）的保护下，这些制度都能有效发挥宗教功能。十八世纪启蒙运动最重要特色之一，便是要寻找一种类似的有效世俗组织。

"自由市场"（the free market）的概念满足了此一需求；这种世俗组织不是以圣灵为守护者，但是却受到同样神圣、同样不可变易的"利益之自然和谐"原则的守护。市场是一种古老的制度，许久以来一直就是中产阶级生活的中心。大多数欧洲城市的兴起都因当地是商人与艺匠聚集处，他们汇聚于此把产品卖给附近的农民。从一开始都市中产阶级的权力就不像封建诸侯一样来自逼迫臣民纳贡，中产阶级是在自愿协商的基础上，发挥迎合顾客需要的能力而获得权力。十八世纪使中产阶级的社会抱负臻于新顶点，他们自然会把市场当作最可能满足其雄心的工具。在无外力干涉下，唯有协议双方都认为有利可图时，市场的关系才会形成，这就是市场的特性。换句话说，市场代表一种行动领域，在这领域里，企业家唯有利己利人才能获得成功。启蒙运动的哲学家便紧抓住此一事实，作为解决他们问题的线索。在完全自由协商的情况下，理性的人可以在顾及本身目的的前提下，发展出一种社会关系的体系，让整个社会的福利趋于极大。牛顿建立的科学已为人熟知。众多的天体会因质量与运动的吸力与抗力产生，而根据造物主简单的数学设计做完美和谐的运动。这很容易使人假定，众多的人群也会依理性自利的吸力与抗力，依善意造物主所欲照着自由市场的单纯法则而完美和谐地生活。一如宗教领域的基督教会，市场似乎便是上帝安排的调和人类俗世生活"独善"与"兼善"因素的制度。具战斗精神的教会之目的是要使圣灵在上帝的人间之城完成善意的操作；自由市场的功能同样也是要在世间历史领域内完成善意的"利益自然和谐"原则的操作。

这个观念是满足中产阶级需要的工具，而在经济领域中最有用。这段时期掌握最有效的商业与生产技术的十八世纪先进企业家，先天就占据有利竞争地位，然而，每当他们要提供商品与劳务时，都因职业行会（craft guilds）、官方及半官方机构、地方关税单位以及其他既存机构都具有广大垄断力量，而使企业家无法打进获利的市场而受挫。自由市场的原则使中产阶级企业家既可打着本身阶级利益维护者的旗号，也可以全人类利益支持者的姿态去攻击那些限制。根据十八世纪较具影响力的经济学派的说法，人类作为消费者的最高经济目标，是要以最低价格购入最佳商品与劳务，法律限制就算有效，也只能限制选择的自由，迫使购买者以较高价格购入较低劣的商品；因此，建立自由市场是与消费者经济利益相符的。另一方面，人类作为生产者的最高经济目标，则是尽可能以最少心力制造最大量供人享用的商品与劳务，无限制的竞争可确保高成本生产者终必消失，为有效运用劳力与物资的人带来经济生活的最佳报酬；因此，自由市场可以创造生产者与消费者间利益的自然和谐。通过无限制竞争的运作，消费者将购买成本降至最低以及生产者将劳力做最有效运用的欲望，同时都能满足。这便是十八世纪的人对经济福利问题提出的解答。经济理论家应用利益自然和谐的观念，满足了中产阶级个人主义式的雄心，同时又不损及当代思想的人道主义倾向。

另外，一系列相似的论点也用来支持那些兴趣在于智识活动而非经济活动的中产阶级及其追随者。启蒙运动时代的科学家及政论家也和当代商人与制造商一样深信他们禁得起倡导敌对学说的竞争，不幸的是，继承中古教会消灭异端传统的当代专制君主，却仍然声称他们有权阻止有害于既存秩序思想的传播。虽然这些声明大体上并没有彻底执行，但是，许多十八世纪的作家却都坐过牢或流亡过，且多少都受官方检查制度之害。由于厌恶这些经验，启蒙运动时代的思想家遂在智识生活上发展出自由贸易经济学说的翻版。十七世纪宗教纷争的时期，弥尔顿（John Milton）与威廉姆斯（Roger Williams）等杰出之士已经提出，我们唯有容许每一种宗教思想自由传播，让人的良知来评断各种教理，人类的宗教利益才能有最佳发展。启蒙运动采纳这种宗教宽容观，并把它当作更广泛的思想自由理论的基础。根据这个理论，智识生活的目标是要尽量发现并传播可由理性验证的真理，如果让各种意见自由竞争，个人的理性判断终会分辨出真理与谬误。如果加上法律限制，将有潜在用处的思想观念排除在理性讨论的范围以外，便会强迫群众接受劣等的知识产品，剥夺知识生产者改进产品的可贵机会。启蒙运动时代的人相信，智识领域与经济领域一样，不论从个别利益的立场还是从社会普遍福利的立场来看，维持自由市场的情况都是必要的。他们相信有一种终极的"理性和谐"存在，这使他们在前述两方面都能调和

"独善"与"兼善"的对立主张。

一如中古时代的人深信教会功能一样,启蒙时代的人也深信上帝安排的自由市场的功效,这信心鼓励人采取激进的二元社会观。根据十八世纪人的看法,人生真正有意义的价值——包括经济上以及知识上的价值——都是个人的主动(individual initiative)造成的。经由"利益自然和谐"的善意运作,这些价值通过自由市场的自动运作而有益于人。政府若干预这些运作过程,结果是足以减少人类幸福之总量。从世俗的层面言,对"社会"与"政府"关系的评估正好相当于中古时代对"教会"与"国家"关系的评估。世俗社会和教会一样是个独立组织,能通过自己的制度产生功能。唯有通过这些制度,我们才能定义并达成人类的目的。近代政府一如中古的"国家",与创造积极价值无关,而且也无能创造,因此必须接受其姊妹组织(译按:指社会)创造的价值。启蒙运动这层面的思想在潘恩(Thomas Paine)的著作中表现得最明显。潘恩直截了当地主张,人类一切福利都是社会生产的,而一切苦难皆是政府造成的;他相信,为了保护人类的利益,政府权力应当经常由至高的社会道德权威来约束、控制。西方文明的二元理想,即使在中古教皇权威极盛的时代,也不曾这么激进地揭示过。

十八世纪思想的领导人物虽然极力强调社会道德无上的权威,却不曾否定政府存在的必要。有时虽然会有葛德文这样的狂热分子,因深信理性协商的可能而采取严格无政府主义者(anarchist)的立场,但大多数人都同意某种程度的强制权力是不可或缺的。中古教士曾宣导要服从世俗权威,其根据便是国家权力是保护教会圣职工作,是使之免受无法律之暴力威胁所必需的。启蒙运动的哲学家也赋予国家类似的价值,认为国家是自由市场的保护者。自由市场的概念涉及某个场所,人们在此场所可以自由协商,而不受强制压力的阻碍。中古时代,市场城镇总是在城堡的羽翼下形成,因为当时唯有在强固的军事据点保护下,才能免受盗匪劫掠。是后,政治与军事技术的进步使人们有能力组织全国性甚或国际性的防卫组织,全国性以及国际性的市场乃随之兴起。设若无一适当政治组织提供保护,则无任一市场体系能长久存在。十八世纪的政治理论家便曾体认到此一事实。商人与知识分子虽然都深信自己有和别人和平竞争的能力,却没有理由假定在盗匪自由参加的竞赛中,也同样能有表现才华的机会。长久以来,人们便认为,保护市场,使其免受暴力与欺诈行为之干扰(包括强制履行契约义务)乃是有组织政府的一种功能。只要政府以执行这些功能自限,启蒙时代的人也和中古教士一样愿意劝导世人服从政府。

今天我们几乎不需强调,这种关于政府功能的狭隘观念是将政府问题过于简化了。十八世纪社会观的基本理念是,人类所有创造性精力可以在对财富与知识的理性与个人主义式追求中全面发挥。在政治保障自由市场存在的外在架构下,人们期待,开明的自利会诱导追求自我的个人参加互利的协商过程,并创造出有效的普遍意志。这种个人理智有自发社会效力的信念是不切实际的,很快就在实际经验的冲击下破灭了。在启蒙时代,偶尔也有警告说当时所流行的观念不尽正确。以理性之阐示来达成社会和谐是有困难的,这一点不仅为卢梭的艺术直觉所知觉,也为休谟(David Hume)的批判天赋所认知。到了十八世纪末,这种怀疑已经于康德自制、实际之理性主义中有了典型的表达。但在启蒙时代的潮流里,这些警言只是荒野里的呼唤而已,大多数人都相信,一旦国家的功能缩小到只保护自由市场,所有社会存在(social existence)的问题就可自动解决。近代政治思想的重要功能之一,便是将人类从此一幻觉中解救出来。

然而,启蒙运动的历史功能并不是为自由主义的问题设立现成的解答,而是为自由主义的进一步实验提供起始的动力。十八世纪哲学的限制，正好使它更适于扮演这个指定的角色。对大多数人来说，"人类为有生命的计算机，能够理性地衡量每一可能行动路线的利弊"这观念不实在得近于怪异；人类是极易冲动与受习惯左右的动物，几乎不可能只以算计方式行动。但另一方面，这种人性观对中产阶级的进步分子却极具吸引力。发展出这些理论的作家本身就是专业知识分子，这群人特别容易夸张理性探究的重要，视为人类生活的重要功能。他们诉求的对象是有知识的商人与制造商，他们的日常工作就是精打细算地估量得失。对于这类人，"人类为理性机器，为享乐而算计"的观念绝对是可能的。他们个人经验的界限正与当时流行的人性观界限相合。这使得启蒙哲学在唯有中产阶级能向专制国家挑战的时代，成为革命的有效基础。

此外，自由市场观念虽然有缺点，却能指出一条令人满意的未来发展途径。最初，这观念是因某一相当狭隘阶段的需要而创出，但经过广泛公式化后，亦能激发人们从事更广泛社群行动的欲望。所有人都有相等权利的观念，虽然原先是从较消极的法律地位之平等衍生而来，但却成为导致其他经验领域之民主理想成长的一项有力诱因。"制度必须一直受批判，以验证其是否仍然有用"此一观念，原来是应中产阶级革命理想而产生的，日后落到想满足其他社群需要者手上也成为一项有力武器。最重要的，"人类福祉应该通过自愿及互利的协商过程而非暴力与压制来获致"的观念（十八世纪宁取社会行动而不喜政府行动的心态即已隐含此一观念），日后鼓励了人类在广包一切的普遍意志结构内，调和各敌对阶级利益的意图。所有这些都是对近代自由主义思想发展的持久贡献。

第六章
自由宪政主义的出现

　　中产阶级觉醒的最终结果是，为西方宪政主义的复兴立下世俗的基础。然而，这结果却是在经历一段长期、痛苦的政治实验以后才出现的。最初，启蒙运动哲学的性质很明显是"非政治性的"。十八世纪早期的思想领导者和他们的基督教先驱一样，关怀的都是独立并且凌驾于政治制度之上的社会福利，这一点使他们认为国家组织是较不值得重视的。一个国家不论组成方式为何，只要愿意保证让社会执行其无上重要的功能，他们便愿意无条件效忠这国家。唯有希望一再破灭后，中产阶级才体认到，要将国家权力限制于指定范围内，必须先建立适当的政治制度，近代的宪政主义便是以这种痛苦经验换来的产物。

　　假如中产阶级的力量能够强大到遂行己愿的话，西方政治将永远不会朝立宪民主制的方向发展。中古末期，当商人与同业行会控制独立城市之政治时，政府的正常工具乃是专制贵族制（absolute aristocracy）。这些城市的大多数政治权力都握在少数贵族家庭之手，他们独掌大权，其他人都被排除在外。当十八世纪为中产阶级带来新的自我伸张权利的机会时，这些中产阶级的政治态度也同样是贵族式的。启蒙运动的哲学家的确相信人人应享有平等的法律权利，为了反驳世袭贵族宣称有些人天生就比其他人优秀的主张，中产阶级也强调，优秀与否主要是因为教育，若施以适当教育，人人都能改进自己。这种教育信念导致图书馆、学校、励进学会以及其他群众教育制度的建立，后来对民主观念之散播也有相当贡献。但起初这信念之政治含义几乎也与稍早的优越乃天生之信念一样都是贵族式的。不论未来的发展为何，当时的事实是，受普及教育之惠的只是少数人，甚至连读书写字也仍然只是少数人的特权。在这种情况下，我们很容易得出一个结论：政治权力的行使虽然以全人类的福利为鹄，但却仍然握在少数受过教育的人手上。假如启蒙时代的人能够自由选择政治工具，专制贵族制很可能会成为最主要的政府形式。

很幸运的，当时欧洲的情况却没有进行纯粹贵族制实验的机会。中产阶级虽然力足以伸张自己的权利，但却绝不足以独力负起指导社会走向的责任。社会秩序的维持仍然有赖精密文武官僚体系，以及以农业为主的经济体系的运作。都市中产阶级与后者可以说很少或完全没有接触；而对于前者（尤其是军队）的控制又绝对逊于传统的统治阶级。作为一个未享有高度社会声誉的少数团体，中产阶级几乎没有正式宣称垄断政权的希望（在中古城邦的有利环境下，他们或有一线希望）。在他们自己选定的市场竞争领域里，他们的技巧与干劲难逢敌手。但在此领域之外，没有其他社群的合作，他们就无法行动，这使得他们无法梦想去建立中产阶级独占的专制政治。

中产阶级虽实力较差，但这并没有直接促使他们走上宪政政府的道路。的确，当时他们的兴趣乃在于增进而非削弱国家权威。就他们而言，最重要的问题莫过于尽快彻底解放知识与经济市场，使其不受传统制度的束缚。要对既有特权发动如此激烈的攻击，非要以非常彻底激烈的方式伸张主权国家之权力不可。从中古末期以来，"主权"（sovereignty）理论就一直是想要对抗宗教、封建与其他传统力量而使社会生活合理化的人所使用的主要意识形态武器，而宪政主义则是那些想要维护传统秩序的人所使用的防卫武器。对传统秩序的憎恨乃是启蒙运动的主要泉源，因此，十八世纪大部分时期，专制国家主义（state absolutism）的极端支持者都是那些启蒙哲学家。

中产阶级本身的力量不足以控制政权的行使，从这个观点来看，他们急于抬举国家权力乍看之下似乎相当令人惊异。但是，他们对于理性的力量却极具信心，坚信最后他们必能把主权导向他们所选定的那条路上。十八世纪哲学家很正确地将耶稣会教士当作危险的敌人，但他们的态度却正像是耶稣会教士先前采取的态度。耶稣会教士在数次尝试性的宪政主义实验以后，决定他们的利益在于支持专制王权。他们认为自己是"圣灵"的代理人，深信自己有能力使统治者臣服于宗教良心的指导，因此他们高抬王侯的权力，希望能借重这种权力作为宣扬信仰的工具。启蒙运动时代的人对理性有类似的信心，因此也得到类似的结论；他们真心相信，所有有理性的人最后终必相信他们的论证，任何统治权威不论组成方式为何，最后终必会运用其权力促进开明的利益。这一点才使他们可能鼓励专制王权的成长，而不怕如此创造出来的权力会对自己不利。

截至美国革命与法国革命为止，开明专制（enlightened despotism）乃是最广受十八世纪思想领袖欢迎的政府形式。在英国，权力为议会寡头集团所掌握，像边沁这样的人很可能在事业刚起步的时候，希望这寡头集团强大且开明到足以完成激进改革的任务，但在大多数国家，君主才是国家权威的有效中心，改革者一般求助的对象也是这些君主。改革者之较喜君权或许也因为他们对理性说服力虽然深具信心，但是劝服一个位居要津的人推动启蒙运动总比劝服一大群教育程度较差的人来得容易。英国的哲学家兼政治家博林布罗克（Henry St. John Bolingbroke）在十八世纪初于其所著《爱国君王观》（Idea of a Patriot King）一书中也曾经表示，他赞成开明专制，主张英国应当有一睿智、善良的君王重伸王权，消除英国议会寡头集团的派系斗争与腐败行为，这便是典型的启蒙运动哲学家的态度。伏尔泰与他的同代人虽然羡慕英国的宗教宽容与思想自由，却不急于追随孟德斯鸠，而视英国宪政体制为进步政府的典范。他们也和卢梭一样，并不想建立一个制衡的体系，而想创造一个能服从单一主权意志的同质社会（homogeneous society）。和卢梭不同处是，他们认为，最可能适于改革需要的力量乃是君主的个人意志，而不是一个大社群的团体意志。他们认为解决当时政治问题的方法就是开明专制。

事态的发展曾一度明显证明此一结论是睿智的。这是因为十八世纪君主的利益在某种程度上和中产阶级的利益吻合。聪明、成功的统治者都体认到其王国之军力与和平时期之税收主要都依赖工商业的繁荣，因此他们设法支持商界的进步分子，合力对抗自治体（communes）、行会与其他传统组织的既得权利，并且更自由地运用统治特权去削减或剥除那些权利。再者，在知识生活绝大部分为启蒙运动力量所控制的时代，像普鲁士的腓特烈大帝（Frederick the Great）、俄国的叶卡捷琳娜大帝（Catherine the Great）这样野心勃勃的君主，也发现摆出哲学家友人与赞助者的姿态对于提高本身的声望有极大帮助。王侯都受过社会责任之悠久传统熏陶，因此那个时代的人道主义精神往往能够引发许多真正的改革热诚。所有这些因素在大多数欧洲王朝造成一种形象，统治者似乎都当得起开明专制之名。除了腓特烈、叶卡捷琳娜以外，奥地利、西班牙与其他一些意想不到的国家的统治者也都成为有名的进步改革者，以铁腕使国内经济与行政结构合理化。他们的改革措施确实有些仍不能

第六章 自由宪政主义的出现

使中产阶级满意。再者，面对顽强保守主义的反对，表面上的胜利往往或多或少成为短暂的现象，较不开明之继承者的措施也常使开明专制君主的成果化为乌有。然而，大体而言，事态发展的趋势是绝对有利于中产阶级的。就已有成就而言，似乎没有理由不相信启蒙运动的理想可以通过开明专制之措施而获得实现。

第一个暗示人们必须选择另一途径来解决政治问题的事件是美国革命。整个十八世纪，北美的英国殖民地人民对其母国因采取重商主义政策（mercantilist policies）而对工商业造成阻碍的措施逐渐感到不满。为了获取更多自由，不满群体倾向于漠视议会权威，直接诉诸国王，请求国王为其纾难。但是，这却不是当代开明专制信仰的表示。美洲殖民地的政治理念承袭英国宪政传统，与启蒙运动的绝对君主观几无关连。他们虽然否认英国国会有权统治他们，但他们的主张却是基于英国人有权受自己已选出的议会保护的传统权利。不幸，英国国会的寡头执政者却不太想放弃权力而另立美洲地方议会，殖民地人民向国王提出的改革建议也未获实现。乔治三世（George Ⅲ）距离殖民地人民太远，也太过关注控制英国政治问题，没有能力也无意解决殖民地的需求。其引起的紧张情势终于导致革命危机，这危机为十八世纪政治打开一条激烈转向之途。

美国革命的直接结果是刺激了绝对民主的成长。旧式宪政传统特意不使权力集中在任何单独的权威手中，这传统的确一直存在于美洲殖民地。然而，和英国争斗的情况，使殖民地人民更多参与政治革命的许多目标——尤其是重商主义限制的废除——虽然主要是为了迎合商人与庄园主的利益，然而有产业的人却不是一致认为革命行动是理想的。由于托利党的分裂，中产阶级革命者在没有其他社群成员支持下，势必无法战胜敌手，因此革命者必须诉诸主权在民的原则。像亚当斯（Samuel Adams）一类精于煽动民主情绪的人声称人民有权掌握政治事务，在下层民众间激起活跃的革命运动。

在国王与国会，甚至许多有产业的中产阶级都不理睬最具说服力的改革论调时，纯朴的匠人与农夫却率直响应。这暗示了真正拥有理性与美德的乃是一般平民，理性改革运动应当把可能的最大权威置于这些民众手上。像杰斐逊（Thomas Jefferson）这类人的著作，将这种民主观点做了最热情、最具说服力的宣扬。对于提倡革命理论的领袖而言，开明政府最有效的代理者是绝对民主制，而不是绝对君主制。这信念一直延续到今日，成为美国政治思想中常存的调子。

但事态的发展随即使许多中产阶级革命分子不再相信理性说服能保证所有人都接受开明原则。最初美国联邦的条款赋予各州无限的自决权力，结果大多州境的权威都落在多少由全民选出的州议会。然而，从中产阶级的观点来看，不论是在革命中或革命后，这些州议会的作为仍有许多需要改进之处。启蒙运动教导说，社会福利在于消除所有贸易障碍；美国革命虽然在相当程度上是对英国重商主义的一种抗议，但革命后各州议会却都立刻建立起关税制度、树立各州互贸与外贸的障碍。启蒙运动教导说，稳定的流通货币与强制履行契约义务是维持合理市场经济功能不可或缺的因素；但为了应付广大负债者的要求，各州几乎都通过司法人员或司法程序的重组以及鼓励通货膨胀，来减少或消除债务。虽然多数民众的权力并未彻底达成，但已足以表达许多开明政府及社会观不熟悉的需求与理想。革命的实验虽然为时不久，且为试探性，但是"绝对民主"与中产阶级利益无法相容的情况却已经很明显了。

结果，大多数中产阶级领袖放弃了政治的专制主义理念，恢复了宪政政府的传统信念。许多有产业的民众虽然和汉密尔顿（Alexander Hamilton）一样，深信人民是"一头巨兽"，但这只巨兽已经太过强大，无法仅用伸张中产阶级权威来克服它，唯一的希望是限制民主政治的权力，使多数群众行动时不得不稍微顾及少数中产阶级的利益。以当日的情况而言，这希望虽然微弱，却不至于完

第六章 自由宪政主义的出现

全绝望。身为英国政治传统的继承者,美国人总是从"以法律限制政府行为"的角度来看"自由"问题,美国与母国分离的结果,非但不曾减少,反而增加了此一传统力量。身为一群受异地议会榨取的殖民者以及急于创造一个不受官方干扰之新世界的拓荒者,美国人始终忘不了政治权威的危险。从英国与欧陆国家的经验来看,洛克、孟德斯鸠的学说或许已成古董,但它们仍是美国政治思想的基础。在革命之际,宪政政府传统在美国保持的生命力,或许要比西方任何地方都多,这使得美国中产阶级有了独一无二的机会,以宪政实验反制绝对民主的危险。

美国政治家利用这机会的能力可以从1787年召开的制宪大会看出来。费城会议提出的建议虽然是屡经折中的妥协结果,但这次会议的一般目的却可由最后确定的文献中明显看出。为了压制当时州政府的有害活动,必须建立一个强大的中央权威,使其足以保障全国自由企业之生存。这意味着州政府把军事防卫、管制商业活动以及建立度量衡制度(尤其是货币标准)稳定市场经济操作所必需的终极权力转移给联邦政府,同时宪法中亦明列条文,禁止州政府借其权利破坏契约义务。但对于一个强大联邦权威的需求固然十分明显,美国人却也体认到这种权威可能会落到不当人士手上。宪法制定者不敢剥除已握有联邦事务投票权者的权利,然而为了削弱民主力量的冲击,他们使参议员与总统选举成为间接而非直接的选举。若其他的企图皆失败,行政、立法、司法权之严格分离,加上总统的否决权及其他制衡原则的应用,也能使联邦政府不致步上某些州政府绝对多数统治之后尘。如是,美国人乃将稍早宪政主义者的原则巧妙地应用到当地,而保护了中产阶级,使其不受绝对多数统治危险的威胁。

宪法草案一旦起草完毕,接下来的问题就是设法使各州制宪会议采用此草案。由于费城会议是闭门而议,一般大众无由得知利于这些新议的理论与实际论辩，于是争取大众接受的任务遂落在一些政治作家身上，而最重要的就是《联邦论》(*The Federalist Papers*)的作者。这份刊物原为争取立场不定而又不可或缺的纽约州的支持，很快就被公认为早期美国宪政主义的经典陈述。这份刊物揭橥的理论的确并不特具创意；为了阐明必须建立强大中央权威以对抗国家分崩的危险，这些作者援引了早期联邦制度（尤其是上古史与中古史的一些例子）的思想与经验。在证明制衡及分权的好处这些方面，他们只不过是援引了由孟德斯鸠、洛克上溯至上古史家波里比阿的思想传统，但这些观念是大家耳熟能详的事实，非但没有减少，反而增强了它们的说服力。政治手册作者的主要任务，就是把众人熟知的观念加以组织，以达成既定目标。在美国宪法前的复杂政治与意识安排过程中，《联邦论》的作者将熟悉的论辩以强有力的方式展现出来，扮演了很实际的角色。

这些努力的结果，是建立了近代最持久的宪政结构。美国宪法的确并不如制宪者所希望的在各方面都成功地抗阻多数人的压力；例如，政党的成长很快就造成意想不到的结果，使间接选举总统这项贵族式的制度失去作用。另一方面，这发展又为另一项同样意想不到的结果所牵制，那就是，最高法院在大法官马歇尔（John Marshall）的领导下变为控制民选总统与国会议员的强有力机构。为未来所设计的宪政体系本不可能有绝对精确的预测，但费城制宪会议的与会者都是能力卓越、头脑清晰的人，对于政治的理论与实际都有精到的研究，因此他们的大部分臆测，都成为机敏的猜测。很少民族能如此成功地设计出一套制度，使其既合于制订当时的需要，又能为未来的发展提供基础。当后来社会发展［如杰克逊（Andrew Jackson）总统之时代］导致新的政治力量出现时，宪法也表现出足够的弹性，允许这些力量的表达，而不致造成革命危机。今天，美国仍然生活于这最古老的成文宪法下，就是对其缔造者智慧的最高礼敬，他们的成品乃是十八世纪政治发展的杰出成就之一。

美国革命的结果代表的不仅是地方性的意义；在本质上，这次革命绝不是什么重大事件，当时的美洲殖民地只不过是西方文明边疆的一个微不足道的前哨，美国革命主义者面临的问题也远比欧洲革命者面临的单纯。除了英国重商政策所施的外来压力以外，美洲新世界仍然太年轻，社会关系易变，不像古老的欧陆备受旧制度之苦，这使美国在脱离英国这个起始的难题解决之后，能够朝一个较和平的路线发展。美洲与欧洲的情况虽然并不完全相同，隔海传来的消息却不可能不造成广泛的冲击。在一个世纪的平静（此期间任何既存政府的权力都未受到严重的挑战）之后，革命群众崛起且赢得先前为正统权威所拒绝的改革，这个先例经常诱引世界其他地方掀起革命。

法国是第一个感受到这些发展之冲击的国家。就某一程度而言，这或许是因为在革命后期法国成为美洲殖民地的盟友，直接接触到美国经验之故。然而，使美国的例子对法国中产阶级产生特别吸引力的真正原因，是法国人对于在既存政治秩序中改革的可能非常失望。虽然在其他地方，开明专制成为启蒙运动合理且有利的盟友，但是特殊的条件却使它在法国无用武之地。自从路易十四（Louis XIV）时代以来，法国君主的政策便是把上层贵族纳入王室的行政体系，免得他们心生叛意。这政策使世袭特权的拥有者稳居宫中或公职之位，比大多数国家的贵族更能站在君主的立场压制改革企图的表达。即使积弊已使国家濒临崩溃边缘，由特权控制的行政体系的惰性仍然强大到使像杜尔哥（Anne Robert Jacques Turgot）这样善意的部长的努力归于失败。这类经验显示，开明专制永远无法在法国成为中产阶级行动的有效工具。这使得法国人日渐赞同美国以革命来改革的另一条路。

但是，革命必须从广泛的民主基础，而不是纯粹中产阶级的基础上来发动,美国是如此,法国更是如此。法国中产阶级并非生活在既有政治自由传统下的流动商业与开拓性社群,而是一个主要由农民组成,由封建贵族之残余控制的古老、稳定社会。身为全民的代言人,中产阶级唯一成功的希望是动员民众的力量,尤其是农民渐增的对旧制度榨取的不满。因此,中产阶级革命拥护者一开始就必须从民主的角度去考虑问题。

这一点在第三等级(the third estate)的历史中得到表达。1789年,法王召集相当于英国国会的全民代表大会(这是一个多世纪以来首次召开)研商国家破产的问题。一如欧陆多数议会,法国的第三等级也代表都市社群(urban communities)的利益,因此中产阶级的改革者便将希望寄托在这个特殊团体上。在传统的程序体制下,第三等级将无法对抗其他两个等级的联手而获致任何成就;但这个困难克服了,有人要求将优势权利交给第三等级,他们不仅成为中产阶级的代表,也成为全国代表,这个要求极具说服力,因此大会允许第三等级选出两倍于其他任一等级的代表。大会召开时,第三等级要求废弃类似美国参众两院分别集会分别投票的办法,而要求三个等级联合起来以单一全国代表大会的方式集合。由于启蒙运动的理想不仅为整个第三等级所抱持,也为少数有影响力的贵族与教士所抱持,因此这变革的结果便是把大会交到一群明显为改革派的多数人手上。如是,借着采用民主意识形态,开明中产阶级成功地取得有力且具革命性的武器,以达成他们的目的。

中产阶级充分利用了其后衍生的机会。8月4日,在一场充满狂热激情的议程中,他们废弃了传统复杂的阶级特权,使所有法国人在法律面前一律平等。其后不久,又以同样激烈的方式处理了各种地方特权,废除所有地方政府,建立统一的分部而治的行政体系。各地方古老、不便的度量衡也由单纯、划一的公制(metric system)取代,通过全民代表大会及其后继者的努力,开明的理性精神终在

第六章　自由宪政主义的出现

许多领域完成社会与政治生活的彻底改革。在极短期间，许多传统的弊端与不便，永远消失了。十八世纪理性主义最乐观的希望，似乎就要实现了。

这次经验使启蒙运动的政治思想有一新取向：在专制君主对中产阶级的说服置之不理时，以全民名义发言的代表大会却独独热衷于改革。这使多数先进思想家有了结论——最能接受理性论辩的权威主体是大多数人民，而非君王；而且要解决政府问题，绝对民主也比开明专制更可取。在潘恩与边沁等人的著作里，对历史做民主的诠释成为当时的常规。根据这个理论，社会的邪恶是源于君王与其他统治阶层以牺牲整个社会利益来维持其特权。要对抗这种特权，人道主义的论辩永远无法造成深刻、持久的印象。另一方面，社会大众若依循理性的指示行事，则绝对只有"得"而不会有"失"。至于多数人也可能以政治方式压榨少数人而获得特权（卢梭的"普遍意志"理论对此有充分体认），则为一般人所忽略。启蒙运动哲学家先前对开明专制的信任虽然已经崩溃，但对理性的说服力却仍具信心。他们深信受过适当教育的民众一定会支持中产阶级人类福利之观念，因此认为建立绝对多数的统治是解决所有政治问题的方法。就像先前的开明专制理论一样，这也是典型十八世纪理性主义的表现。

然而，法国和美国一样，事态的发展很快就对启蒙运动的希望浇了一盆冷水。随着时间的流逝，明显可看出中产阶级无法长久控制自己引发的革命力量。在早期，低阶层民众与中产阶级的利益一致，都想逃避贵族与教士等特权加给他们的负担，因此强调多数人的权利就绰绰有余。一旦这些特权被扫除，中产阶级的处境就越来越困难了。许多人在达成主要目的以后就变成保守分子，对进一步的改革不再有任何兴趣。这对农民而言尤为真确，因农民皆乐于免除封建领主的剥削，但是在其他方面却宁可依循传统习俗；其他群体则变得过度偏激，所要求的变革已不再与中产阶级启蒙观念相符。

像博纳罗蒂(Fillipo Michele Buonarroti)与巴贝夫(Babeuf)等极端分子开始向都市无产群众诉求,主张财产的平等权也和平等的法律地位一样,是构成人类自由的重要基础。这类呼声固然不多,但却是一个重要指标,显示革命已逾越中产阶段观念所能控制的范围,随着时间的逝去,开明改革者是否还能以全民的名义发言也越来越成问题。

如我们先前谈到的,在美国,这类困难造成的结果是把中产阶级的思潮引向宪政政府。法国最后也获致相同的结论,但由于法国政治传统对采取宪政途径并不鼓励,因此这方面的发展也延缓了一段时日。几世代以来,法国人已习于受绝对君主的统治,当多数统治的革命经验令他们失望的时候,他们的直接反应便是另寻个人专制的形式。1795年,不受欢迎的革命权威为了使自己摆脱困境,命令新崛起的年轻将领拿破仑(Napoleon Bonaparte)将枪口对准愤怒的巴黎暴民,情势于是为之一变。从那时开始,很明显的,任何改革派政府在内忧外患夹攻下,若得不到武力支持,绝对无法生存。1804年,拿破仑加冕为皇帝,这也是必然的结果。法国人民再度把绝对权威交给一个人,让他决定法国的命运。

拿破仑的开明专制实验在迎合启蒙运动需要方面很难说比其先前的君王更为成功。在拿破仑皇帝的领导下,社会与政府事务程序合理化的工作(在革命时期已明显展开)的确有不错的绩效,行政组织达到先前未曾梦想的完美程度。一本相当令人激赏的法典——《拿破仑法典》(the Napoleonic Code)取代了混乱、过时的司法体系。此外,拿破仑征服欧洲也造成一种效果——鼓舞欧陆大多数地区的人采取法国的改革方式,使得启蒙运动成就为所有人分享。唯一的麻烦是,拿破仑一心开疆拓土,所需的代价从富有中产阶级的实利立场来看却不值得。为了满足永无餍足的军事需求,成千上万的法国农家子弟战死沙场,但是只要能共享胜利的荣耀,法国人却

第六章 自由宪政主义的出现

仍然愿意支持拿破仑。甚至在拿破仑失败以后,拿破仑传奇的魅力仍然紧紧掌握数代法国群众的人心。然而,军事光荣在十八世纪理性主义的享乐盘算中却不占有任何地位,一旦自由企业的障碍除去,中产阶级对政府别无所求,只要让他们享受经济与知识上的机会就够了。拿破仑的军事扩张不断要求更多的税收、贸易管制与更严格的检查制度,拿氏虽然比波旁王朝(the Bourbon)诸王更富活力,但他的精力都表现在和理性的人道主义毫不相关的事情上。于此,开明专制的方法再一次表现出不适于达成中产阶级的目的。

结果便是迫使法国自由主义者采取和前一个世代的美国人大致类似的方法,在宪政政府的原则中寻求庇护。的确,并非所有支持启蒙运动的人都抛弃了"绝对民主主义"的理想。在英国这个不曾经历革命与拿破仑式专制主义毒害的国家,像边沁这样的人,仍然可能把希望寄托在绝对多数统治之上。但对于大多数中产阶级而言,所有形式的绝对主义都已不值得信赖。拿破仑的权势被英国及其盟国击败以后,一般较富有的中产阶级都愿意接受波旁王朝的复辟。新政权不能掌握任何多数群众的热忱,这本来就在计算之中,以降低法国国家的权势。但这时的中产阶级对专制主义已经深怀戒心,不愿意只依赖波旁王室的衰微做保卫他们利益的唯一武器,只有君主立宪才是他们愿意接受的。虽然法国宪政传统也和多数欧陆国家一样,已被几世纪的专制主义摧残殆尽,却还可以从英国找到"有限王权"(limited kingship)的模式,中产阶级的思想家很快就接受这模式,以满足其需求。路易十八(Louis XVIII)即位就被迫颁布宪章,保证所有公民拥有某些重要的权利,并且由一个依英国模式组织的两院国会与他共享权力。他的继承人查理十世(Charles X)曾想废弃这些限制,再实行专制王权,结果却造成1830年的革命,由人民选出一个愿意在限制更严的宪政体制下统治的新国王。这时宪政主义已经成了中产阶级正宗学说的一部分,人们宁愿为它而战也不愿意看它被摧毁。经历了许多痛苦的冒险后，启蒙运动的哲学终于找到它解决政治问题的方法。

在法国，接受宪政政府便等于是要中产阶级放弃特权——在这一点上，法国的情形要更甚于美国。对理性信心十足时，人们可以梦想一个启蒙运动观点获得全面胜利的世界；但另一方面，采取宪政主义却意味着中产阶级在平等立场上接受其他群体、其他观点。当然，低阶民众的存在在农民为主的欧洲比在拓荒者的美国易被人忽视，这使法国人很方便地在实施宪政初期将参政权仅交给一小群富有的"选举人"（electors）。不过中产阶级从此一安排获得的利益，却被一个事实抵消，即法国不同于美国，仍是土地贵族之乡，这些贵族富有且具影响力，不容轻侮，唯有中产阶级与上层阶级的利益取得不安的妥协状况时，复辟才能完成。法国宪政主义的第一项伟大任务便是提供容纳这种妥协的政治架构。

这段法国史特殊时期的经典式理论陈述，可见于贡斯当的著作，他的《宪政政治课程》（*Course on Constitutional Politics*）是立宪君主制最有系统的阐述。这本著作的基本原则相当传统，就像写《联邦论》的美国人一样，贡斯当的政治自由概念是立基于早就由十七世纪英国革命主义者传布过的"分权"理论，贡氏的重要是因为他有把这理论应用于当代政治情势的技巧。

根据他的理论，任何建构良好的政府都应当有五个而非三个互相制衡的部门。十九世纪初，英国内阁（cabinet）制度的发展已经很明显地显示出（在洛克时代，这一点尚不能明白看出），近代国家的行政责任掌握在内阁部长而非国王手上。因此，贡斯当也为王权留了余地，他在人们熟知的行政权外，认可国王有一种所谓的王权或中立权力（royal or neutral power），其任务是监督整个宪政政府的运行。现代英国国王是宪政精神的永久象征，只有在政治或宪政危机时才负起积极责任，这种国王的地位便是贡斯当心目中"中立权力"的绝佳例子。贡斯当对政府立法部门的处理也反映了当时政治生活的现实情况。他体认到每个互相争胜的社会阶级之利益都要保护，因此主张立法工作应当交付给两个地位平等的"院"，一院代表世袭地位，另一院则代表财富地位。既然任何立法都必须经过两院的同意，就意味着贵族与富有的中产阶级都受到保护，任何一方都不能不经另一方同意而单独立法。此种两院体制及国王的中立权力，再加上一般熟知的司法权、行政权，就构成了贡斯当宏伟的五权分立的政府机构。这种安排的大原则虽然不新鲜，但其殚精竭虑的内容却显示出当时法国自由主义者对任何形式的专制政府都已怀有戒心。

然而，在赋予贵族这么多权力的政治体系下，中产阶级并不以为拥有实质的立法否决权就足以保障其地位。唯有将政府排除于某些形式的活动之外，才能满足他们对经济自由与思想自由的最低需求。复辟君主颁布的宪章固然已包括许多公民的自由权，却毕竟是通过王室权威而颁布的，王室当然可能以同样方式收回成命，这就使法律有点靠不住了。为了解决这个问题，贡斯当乃诉诸自然法。他大部分著作都在阐明有某类行为是任何政府（宪政的或其他形式的）都不能合法施行的。根据这理论，政府的目的就是要保障诸如言论自由、契约自由、私有财产权等基本人权。任何政府若想干涉这些权利，就是逾越正当权限，人民可以不服从。我们固可将此原则以特定法案形式表现出来，一如美国宪法的《权利法案》修正案或法国的《人权宣言》所示；此不失为方便、理想的办法，但即使没有宪法明文保障，"正确的理性"（right reason）也足以支持这些限制的正确有效。美国最高法院有时引用"正当程序条款"（Due Process Clause）而裁决某些立法无效，就很接近贡斯当的观点。十九世纪初，中产阶级自由主义者的政治意识已极度发展，他们已不愿意遵循任何不能反映其基本理想的政治程序形成的结果。贡斯当就是这近代自由主义演化的特殊阶段的典型倡导者。

这个趋势首见于法国与美国,不但成为这两国的特色,也为一般西方世界的特色。在欧陆,各地中产阶级都希望建立宪政制度(而且通常是法国模式的君主立宪政体)。经过多次挫败,这希望已大抵实现。在英国,君主权力已被削减几至于零,因此问题便是如何控制长期为大地主主宰(由于狭隘的投票权限制及衰废市镇所致)的国会。1832年,由于受到革命威胁,为贵族控制的国会通过一项激烈的改革法案,废除衰废市镇选举制(the rotten-borough system),并且允许有中产阶级财产水准的人参加国会议员选举,使上述目标得以达成。每当贵族的抗阻因为某种缘故而无法克服时,英国的中产阶级就仿照法国以及美国革命的办法,诉诸群众。迅速成长的民主运动受到功利主义领袖人物的支持,上层阶级对此运动的恐惧与英国通过改革法案有很大的关联。然而,中产阶级真正想要的却不是多数统治的胜利,而是要制定一种有所限制的宪法,使他们即使不做主宰者,至少也拥有权力否决他们不想要的法案。他们愿意为宪政政府的原则奉献精力,原因便在于此。

从启蒙运动的立场来看,这些安排可以说是适当的,但是他们对近代政治问题却不曾提出终极的解答。十八世纪与十九世纪早期思想的终极目标和中古时代教士的目标一样,要在国家权力的运用上加上制度性的约束。中古时代的解决方法之所以有效,主要是因为当时教会是囊括一切的组织,有能力将整个基督教社群的力量动员起来对抗王权的弊端。假如国会要和教会一样有效地控制近代官僚体系的活动,就必须具备和教会类似的地位而成为整个世俗社群的代言人。但启蒙运动的政治思想,即使是后期的宪政主义,也不曾为这个目的的实现奠定足够的基础。中产阶级或许能满足于建立有限政府,以保障自由市场,但经验告诉我们:这个消极的概念对具有强大潜力的其他重要群体并没有强烈的吸引力。条件较差,在

第六章 自由宪政主义的出现

个人自由竞争的情况下无法飞黄腾达的人，几乎不可能牺牲自己来护卫这类制度。法国的中产阶级王室很快地在1848年就被推翻，拿破仑三世也轻易得到群众支持建立第二帝国——这些事实显示出，中产阶级自由主义的整个架构是建立在危险而狭隘的基础上的，启蒙运动的理念虽然宣称是为了全人类，但基本上所表达的却是特殊阶级的利益，而非公意。宪政政府的运作只要还受这些理念的束缚，我们便永远没有机会使国会变成制衡官僚权力的有效力量。

这些早期的经验虽然都有其限制，却仍有价值，因为它们为近代民主政治的演化提供了制度性的基础。卢梭虽然比当代大多数人更早看出有必要寻求一个包罗广泛的公意，但却想不出实际的办法来实现。继承他的宪政理论家或许不曾意识到这个问题，但在无意识中却已经指出一个解决之道。卢梭曾经指出，假如少数人（如雅典的奴隶）受到多数人的强制压制，公意便无法运作。在君主复辟的情况下，中产阶级的目的是保护自己，不受有可能大权在握的贵族势力威胁，因此他们必须领头为政府的行为划定界限——例如中产阶级与贵族都认可的保护私有财产——并且在宪法中明文规定，禁止政府从事众人不同意的活动。卢梭意识到公意必须与整个社群的共同利益相符合，因此坚决主张所有的人都必须在政治生活中扮演积极等量的角色。中产阶级必须与土地贵族合作的事实，迫使他们鼓励两院制国会的建立，双方都在国会中取得代表权，凡事也都必须通过令双方满意的协商才能进行。通过政党的领导、国会中的委员会以及其他一些由经验中发现的方法，人们渐渐学会把不同利益汇合为有效的国会多数，并（通过预算以及其他程序）加以运用的艺术，而形成对官僚权力的有效制衡。由于政党领袖在国会中的地位取决于选区中的胜利，因此他们必须巧妙地协调选民，把不同的群体组织起来，支持彼此皆可接受的人选或方案。社群中的贵族与中产阶级群体必须找到一个使双方满意的基础，最初的目的虽不是为了创造囊括整个社会的公意，却提供了一个机会，发展出一些可以在更广泛的社会脉络中利用的理念与制度。日后，各种不同的社会群体次第觉醒，迫使政府把参政权扩张开来，这时人们就可以应用先前累积起来的协商与妥协艺术，顺利地将这些群体纳入议会制政府（parliamentary government）的架构之内。如是，早期设置宪制的目的，虽然只是为了协调统治阶级的利益冲突，但实际上却变成了创造广泛公意的基础。导致这个结果的社会与政治发展便是近代自由主义的历史。

第七章

保守主义的反动

近代自由主义发展的第二大阶段便是农民阶级的觉醒。我们已经讨论过,贵族对中产阶级要求的巨大抗阻力量与自由宪政主义的兴趣有非常密切的关联。这个抗阻力量便是所谓的"保守主义之反动"的政治运动造成的。

保守主义的理论家和启蒙运动的哲学家一样,最初也无意建立宪政政府。他们的目的是要防止中产阶级革命的冲击,以保卫传统农村社会的结构。他们深信,农村社会的需要与利益即人类的福利,因此,和开明专制论的倡导者一样,想要通过专制权力的运用把他们的观点强加在其他人身上。他们最后之所以接受议会制政府并不是因为他们喜爱宪政主义,而是因为无法达成最初的要求。他们对近代自由主义的贡献固然非出自己愿,却一样具体有力。他们启导农民阶级去抗拒启蒙运动,唤醒了社会中一群重要民众的政治意识。随着中产阶级的觉醒,保守主义的反动也迫使人们面对下列问题:如何创造基于复杂社会公意而非单独社群意志的世俗社会。这就是他们对近代自由主义政治发展的贡献。

近代保守主义的历史始于法国大革命之后那几年。截至当时为止，土地贵族仍然只注意世袭统治阶级的特权与义务，他们觉得地位还很安稳，所以纵容启蒙运动的哲学家以玩忽的方式控制文学世界。他们多半都过于忙碌或过于自信，只要不干涉到惯有的生活方式，根本不会想到介入政治纷争。但革命一旦发生，这些贵族中的才干之士便开始发挥各人才华，处理理论性的问题。早期法国保守主义运动的两位倡导者迈斯特以及博纳尔德（Louis de Bonald）都是四十出头的人，从来没有出版过任何东西，直到革命发生之后，才突然被人从原来的职位（世袭的小公务员）拉出来——这是值得注意的共同特色。同样的，原为英国议会寡头执政成员之一的柏克（Edmund Burke）也要等到革命危机发生时，才以61岁的高龄抽空致力写他的第一部广泛的政治哲学。一旦他们开始注意这个问题，便能轻而易举地对启蒙运动哲学提出挑战。他们的努力立刻奠定了基础，使保守主义者能够重申其政治地位。

保守主义反动运动的领导人物虽然都出身贵族，但是他们却能替一群比世袭统治阶级为数更多、更为重要的社会群体说话。启蒙运动的哲学家是都市环境下的产物，从未曾真正体会到农民的需求与抱负。另一方面，大部分贵族却都是农村土地的拥有者，和农业社群中的其他成员享有许多共同的利益与经验。的确有些贵族由于"遥领制度"（absentee ownership）的习俗，已经和农民失去接触。在遥领制度的弊端充斥之地，对贵族地主特权的敌视为农民与革命的中产阶级的结合提供基础。但大多数贵族仍然是活跃的农场拥有者，在地方社群中拥有良好的领导传统。在法国，王室的政策强迫重要贵族远离其庄园，但即使如此，在旺代（Vendée）等地，士绅仍然有办法领导农民对革命群众做顽强的抵抗。在别的国家，有比率更多的贵族能对地方发挥影响。由于此时农民在欧洲人口中占大多数，任何人只要能把他们组成活跃的政治力量，便能拥有厚实的力量。这正是保守主义的反动运动面临的挑战与机会。

第七章　保守主义的反动

从社群中其他成员的立场来看，中产阶级革命的一大缺点是它有破坏社会生活惯性基础的倾向。通常人类行动的基础是习惯而非选择。学习以新方法做新事情是一桩困难的事，没有人有足够的精力在特定的时间内完成太多此类工作。革新必须抛弃既有的习惯，因此是痛苦的。在启蒙运动享乐主义的盘算中，这个特殊的成本因素被忽略了。举个例子来说，革命的立法者笃信十进位制的合理性及单纯性，所以敢强迫民众采用新的公制度量衡、十进位的货币制度以及人民不熟悉的共和国日历，而不会感到任何不安。开明的经济学家只关心技术进步的利益，所以也愿意让新生产方法的发现者通过自由市场的运作，立即剥除较缺乏效率的生产者的生计，而不给予任何补偿。对中产阶级中较聪颖、较具适应能力的人来说，变革的成本和利润相较之下并不显得过多。对于那些必须承担变革冲击的人而言，情况却极为凄惨。一般人对变动不居的社会，不可能完全适应。十八世纪启蒙运动的主要弱点便是没有察觉到这个事实。

农民阶级是当时社会所有成员里，受早期自由主义思想中无情的进步主义（progressivism）毒害最深的人。启蒙运动强调理性的计算与社会的流动性，这是都市经验而非农村经验的反映。人们在国际交流与时尚变迁的环境中，学会针对新思潮做自我调适，并且设法使自己的劳力适应浮动市场的需要。在一个人际关系疏远、漠然的世界里，人比较能自由地遵循个人自利的指示，决定自己的行动。对都市人来说，建立在斤斤计较的个人主义之上的社会理念并非全属虚假。但应用到农村社会时，早期自由主义的"预设"（presupposition）就极不切实际。十八世纪的农民世世代代生活在宁静的乡村，没有任何心理准备去了解应付不熟悉的问题。他们一心一意，用传统方法培育传统的作物，无法针对浮动的经济调整劳力。他们直接醉心于某种特殊社群的社会性生活，以耕耘特定的土地来维持生计，因此不能像其他人一样，自由移动，寻求有利的就业机会。所有这些因素都使他们无法从机会中获利,反而蒙受动态社会秩序的所有不利。在自由竞争的情况下,随时都可能出现新的制造方法,从而摧毁乡村的手工艺产品。同时,外地的输入品也可能突然流入,以低价夺取他们的农产品市场。在传统的农业经济体系架构内,不可能对这些损失做任何补偿。因此,启蒙运动的哲学在表达都市利益上,虽有其价值,却绝对与农民的需求、经验背道而驰。

保守主义反动运动的任务便是要抗拒都市进步主义的力量,维护农村生活的传统价值。保守主义者唯有否定早期自由主义的"进步"概念,主张"社会稳定是人类福利的要素"才能完成这项任务。在这方面做得最深入的是博纳尔德,他的《权力理论》(Theory of Power)一书以较激烈的保守主义立场的宣言而享有盛名。这本奇特的著作采用抽象与"伪数理的"(pseudomathematical)论辩方法,和当时大多数保守主义者的"历史经验主义"(historical empiricism)不同,而比较接近启蒙运动的精神。但是这个方法的前提却与十八世纪哲学家所采用的不相同,因此也导致不同的结果。

博纳尔德接受享乐主义"幸福乃世俗生活之目标"的观念,企图阐明幸福本身就是社会稳定的反映。接着,他就像牛顿式的社会科学家一样,以理性、自信的态度描述缔造静态社会的必要条件。这个图像虽然很像法国旧王朝(ancien régime)的翻版,却已经完全没有法国旧王朝那种动态的特色。他认为,所有的社会与政治关系都必须以严格、广泛的社会阶级制度做基础,以便所有的功能都能世代相传地延续下去。商业与工业因为内在的动态性质所以要加以贬抑,而鼓励农业。社会政策应经过精确估量,使人口数停留在一个最适当的不变水准。"权力均衡"的原则必须维持,使静态的社会永远不受国际情势变迁的影响。博纳尔德相信:只要把完全理性化的政治与社会科学的方法加以应用,我们就可能永远把社会维持

第七章　保守主义的反动

在一个绝对静态的情况下。这就是他对"如何使人类幸福臻于极致"这个问题所提出的解答。

保守主义者强调"稳定"(stability)的重要——作为这一点的指标，博纳尔德的作品饶富兴味，但却太过极端，无法产生影响。一般民众即使是面临迅速变迁的情势，也往往会执着于他们生长的时代观念及先入为主的看法。因此，为了使群众愿意聆听新理念，我们必须以一种对既有的思想模式破坏最少的方式来介绍这些理念。启蒙运动的成功是因为大多数理论都是对熟悉的基督教学说的再诠释——启蒙运动之后的理论若不能以类似的方式对启蒙运动的学说重新诠释，就绝对不可能成功。

法国大革命发生时，"进步"理念已主宰人心数个世代之久；受过教育的人绝少不受其影响。此外，由于科学以及一般学术的持续发展，在未来许多世代，"进步"理念似乎也不太可能丧失其影响力。有些人或许会拒斥启蒙运动极端革命性的乐观主义，或是慨叹过度变迁引起的骚动，但是启蒙运动却给人一种战胜自然环境的希望，这希望引人入胜而难以轻易抛弃。在这些情况下，保守主义者的唯一希望便是把"进步"理念化为己有，然后再从保守的方向为它做重新的诠释。博纳尔德并未做到这一点，因此无法建立具有影响力的近代保守主义学派。

对任何熟悉乡村生活的人来说，了解"进步"的最简单方法便是拿有机生命的成长做比对。在大城市的人为环境中，杂货摊上便卖有苹果，大多数的东西也都可以买到或按照人们的特殊要求制造出来，人们自然会相信没有任何事物是超乎技艺高超、具发明天才的人力之外的。最原始的"进步"理念便是这种都市观点的表达。然而，在乡下自然环境当中，人类行动的潜力却较受限制。鞋匠一定要在找到顾客后才开始做鞋子，而假如这位顾客急于取货，我们也无法教这位鞋匠不要工作过度。农人必须在适当的时机耕耘，而一旦播种，他便找不到任何方法使作物在其固定季节前先行成熟。发明家在完成机器的设计后，可以教人立刻把它做出来；家畜蓄养者却必须经过几个世代的努力才能想出改良某一特殊牛种血统的方法。农夫更无法完全自由地创造自己的环境——他们只能配合物种内在的发展法则协助它们成长。农夫从先人种植的葡萄园或果园中摘取果实，并且种下新树苗，但却可能一生中都等不到收获的季节，因此农夫仍学会从世代生生不息的合作之角度去看人类福利的问题。对他们来说，进步不是突然的变革，而是逐渐的累积。因此，农村的经验遂导致一种有机生命成长的概念，此概念与十八世纪哲学家的"机械化的理性主义"（mechanistic rationalism）不啻天差地别。

保守主义理论的功能便是以有机生命观为基础，重新诠释早期自由主义的"进步"理念。最能洞察这个事实的理论家是迈斯特与柏克。他们两人对身处的时代的进步精神都有某种程度的同情心，这是和博纳尔德不一样的地方。法国大革命爆发前，柏克任立法之职，表现出谨慎、有毅力的改革者姿态。他在演说中主张与北美殖民地和解，被看作美国革命的支持者。同时，他在有关黑斯廷斯（Warren Hastings）的审判中（这次审判是一系列试图纠正英国在印度行政措施的第一遭）也扮演了领导者的角色。迈斯特先前的事业虽然不如柏克辉煌，但是他的著作也同样具有一种温和改革主义的色彩。然而，由于震怖于启蒙运动之革命的极端主义，两人都成为早期活跃的反法国革命者。他们两人在同一年以完全相同的标题各出版了一部书，表达对当前法国情势的关切。两本书的观点并不尽同。迈斯特是一个笃信宗教的思想家，持有正统天主教的自然观与人类命运观，而柏克虽然也受到一些宗教影响，却站在纯粹世俗化的基础来阐述他的思想。但在批判启蒙运动的精神时，两人都以极流畅、动人的语调引述了有机生命的进步观。因此，他们乃成为早

第七章　保守主义的反动

期保守主义反动运动最具影响力的代言人。

他们的论辩以对抽象、"伪数理"理性的全然拒斥为出发点。启蒙运动的哲学家依牛顿物理学之例而认为：我们只要应用少数几个由理性直觉体察出来的法则就足以解决人类生存的问题。农人受无法预测的风雨、洪水变化的左右，被迫去面对个别生命机体的特性，因此比一般都市人更容易体会到这个观点中隐含的"过度简化"的问题。所以，当迈斯特与柏克向十八世纪思想的理性化假定提出挑战时，他们是在向一个重要的人类经验的领域提出诉求。根据他们的说法，人类与自然都极其复杂，没有任何人的心灵能够了解某一特定行为的全盘后果。基督教神学一向教导人说，人是脆弱、不完美的生灵，仅凭一己之力绝无法了解上帝安排的宇宙秩序。不论是明示（如迈斯特所论者）或暗示（如柏克所论者），保守主义的反动运动都是对基督教人性观的回归。但是，两个人都认为较明智的方式是把理论建立在经验而非教条的基础上；实际上，人类绝对无法把改革行动建立在抽象的一般性原则上。他们更进而预测，革命运动一定会产生一些连自信的革命者都无法逆料的后果。这些预测当然不全是幸运的。迈斯特曾经以"太多考虑、太多人为因素"为由，否认一国首都的建立可预先筹划，而以一千对一之比邀人打赌，认为当时正在筹划的华盛顿市绝对不会成为美国政府的所在地。然而，如果说保守主义者在否定理性计划的可能性时，观点过于极端，他们的立场至少还能用来纠正过于夸张的革命乐观主义。启蒙运动的哲学高估了抽象理性的能力，近代保守主义思想的第一项任务就是挫抑这种自负的看法。

不过，对十八世纪理性主义的这种攻击，却不曾否认进步性成就的可能或重要。柏克与迈斯特虽然都确信人类的心灵永远无法把宇宙化成一个可以了解的体系，但却坚信经验性的行动绝对有其价值。他们和一般开明的哲学家不同，有丰富、直接的政治经验，这一点可能和他们所持的经验的、反理论的(anti-theoretical)观点有某种关联。根据他们对人性的分析，人类成就的基础是"对实际问题所做的实际反应"。个人在日常生活中会遭遇到许多特殊的难题。通过对本身直接环境的密切了解，经过"试错"(trial and error)的过程而求取答案。如果这个解答禁得起时间考验，就被当作行为的一般准则。这准则经过邻人的模仿，再传给后代，就结晶成为传统。传统提供了一些方便的解决问题之道，人类才能集中精力解决新的困难。既然人是脆弱、不完美的理性动物，无从明了任何行动的真正因果关系，因此每一个个别的步骤便都是缓慢的、试探性的。如是代代相传绵延不绝，渺小的发现累积成可观的整体。由于体会到未受节制的情绪造成的不便，人类渐渐发展出礼仪及道德习惯。不断的发明使人发展出文明的各种艺术。迈斯特与柏克大体上同意十八世纪时认为"进步是历史的正常趋势"这一主张。他们和启蒙运动不同的地方在于，他们坚持达成进步之成就的工作是"实际的体验"，而不是"抽象的理性"。

　　保守主义者强调传统的重要，因此能以"进步"理念做基础来攻击启蒙运动的精神。只要人们继续从机械主义的角度看社会，革命的极端行为在逻辑上就不会有任何的界线。如果表匠有更好的技术和设计能力，就没有理由不立刻把旧模子撤掉。早期的自由主义者对改革持乐观的看法，因为他们认为社会就像手表一样，是静态的机械性组合，随时可以按照人的理性意志修正。然而，假如文明是传统渐进的累积的结果，我们应当立刻明白：了解历史的正确线索是与有机生命之间的比照，而不是机械主义的类比。人类文明的进步是一个历经几个世代的过程，正如动植物一样，我们可以鼓励、协助其成长，但却不能强迫它超越本性的范围。既然这个时代的技术与智慧无法取代过去的成就，"进步"便有赖传统的延续。社会改革者也和有良知的农夫一样，永远都将设法改良在他呵护下的有机生命体。迈斯特和柏克都承认现存社会状态有不完美之处,但消除弊端则有赖耐心地努力。根据他们的看法,法国大革命之所以脱离正轨,是因为革命者想要把社会变迁的步调加快,而无法与传统的持续性相容。有经验的牛群饲养者都明白,用这样的方式对待牲畜,将会为整个牛群的生命带来灾害。同样的,急躁不耐地干涉社会的传统结构也会对人类的福利产生不利的影响。所有的生命体充其量也只拥有一种不安定的存在,几分钟的时间便足以砍掉一棵百年老树。由于误信不切实际的"理性重建"的可能性,革命的哲学家正想砍断文明的传统根基。革命者对过去的成就只加以破坏而未协助其发展,不仅威胁到人类进步的速度,而且会造成退化,使文明唯有再历经几个世纪才能复原。这就是保守主义者对启蒙运动的革命乐观主义给出的回答。

有机生长的概念(the concept of organic growth)也和稍早的机械化的理性主义一样,植根于特殊阶级的利益,但是它的吸引力却超出了该阶级的界限。法国革命走极端的现象不仅使农民怀疑、嫌恶,社群中其他大多数人也有同样的感受。群众丑陋的暴力恐怖行为使每个地方智虑深远的人都开始害怕放松传统道德束缚的结果。拿破仑战争的残酷事实代替了在人世建立天堂的梦想,理性评估力量有限的情形也越来越明显。人们对人类的知识、道德能力产生新的怀疑,而必须对人性阐释。保守主义者的"进步"学说正是针对这种需要而发,对西方思想的"前提"造成了迅速而且恒久的影响。

此时浪漫主义运动开始左右文艺界;撇开这个运动的其他意义不谈,它本身就是保守主义革命的典型反映。古典文学的基础建立在牛顿主义的原则上,认为艺术是"普遍性法则"(universal laws)存在的例证。根据古典批评家的说法,艺术家的任务是选取经验的素材,加以阐述、表达,创造出合乎艺术完美规则(抽象而且可以由理性加以验证的）的典范作品。另一方面，浪漫主义者坚持认为每个生命都有权依循本身的特殊法则来表达自己。他们的先驱者想要发现普遍的真理，分析典型的行为形式，但是他们却强调性格的独特性及个人性。古典的悲剧作家把历史当作表达爱与责任的冲突等恒久问题的方便工具，浪漫主义者则不同，他们为"过去"而珍视"过去"，试图重新捕捉另一个时代与另一个民族的独特风味。斯科特（Walter Scott）的小说以温馨的笔调重创骑士风尚盛行的时代，是典型的浪漫主义产品。浪漫主义者抗拒古典世界中理性、一致的表象，渴望一个缤纷繁复、充满无尽生命的宇宙。有时这种态度会直接导致保守主义的结论。夏多布里昂（Chateaubriand）便以王室与法国历史光荣间的浪漫联系为由，支持波旁王朝的复辟。浪漫主义者即使不是政治上的保守主义者，他们强调个人及历史的独特性也助长了保守主义者对十八世纪理性主义的攻击。因此，浪漫主义的胜利间接但却有力地巩固了保守主义者的立场。

同时兴起的"历史主义"（historicism）也有几乎相同的效果。启蒙运动的哲学家对历史采取的态度和古典的悲剧作者十分相近，他们深信自己已拥有放诸四海而皆准的法则，因此不认为历史能被了解或值得珍视。他们认为历史是一个方便的仓库，其中堆满样品与警戒人心之物，可供偏离理性正轨的人参考。他们漠视或谴责历史上的某些时期，如充满宗教偏执和其他不开明行为的欧洲中古时代。然而，就在十九世纪刚刚要开始的时候，一种对历史（尤其是中古时代）的不同态度开始出现。由于受"传统的持续性无比重要"这种说法的影响，许多不同学科领域的学者发现：对历史渊源做同情的研究可以增进对许多问题的了解。德国法学家萨维尼（Friedrich Carl von Savigny，1779—1861，德国历史法学派创始者之一）对拿破仑法典中的革命理性主义深感失望，乃以毕生之力研究近代民法的发展史。在他的领导下，许多学者为了说明某些特殊制度的必要性与特性，开始寻找不同国家、阶级、思想及其他社会力量的历史先例，而为近代历史科学奠定了基础。借着比较历史法，学者们成功地把语言学与地质学提高到精确科学的地位。这个运动在 1859 年达到巅峰，达尔文（Charles Darwin）出版了《物种起源》(On the Origin of Species)，说明各种曾经被认为是上帝创造的固定生命形式，其实是历史进化的产物。到十九世纪中叶，"历史经验主义"已经很肯定地取代了"机械化的理性主义"，成为西方盛行的思想模式。从此以后，进化式"进步"观便一直在西方的知识生活中扮演主导的角色。

保守主义的"进步"论基本上并不是一种政治学说。它的目的和启蒙运动哲学一样，是要以某种形式界定社会不可让渡的权利（inalienabe rights），以抗拒任何形式的政府对权利的侵犯。保守主义者由于有传统主义者（traditionalist）的社会观，对政府行为适当范围的看法和早期自由主义者是不同的。启蒙时代的人认为个人是进步的真正泉源，为了组织社会，人类唯一需要的是容许个人随意施展才能的自由市场制，政府的活动应局限于对这个制度的护卫上。另一方面，保守主义者则相信"进步"的主要媒介是背负传统色彩的群体，而不是孤立的个人。在他们看来，要组织真正进步的社会，人类需要的并不只是单一的自由市场制，还必须维持各种传统组织（associations）的存在。保守主义政府的真正功能是维护并促进这些结社组织的成长。这虽然可能会牵涉到范围比较大的（相对而言）"积极的政府行动"（positive state action），但传统主义却同意启蒙运动哲学的看法，认为人类福利的主要来源是"社会"而非"国家"。保守主义者也和中古二元主义的阐述者一样，支持一个其利益高于一切政治权威之利益的自主性社会阶层（an autonomous social order）。如果这个阶层的利益能够受到适当的考虑，则从逻辑上来讲，政治组织的特殊问题便无关宏旨。

保守主义的理论逻辑即便是包含在社会二元论当中，政治的意外发展却使它的支持者必须极端强调其中的一面，即国家的权力与重要性。我们已经提到，启蒙运动的哲学家为了利用政治权力来建立自由市场，最初多支持专制王权。在一个工商业不断扩张的世界中，农业人口的权力长久下来必然比中产阶级小很多，因此，保守主义者痛切地体认到他们必须要有国家的支持。法国的贵族失去王权的保护后，已无力对抗革命的力量，唯有波旁王朝的复辟，再加上欧洲联军的支持，他们才能结束身无分文的放逐生涯，重居要津。在这种情况下，他们自然会夸大政治权威的角色，认为是维持社会秩序不可或缺的。柏克著作中最令人费解且不满的特点，是他往往认为只要玛丽·安托瓦内特（Marie Antoinette，法王路易十六之妻）一死，所有文明的艺术及优点也必随之消逝。其他保守主义者态度更为极端，认为专制王权是维护传统价值所不可或缺的。因此，保守主义一开始便有一种打破西方二元主义的平衡，而支持国家专权的倾向——早期的自由主义也是如此，但不如保守主义强烈。

这时，结合贵族与王权以形成一个联盟的观念已不令人特别感到惊讶。但事实上，组织这种联盟的企图却与欧洲政治传统背道而驰。从中古末期以来，国王的权威便是促成激烈改革的力量。为了使政治、社会生活不断朝合理化的方向发展，有雄心的君主在能力所及之处都曾毫不犹豫地摧毁社会的传统基础。数百年以来，近代国家官僚体制的发展过程便是对庄园、工会、议会与其他古老制度的传统独立性的挑战。中产阶级是技术效率的代言人，他们贡献己力协助王室与传统作战，因此，十八世纪的开明君主制和中产阶级的思想习惯相容不悖。另一方面，贵族却是王权的世袭敌人。他们是逐渐式微的社会秩序的主要受益人，一向反对新进王室雇员削减地主以及各地议会的传统特权。他们习惯以自己的方法处理地方事

第七章 保守主义的反动

务而憎恨近代国家的中央集权,往往以公开叛变的方式抵抗这种权力;投石党人(the Fronde)之乱便是十七世纪发生在法国的叛乱。国王虽然获胜,但是投石党人的精神却未消灭。猜疑反对王权是根深蒂固的贵族法统。保守主义的理论家支持专制王权,等于是大胆违抗了贵族阶级的所有历史经验,而贵族阶级的利益又是他们想要维护的。

然而,在当时的情况下,"保护传统王权"(a tradition defending monarchy)的观念却绝不是狂妄的想法。王权在过去固然倾向革命而非保守的性格,但是法国大革命却剥除了大多数欧洲君王再度扮演往昔角色的机会。君王的传统盟友——革命的中产阶级对开明专制的潜在功能已彻底幻灭,现在他们愿意支持的只是经过狭义界定的君主立宪制,对其他形式的政府则一概不予支持。有些统治者或许愿意在这种条件下统治,但是君主立宪制却和惯于享受绝对权力者的癖性绝对无法相容。这情势使君主别无选择,只有加入保守主义的阵营。晚近以来,许多君主、贵族都是同遭放逐的患难之交。国王与贵族都以世袭的权利取得地位,在世袭权利遭受理性批判的时代,这点就成了联系他们的力量。既然主动的革命权已经消失,君主更容易忘记祖先的革命绩业,把自己看成不变的传统秩序的指定维护者。如果独裁者无法获得中产阶级的支持是事实,这些统治者若再无法满足贵族的要求,则势必无法维持其王位。这一点使贵族的理论家能够接受专制王权而不怕危及本身的地位。

贵族虽然接受王室专权,但总抛不掉对国王根深蒂固的不信任。这使他们的王权论染上了奇特的暧昧色彩。一方面,为了对抗群众革命,迈斯特、博纳尔德等保守理论家必须主张绝对、无条件地服从是人民的义务。迈斯特曾经不太诚意地暗示说,为了罢黜暴君,人民可以求助教皇;除了这种说法外,保守主义的理论家都不愿意承认任何削减国王统治权威的行为是合法的。另一方面,为了对付不可靠的王室，他们却必须劝阻统治者一意孤行。因此，保守主义的理论家当然要费尽心思指出君王与实际的政府行为根本毫无关联，即使有也很少。既然没有人可以完全独力治国，贵族便实际上控制了所有形式的政权。王权的功能便是把权威托付给贵族的行政系统。传统君主的声威既可使一般人民服从，又可鼓励贵族共同戮力国事，乃成为政治稳定的独特基石。迈斯特便说过："'国王'（KING）这个单词本身就是一种符咒、魔力，可以使各种天才与力量产生向心力。"博纳尔德在其著作中也同样强调王权在心理上的重要与实际上的无能（practical impotence）。法国旧王朝的历史显示出，君主在法律上虽有无上权威，但也无法战胜地位稳固的贵族行政系统的意志。保守主义政治的目标就是要恢复，并且长保这种奇特的有限绝对制（qualified form of absolutism）。

迈斯特与博纳尔德的理论对贵族来说，合理而能接受。但作为向其他社会成员诉求的基础，他们却不那么令人满意。"国王"一词虽然还没有完全丧失传统的魔力，但想用他来掩饰专制主义却是昧于时势。法国大革命已使人们认识"自由"的观念，对中产阶级来说，去除个人行动自由的外在约束是社会进步的明证，贵族特权的消除也使农民多少体验到自由的价值。对"自由"的企求就像对"进步"的追寻，这时已蔚然成风，也使政治理论家无法漠视。保守主义的理论家也必须把自由的观念纳入政治思想体系内，以增加说服力。迈斯特或博纳尔德等人由于无法做到这一点，所以不能建立基础，使保守主义的阐释更具影响力。

最后致力于这个工作的是德国哲学家黑格尔。和大多数稍早的保守主义理论家不同，黑格尔不是贵族集团的成员，此外，年轻时，他也一度醉心于启蒙运动的哲学。他的著作自始至终都可看出早期自由主义的影响。例如，他对"法定权利"（legal rights）的强调便和大多数德国保守派的家长式（patriarchal）权威的思想大异其趣，

第七章 保守主义的反动

也因此,他成为顽固的普鲁士年轻贵族心目中的"不受欢迎人物"(persona non grata)。另一方面,他最后当了大学教授,负有训练普鲁士公职候选人的责任,这使他很快就吸收了保守主义的观点。这些不同的经验都反映在他晚期的政治著作中。这些著作的目的虽然都是为了替保守的普鲁士君主政体找一个哲学上的立足点,但是因为黑格尔对启蒙运动的哲学有最亲切的体认,所以能真正认识到启蒙运动主要思想的力量。如何尽可能地把这些思想纳入保守主义的架构中,是他晚期著作的主要方向,这使他能够相当细致地阐述近代保守思潮。

十八世纪的自由主义必须从保守的观点重加诠释,这在拿破仑以后的普鲁士尤其显得迫切。普鲁士在十七世纪的宗教战争中受害最深,因此比其他国家更容易接受王室专制,以对抗紊乱的秩序。由于这个传统,日耳曼的王侯在保守主义反动运动中遂能扮演领导者的角色,向君主立宪政体发动攻击。然而,即使在德国,王室专制的路途也不见得平坦。德国受过教育的群众一向都受法国知识界的影响。德国的许多区域由于是革命分子和拿破仑军队最喜爱的战场,所以和法国大革命有直接的接触。普鲁士新兴的爱国复兴运动〔由施泰因男爵(Baron vom Stein)等人领导〕采取了许多开明的改革,在这些改革中,中产阶级的自由主义色彩尤其显得强烈。十九世纪的头十年——正当黑格尔从事著作之际,自由主义思想仍然深受中产阶级与上层阶级的信服。大学的师生尤其容易受自由思想的感染。黑格尔自由的概念对德国有识青年深具强大吸引力。他晚期政治著作的潜在目的便是设法掌握这个概念,对保守主义做有利的解释。

为了对启蒙运动的挑战有所回应,黑格尔很大胆地试图说明"忠于绝对国家"(loyalty to an absolute state)本身就是自由的最高体现。他最重要的政治著作——《法哲学原理》(*Elements of the*

Philosophy of Right)——便是支持这个命题的论辩。这本书和其他所有早期的自由主义著作一样,都以"自由乃世上最重要之物"为第一前提。的确,历史也不过是一系列实现这个思想的步骤而已。然而,一如法国大革命时代的人所相信的,自由并不单纯是"把人类从消极的法律限制"中解放出来而已。对那些没有钱买东西的人来说,"人人有权进入肉店,任何人不得禁止"的权利并不能增进他们分毫的自由。除非每个人都有能力达成目的,就没有人真正自由。积极的自由来自积极的权力。既然任何人都无法比群体更有力量,因此个人所结合的群体力量愈大,个人的积极自由也就越大。近代最有力量的结社形式是绝对国家,一如普鲁士君主制所代表者。因此,对每个真正有心推动人类自由的进步人士来说,唯一的途径便是加强政治绝对主义(political absolutism)的权力与权威。

"积极自由"(positive freedom)的概念就像启蒙运动的哲学一样,目的在使某一特殊阶级的需求合理化。从逻辑上讲,"为达成个人目的,积极的政府行动是不可或缺的",这个命题应当促使黑格尔采取宪政主义的立场。卢梭曾指出,如果群体的权力是要为群体的成员服务,此权力就必须依循群体的普通意志的指导去运用。从逻辑上讲,黑格尔既然考虑到自由的重要,就表示他也重视在政治中找出控制群众的方法与工具。但保守分子都明白,和其他任何形式的政权相比,绝对专制君主的权力最容易受他们指使。对他们来说,"自由"与"绝对主义"并非不能相容。这个社会事实是黑格尔政治思想中默认的前提。中产阶级知道他们的经济力量足以使他们在竞争中达成意志,因此一向乐于主张,自由市场制便是使所有人类获得自由的充分必要基础。保守主义者则体认到他们的力量主要是来自对王室行政系统的控制,因此也主张绝对君主制体制是所有人类获得自由的充分必要基础。二者都对特定阶级的需要加以伪装,而以普遍性政治理论的姿态出现。

第七章 保守主义的反动

不过,保守主义若要成为对启蒙运动哲学的一种回应,还必须有进一步的发展。长久以来,西方人的心灵就孕育在《启示录》揭示的希望中,对任何不赋予人类历史最后胜利希望的理论都有根深蒂固的嫌恶。早期保守主义思想的主要弱点便是无法体认这种情感上的因素,反而不断激发这种情愫。当时,中产阶级对"进步"有强烈的信仰,但保守主义的作家却无法为其信徒提供类似的激励力量。固然,像迈斯特或柏克这样的人或许能证明。在传统的架构中,"进步"也可能出现,但却不能保证进步必然发生。他们对幻想式的改革者心怀畏惧,深恐文明的成就被这些人摧毁,这种担忧畏惧之情在他们著作的字里行间充分显露。然而,基督教文明的真正传统却应当是希望而非恐惧。除非保守主义者能以更具希望的精神面对未来,他们绝对无法与敌对的革命势力的冲击一较长短。

在这方面,黑格尔也成功地补救了早期保守主义的缺点,这也是在黑格尔还相信自由主义时写成的《历史哲学》(The Philosophy of History)一书(从他的晚期著作来看,本书别具新意)的终极意义之所在。"历史事件依循一个确定、可预测的模式在发展"这种观念对西方人的心灵始终有非常强烈的吸引力。基督教在最初的几百年历史中,已经在这方面出现过一本划时代的巨著,即圣奥古斯丁的《上帝之城》(The City of God)。到中古末期,这种思想趋向在弗洛里斯的约雅金(Joachim of Floris)等人的著作中得到完全的发挥;约雅金解释说,俗世的历史最后将进入由神所预定并且逐渐演进的三个阶段,即圣父时代、圣子时代以及圣灵时代,从而为当代的改革者与神秘主义者的希望提供基础。黑格尔也以类似的方法诉诸"历史的不变法则"而为保守主义者的立场提供基础。黑格尔认为,最进步的近代国家形式(在他晚期的著作中,指的就是普鲁士)便是人类进化过程中的最后一个既定阶段,如此一来,保守主义的胜利不仅值得预期,也是必然的。黑格尔因此能以充满灵感的自信面对启蒙运动的挑战,这是他和大多数早期保守主义者不同之处。

黑格尔对历史的诠释是建立在"辩证法"(the dialectic)的哲学原则上的。"辩证"一词来自希腊文,意为"对话"(conversation)或"辩论"(debate)。哲学上的理念论一派(the idealist school)(黑格尔便属于此一派)的基本原则认为,我们看到的世界是外在、不变"理念"(ideas)的反映或具体化身。根据辩证法的理论,这些"理念"在现象界中的体现并非偶然或任意,而是依循一种类似思想辩论的不变"发展法则"。当一个人开始辩论时,他首先陈述命题,或说是"正题"(thesis)。由于任何人对问题的最初陈述都不可能全然正确,因此这个"正题"便可能有对有错,这会促使对手提出对立的陈述,或说是"反题"(antithesis)。这个"反题"也同样不尽正确;因而布下了辩论的舞台以试验这两种立场的优劣。有了这个经验,双方便都会放弃他们原始陈述中比较站不住脚的部分,而在最后接受一个修正过的陈述,或说是"合题"(synthesis);这个"合题"保留了原来两个命题中的正确部分,去掉了不正确的部分。不过,"合题"虽然比其前身更正确,也依然有错误的可能,这时,"合题"就变成另一场新的辩论中的"正题",它会引出新的"反题",而建立更完美的"合题"。如是周而复始,永远不断,辩证的过程就成为逐渐实现理想真理的工具。

黑格尔对保守主义的必然胜利充满信心,因为他认为近代的绝对主义是历史上"自由"观念辩证发展的最后阶段。从逻辑上讲,不断趋向更高层次的"合题"的辩证过程和任何"历史的终极性"(historical finality)都难以相容。然而,西方文明所受的天启式熏陶非常强烈,使黑格尔不会因为在一无止境的过程中加上终点的想法有任何逻辑上的困扰。根据他对历史的分析,"自由"理念的实现必须经过三个连续的历史阶段。最初,人活在庞大的奴隶国家(如古埃及及亚述帝国),只有独裁者能把国家权力当成实践个人目的

第七章 保守主义的反动

的工具。古希腊城邦第一次实践了自由理念，这时虽然还有很多人处在和以前一样的被奴役状态，但是政治社群的组织却使自由公民能够通过政治行动表达自己，从而把自由和政治忠诚与政治义务的观念结合起来。但是，奴隶的存在却是一大缺憾，使得希腊世界的"正"必须用罗马帝国的"反"来补救。通过基督教与其他力量的影响（这些影响消除了奴隶与公民间的分野），道德责任的观念已为每个人接受，但对国家的忠诚却被牺牲掉了。最后，日耳曼帝国（the German Empire）以"合"的形式出现，总结并协调了前二者的最佳优点，使"自由"的理念得以实现。在近代世界中，奴隶制的废除和对每个人公民权的承认实践了罗马的道德责任观。此外，近代主权（sovereignty）理念的发展，也使每个人养成对国家的忠诚与奉献精神，这在古希腊城邦中只能从公民身上看出。所以，近代国家是"自由"理念在历史上的最终实现，也是此后无数世代人类政治生活的完美基础。

黑格尔的政治哲学就其自身设定的目标来看是失败的。和启蒙运动的哲学一样，它也想证明对特定阶级有利的制度就是历史的最终目标。对不属于这个阶级的人来说，黑格尔的证明并不能令人信服。在经济竞争中有强大力量的中产阶级完全不想放弃"自由市场是达成自由的适当工具"的信仰。其他的社会群体发现，他们既无法控制自由市场，也无法控制绝对君主制的运作，因此开始找寻其他可以达成目的的方法。后来的理论家，特别是马克思主义者，虽然发现采取黑格尔的学说对他们有利，但是他们的结论却和保守主义者的立场大不相同。黑格尔的政治理论在鼓舞贵族抵抗中产阶级的要求上，确实有某些价值，但在彻底解决西方政治问题上，却不能被广泛接受。

然而，正因为它的失败，保守主义的反动运动才能在近代自由主义的演化过程中扮演重要的角色。如果贵族或中产阶级成功地将国家完全控制住，近代的议会组织就永远无法取代中古教会的功能，成为西方二元主义的维护者。保守主义的理论价值蕴含在鼓励农业人口起而对抗启蒙运动的都市力量中，使近代社会能够建立内部势力的均衡。重新扶持绝对君主制的努力虽然获得短暂的成功，但是中产阶级一再触发的革命却明白指出，绝对君主制已经不是解决政治问题的实际方法。另一方面，贵族的顽强反抗和其他形式的抗阻也同样明白地指出，中产阶级的专制也是不可能的事。这种困局终于逼使双方在宪政的架构下互相竞争，用议会的权力做工具，来维护各自的利益。贵族发觉，煽动农民的情绪来支持他们的政策要比影响国王更有效；同时，中产阶级也不再依靠他们控制自由市场的能力，转而参与政治竞争。为了争取选票，激进派和保守派开始竞相为社群中的同盟阶级争取参政权。支持保守主义的理论家和启蒙时代的人一样对民主宪政制度不感兴趣，但是他们唤起农民阶级的政治自觉所造成的实际结果，却是宪政制度。这就是他们对近代政治发展的贡献。

第八章

都市无产阶级的觉醒

　　都市无产阶级（urban proletariat）的觉醒是近代自由主义演化的第三个阶段。十八、十九世纪早期，城市仍然不大而且多数是商业性都市，此时对启蒙运动哲学的反对主要是靠农村人口的支持。工业革命的来临改变了一切。随着生产性都市的扩大与日益重要，为数巨大的工厂劳工阶级出现了。由于无法在既存的社会秩序中获得满足，这些工人很快就仿效前辈的榜样，发展出一套属于他们自己的革命理论。他们学会了西方那一套天启论，深信本身的特殊存在事实必然会为人类生存问题带来一般性的解答，因此他们也想把自己的观点强加在其他人身上。他们的努力虽然失败了，但却唤醒了社会中沉睡的民众，促使他们积极参与政治生活。和中产阶级的启蒙运动以及保守主义者的反动运动一样，无产阶级的社会主义是扩大近代政治、社会基础的要素，也是近代自由主义思想中重要的一章。

　　无产阶级是十九世纪"劳动力市场"（labor market）这个奇特发明的产物。在此之前，工人的权利与责任由地方或行会传统所规定，具有一定程度的稳定性，十九世纪的劳工则不同，就业缺乏保障。根据启蒙运动的经济学原理,工人和其他贸易者并无不同,都是高价出卖服务的个体。他的工作权利以及运用这项权利的条件都只是他和未来雇主间的协定。假如雇主发现有人愿意以更少的报酬做同一项工作,或者贸易情况转变,不利于继续经营,雇主随时可以终止协定。假如工人发现他的技艺乏人问津,就必须移居他地一展所长或者改行做其他营生。他必须不断适应起伏不定的劳动力市场的需求,同时也必须忍受贸易循环与技术变迁带来的无妄之灾——这就是他的经济生活概况。绝对不安的就业情况是十九世纪工业主义(industrialism)的基本原则,无产阶级便是这个独特的工业关系实验的产物。

从技术进步的观点来看,庞大、富有弹性的劳动力供给有很大的用处。从工业革命以来,科技就一直为经济变迁带来无限的机会。新工业制造方法的采用与资源的开采造成了高度的职业性和地域流动。如果人们仍然和往日一样固着于某一特定技术与特定地域,工业革命就无法迅速开展。例如,十九世纪美国令人叹为观止的发展就不可能发生在工人不喜欢移民的社会。流动性劳动力市场的存在,使近代企业家能够随着技术变迁的需要,引导整个人口的移动。工人阶级的"无产阶级化"(proletarianization)是工业文明胜利的一个基本因素。

然而,就像所有伟大的社会实验一样,劳动力市场的出现所付出的代价昂贵无比。例如,它首先就造成工人阶级物质生活水准的快速、激烈下降。几个世纪以来,由行会与手工艺制度(handicraft system)获得的经验使人们建立了尚可忍受的就业状况。各行各业的工人都知道传统的工资标准,也都能依此安排生计。工厂制度的出现使安全的因素消失,因为工厂制度本身就是新事物,无法根据传统规定工资或维持雇工标准。工厂主认为,依照市场竞争的原则,他们有权以可能的最低工资换取最大可能的工作量。劳工个人要不

第八章　都市无产阶级的觉醒

是力量过于薄弱就是太缺乏商业协谈经验，因此无法提出有效的抵制办法。为了免于挨饿受冻，全家人（包括不到五岁的孩童）都必须在不健康的情况下工作，有时一天达十六小时，以换取最基本的生存机会。物质日趋繁富的同时，却有一大部分人的生活被压低到前所未有的水准。有人大发利市，但是这些工人却只承担了工业革命的重负。

经济上的匮乏还只是无产阶级牺牲的一部分。工厂制度造成的更大灾难性结果是工人阶级的社会解体（social disintegration）。劳动力市场的运作使工人远离了先前为其社会利益中心的地方、职业性结社组织。为了找工作，他们必须到大城镇去，在贫民区中与陌生人一起生活。为了找寻就业机会，他们辗转流徙，甚至远赴海外，以致家庭离散。离乡背井的人固然可以在新环境中与新的人群接触，但是却不像往日那么密切，为了应付劳动力市场需求的改变，这种接触随时都可能中断。在这个社会流动日增的时期，上层阶级与中产阶级生活得相当富裕，能够保持家庭的完整，并且在比较自由的情况下形成新的结社组织。生活在饥饿边缘的工人则没有类似的机会，对他们来说，无产阶级化的过程就是与社会隔绝的过程。在这方面，低阶层的人被迫为工业进步付出多于他们所应付的代价。

面对这种难以忍受的状况，工人的第一个冲动也和贵族与农民的第一个反应一样，是维持一种保守的姿态。和新的生活环境比起来，旧有的生活要令人满意得多，因此除非受到极大的压力，他们不愿意进入劳动力市场。一度，工厂能雇到的人只是社会中的渣滓，如乞丐、醉汉与无所事事的浪人。为了在竞争中求生存，许多熟练的技工并没有抛弃家园与手艺，而是以更低的报酬，坐在纺织机旁工作得更久。后来，他们发现，无论如何也无法与工厂的竞争一较长短，所以有许多人曾经试图砸毁纺织机了事。和拥有土地的贵族比起来，在经济自由制度的笼罩下，熟练工（skilled workers）更只有输没有赢的份。但是，这个教育水准既低又不善于表达自己的阶级却找不到一个像柏克这样能言善道的人来传达他们的苦况。不过，从他们的行动中，我们可以很清楚地看出，他们也和柏克一样希望能维持保守的传统。

但是，以传统为基础却没有解决近代工业主义问题的真正希望。在农业领域内，由于发展的速度比较慢，因此农村人口在十九世纪能够保留许多旧有的生活方式。然而，工业的改革力量十分强烈，保守的反对已经无法抵制。和旧有的手工艺比起来，工厂的制造方法要廉价得多，因此除非采取最无情、最具决心的政治行动，就无法阻止人采取这种制造方法。不论从政治或经济上来说，匠人都太过软弱，无法达成上述目的。到十八世纪末的时候，工厂制度已经稳固地建立起来，十九世纪上半叶传到法国，下半叶则传到德国及美国。二十世纪，工业主义的进展更是神速，机械化生产的利益已极为明显，不论是保守主义或反动运动都已经无法长期阻碍这种趋势在世界各地的扩张。

如果人们已无法维持或重建旧有的经济生活形式，那么唯一能保障无产阶级利益的方法，便是为他们建立新的社会组织基础。一个人要享受自由，他的生活与工作环境就必须满足他的社会、经济需要。近代的工业主义使工厂成为无产阶级生活中的主要制度。因此，对工人来说，自由就是如何组织工厂社群，以表达工人阶级利益的问题。

然而，如果不将十九世纪工业主义的原则做激烈的改变，这个目的就无法达到。在早期自由主义的理论与实际做法中，每个生产单位的生命都受到自由市场这个陌生制度的左右。工业控制权落在那些以"利润"为唯一成功的管理标准者手中，他们把工厂看成纯粹生产市场必需品的工具，因此没有兴趣为造福劳动社群而经营工

第八章 都市无产阶级的觉醒

厂。无产阶级要获取自由,这种绝对臣服于市场考虑的情况就必须要改变。保守主义者为了拯救传统的结社组织而对启蒙运动的哲学加以攻击,同样的,为了使新的工厂社群(the factory community)能够成为满足工人阶级需求的组织,无产阶级的支持者就必须向市场权力提出挑战。如何确保工厂社群朝这个方向发展,就是近代无产阶级的基本问题。

第一批认真尝试解决这个问题的人是所谓的"乌托邦社会主义者"(utopian socialists)。从他们的社会背景和思想习惯来看,这些十九世纪早期的作家都是中产阶级社会的产物。但是,人道主义(humanitarianism)一直是启蒙运动哲学中的重要成分,而早期工业主义的弊端却难以和人道主义的观点相容。乌托邦社会主义者是一些中产阶级人道主义者,他们发现,既存的工厂制度实际上并不是在为劳动人群谋福利,因此决心找寻用福利取代市场考虑,来控制工业社群生活的方法。

解决这问题的可能途径之一是,唤醒工厂拥有人与经理人的人道良知,以改革工厂制度;英国改革家欧文(Robert Owen)的早期著作就采取这个办法。欧文是新拉纳克(New Lanark)一家成功的纺织工厂的经理及合伙人,他经营这家工厂的理念是:不仅要维护工厂产品的利润,而且要维护员工的福利。欧文坚持十八世纪的信念,认为适当的教育可以促使所有的人发挥潜能,所以他致力把自己的工厂社群变成一个教育工人的理想环境。他为工人提供健康的居住、工作环境,让孩童有闲暇到工厂的学校念书,并且采取了一些走在时代尖端的关照员工的方法,希望他们成为理性的人。他的《新社会观》(*A New View of Society*)一书,目的便在于唤起其他雇主同样的社会责任感。他相信,用启蒙运动人道主义的良知来节制纯粹市场经济的运作,就可能把工业主义转变为真正促进人类福利的工具。

但是，市场竞争的力量极为强烈，不容许任何类似的解决无产阶级问题的方法。像欧文这样的雇主虽然愿意让人道的考虑影响利润，但在漫无限制的市场经济体系下很容易就被较无顾忌的企业家打垮。的确，较佳的生活与工作环境往往不仅能增进人的福利，而且也能增加生产。当时大多数的工厂都由一些工作过量的幼童与不尽职的醉汉在操作，因此，在新拉纳克的工厂中，有理性与自尊的工人带来的超高效率使欧文在竞争时获利，以弥补社会实验的成本而有余。但是，欧文虽然是非常有效率的经营者，他赚的钱仍不能满足合伙人的需求，最后终于被迫退休。在类似的情况下，才干差一点的人更没有机会在竞争中生存。某些雇主有强烈的人道主义情操，也足够富裕到即使不获高利，也能满足。另外，也有些雇主发现，对职工略加关照是一项健全的商业投资行为。不过这种情况究属少数，还不能构成一般性改革的基础。

改变既存制度，使其符合人道主义，是有不少困难，这表示有必要建立一套迥然不同的生产体系。假如市场的考虑使工厂社群无法朝适当的方向发展，明显的解决之道便是创造一个与一般市场经济体系隔绝的劳动社群（working community），这是大多数乌托邦社会主义者采取的方向。例如，傅立叶（Charles Fourier）在他的著作中就详细地规划出自给自足的经济社群——即所谓"共居团"（phalansteries）——的蓝图。这些社群自己生产社员所用的物品与劳务，因此可以不和外部世界发生市场关系，而自由地依照理性人道主义的标准管理自己。乌托邦主义者相信：一旦他们建立起少数实验性的共居团，这个生产方法的好处将立刻显现出来，有越来越多的人会退出经济竞争的世界，建立他们自己的共居团。结果会使市场经济体系逐渐消失，而出现一个劳动社群自愿合作的世界秩序。这就是乌托邦主义者提出的革除近代工业主义弊端的方法。

然而，事态的发展却使他们的希望落空。十九世纪早期，世

第八章 都市无产阶级的觉醒

界各地都建立了一些乌托邦主义的社群,由于对雇主的家长式管制(employer paternalism)感到失望,欧文也领导了一个类似的实验。但是,乌托邦主义者却步上开明理性主义者过度乐观的后尘,夸大了社会计划(social planning)的可能性,一旦面临意想不到的困难与反对,他们刻意构筑的社群就土崩瓦解。此外,"社群式自给自足"(communal self-sufficiency)的概念也和近代工业技术的需要不相容,因为后者唯有在广泛的经济交换与控制体系下,通过益趋专业化的功能运作才能存在。然而,一如雇主的家长式管制作风,乌托邦式的退隐观念也不是完全没有用。乌托邦主义运动之后,非市场性的生产与分配媒介以工人合作社(coöperatives)的形式,在改善工人阶级的命运方面,扮演了一个还算成功的角色。但是,这种成就却极为有限,不足以为无产阶级的需要提供令人满意的解答。

有效的劳工阶级制度的产生,其方式与前述者极为不同。乌托邦社会主义者枉费心机,想要依照他们的理性计划创造福利社群,但是无产阶级本身却已经发展出有机体一般的社会组织模式。都市的劳动者被迫离乡背井,渐渐在过度拥挤的工厂与贫民区的亲密环境中发生接触。共同的物质利益与人性中寻求伴侣的企望使这些人渐渐找到新的效忠对象。各地的工人不管是否受到开明理论家的鼓励都开始组织工会(trade unions),以维护自身的权益。由于长久以来都被看成妨碍贸易行为的非法结社,这些工会开始的时候都必须以秘密组织的形式出现,当它们逐渐强大,而且越来越具信心时,当局无法再加压制,最后终于得到法律的承认。在最早受到工业革命彻底冲击的英国,禁止组织工会的法律早在1824年就被废除。在工业成长速度较缓的国家,同样的发展也比较晚出现。各地的劳工阶级在试错的过程中发展出满足共同需要的制度,近代的工会运动就此展开。

工会虽然只是尝试性的组织,也没有气势凌人的态势,但却比乌托邦社会主义者的设计更能为都市无产阶级提供健全的社会行动基础。由于它们是真正有机性成长的产物，而且是靠累积的经验而不是靠预想的（preconceived）理念发展出来的，所以能反映劳动人群的利益与能力。乌托邦主义者相信，创造可取的社会条件是开明的中产阶级的责任，纯朴的民众只是人道主义慷慨行为的被动收受者。即使善意的雇主或社群建立者能顺利达成目的，结果也不会令人完全满意。为了工作效率，欧文在新拉纳克的工厂曾经禁止酒类的销售；他这样做和最理想的管制原则一致，但我们却没有理由相信他的工人会为这项改革感到高兴。人之所以需要社会制度，目的并不只是为了客观的福利，同时也是为了获得表达本身欲望的工具。每个阶层中有雄心、有才干的人都需要一个舞台在上面扮演积极的角色，以赢取周遭亲友的称许。早期历史上的小村落，社群中的每个人都互相认识，因此有一个赢取某种形式的社会地位的合理机会。在大城市不具人格性的生活中，在工厂专制严格的统一管制下，这项基本的满足却被剥夺了。一般工人只有在工会中才能发现一种可以由他们自己控制，可以靠个人服务而获取社会地位的结社形式。因此，工会主义（unionism）成为无产阶级生活中的要素，有经济性的，也有社会性的原因。

但是，劳工阶级如果要把工厂制度变成创造劳工福利的机构，就必须对工业决策有某种程度的控制权，而这只有团结无产阶级才能做到。借助罢工和其他方法，工厂的雇员也许能迫使雇主让步，但只要自由市场依然是在工业界生存的决定性因素，他们的收获不会稳定。从经济的观点看，给罢工者优厚条件的经营者相当于人道的家长式管制者（humanitarian paternalist）。但是，他这么做却会增加生产成本，有可能因此被排挤出商业圈。要消除这项困难，唯一的方法是让所有的竞争者同时接受同样的条件。要达到这个目的，就需要全国性甚至国际性的行动。如果某一国家的工人同时罢工，迫使全国的雇主让步，则外国廉价劳工的竞争仍可能使前项结果消失于无形。只要国际市场还是工业生产的主要因素，无产阶级的行动就必须配合着采取国际性运动的方式。唯有这样的努力才能使劳工阶级有效地控制工厂社群的生活。

然而，如果没有有力的政治学说的支持，无产阶级就不可能有这种规模的团结。实际的经验或许能教导特定工厂、特定地点工人认识一致行动的好处，但是这种经验也过于狭隘，无法促成更广泛的全国性或国际性团结。法国大革命时，中产阶级共同信仰启蒙运动的哲学，因此能够团结一致，并对成功的革命运动怀抱热诚。无产阶级如果想获得类似纪律与效率，就必须有类似的学说支持。

比较而言，要塑造有效的劳工阶级的意识形态是相当困难的工作。创造与传播复杂的政治学说有赖睿智、有识之士的努力。中产阶级得势之初，商业生活已造就了一批为数不少的中产阶级知识分子，所以他们能占有优势。当劳工阶级也必须做类似的努力时，却找不到类似的人力资源。他们从小就开始每天工作十五到十八小时，鲜有机会在知识生活上求发展。在这样的背景下，唯有一些别具才干、极端幸运的人才有希望脱颖而出，与受过许多教育的中产阶级和上层社会的成员一较长短。此外，十九世纪早期的社会流动状况也允许出人头地的少数工人进入上层社会。在早期工业制度的扩张阶段，任何阶层中有活力、有才干的人都有相当的机会摇身一变成为工业巨子。在这种情况下，劳工阶级中最具才干、受过最好教育的人自然会与他们的出身背景失去联系，而与更高阶层的社群利益融合。这个因素使劳工阶级在无产阶级社会主义（proletarian socialism）的早期，找不到能替他们的抵抗行动著书立说的劳工阶级知识分子。

但是，工厂里的工人却不是唯一受到工业革命破坏性冲击的人。十九世纪的情况同样也在中产阶级中造成了无可弥补的裂痕。启蒙运动之所以能够有强大的力量，主要是因为自由的观念不仅在知识生活上产生吸引力，在经济生活上也产生同样的吸引力。此外，和不熟悉的土地、人民接触带来的冲击，也是原因之一；十八世纪的商业阶层不仅以经济活动著称，在知识的好奇心上，也闻名于世。本杰明·富兰克林身兼商人与科学家，可以说是那个时代的典型。时代的重心渐渐由商业转到工业，这种和谐的状态也随之消失。有些中产阶级开始全心致力于商业活动，另外一些人则专注于知识问题的探讨。结果使中产阶级产生裂痕，为崭新的革命性发展奠定了基础。

中产阶级社会在十九世纪的主要发展方向是庸俗主义（Philistinism）。工商企业的报酬可观，竞争又激烈，因此经济权渐渐落入那些愿意花费全部精力追求财富者手中，这使对知识问题感兴趣的人逐渐缩小到一个小圈子里。对大多的中产阶级来说，金钱变成成功的唯一标准。每次问一个人"值多少"（worth）时，他们认为得到的答案一定是关于这个人的金融资产。早期的工业管理强调个别的工厂技术与金融问题，因此造成一种褊狭、顽固的心态，不像广泛的商业活动能造成比较开阔的胸襟。所以，这个新的典型人物就不是像富兰克林那样兴趣均衡的人，而是心神不定，轻视知识分子，认为知识分子是荒谬、不切实际的幻想家的工业巨子；这些特质成为事业成功的中产阶级的主要心态。

除了这项发展外，十九世纪专业知识分子的数目与重要性也都增加许多。识字人数的增多使文学作品的读者越来越多。上个时代的知识分子（除了像伏尔泰或约翰逊这种绝少见的例子）大多依赖富有赞助者的支持维生，但是新闻事业、教育以及学术界所开放的新机会却使为数颇多的人能够专靠知识研究独立谋生。一个成功知识分子的专业收入虽然可能很可观，但是和成功的工商企业得到的利润比起来却不成比例。在一个视财富为个人价值标准的社会中，知识阶级的社会地位因此被永远打到底层。他们多数出身中产阶级，

第八章 都市无产阶级的觉醒

但是对这种歧视的怨恨却促使其中很多人反抗中产阶级社会中盛行的标准。"波西米亚主义"(Bohemianism)——艺术家与知识分子遁世退隐与放荡不羁的行径——变成对"庸俗主义"的典型回应。因此,工业主义的兴起不但没有摧毁知识阶级的精神,反而激励他们凭借己力,倡导行动路线。

这个中产阶级立场的分化现象是劳工运动演化过程中的重要因素。有些知识分子固然愿意步乌托邦社会主义者的后尘,从中产阶级社会退隐到自己设计的波西米亚世界,但是另外一些人却开始探讨是否有可能直接向中产阶级的社会基础发动攻击。这使许多人开始用同情的眼光去看无产阶级的痛苦。和劳动阶级一样,知识分子也觉得受到所有价值都臣服于市场经济体系的压迫。他们也企盼有一个社会不以竞争性的经济力量为衡量个人权利与重要性的唯一标准。他们受过足够的教育,有足够的聪明才智创造、传播政治观念;在这方面,他们远超过大多数工人,所以很容易成为劳工运动的领导者与无产阶级革命思想的创立者。

在所有想为国际无产阶级提供统合性意识形态的人当中,最成功的是马克思与恩格斯(Friedrich Engels)。他们两人都是典型的中产阶级知识分子代表。马克思来自一个富有的职业人家庭,因此家人从小就预备将他培养成学术人才;恩格斯则是一个成功的工厂经营者,和欧文一样,曾经成功地在商业活动中注入社会、经济改革的理想。他们两人虽然都出生在德国,但是成年以后都住在国外,并且都自认为是世界公民。他们开始写作时,英国与法国的工业化程度已远超过德国,所以他们的作品主要是靠在英、法两地得到的经验,而非得自德国。他们终生合作的第一个成果——《共产党宣言》(*The Communist Manifesto*)发表于1848年骚动前夕,目的在怂恿全世界的工人参与革命行动。他们认为,无产阶级的问题是国际性的问题,在这方面,他们的看法比其他大多数社会主义者都要强烈。他们的目的是要创造一个意识形态的架构，鼓动全世界的无产阶级协力对全世界资本主义的势力发动攻击。

马克思与恩格斯的真正敌人虽然是启蒙运动的哲学，但他们也知道保守主义反动的暂时胜利使问题变得更加复杂。在"保守的历史主义"（conservative historicism）影响下，"历史进化"（historical evolution）理念成为十九世纪最具影响力的原则。想要保护既存制度、使其不受激烈改革震荡的传统主义者接受这个理念；地位安稳、不愿做进一步政治变革的中产阶级工业主义者也接受这个理念。但有些人的兴趣却在创造革命运动，对他们来说，"进化"的假说十分令人困窘。在当时的知识气氛下，任何运动要想成功，就必须宣称自己是渐进的历史进化力量的结果。另一方面，革命的精义却是和"过去"决裂，要在进化的基础上说明革命的必要是相当困难的事。近代社会主义思想必须克服这个困难，这对社会主义特殊性格的形成有很大的影响。

马克思主义的基本发现是：保守主义的反动理论可以用在无产阶级的行动上。在德国有一群信仰自由主义的黑格尔信徒［其中最有名的大概是费尔巴哈（Ludwig Andreas Feuerbach）］，他们的兴趣在阐扬黑格尔学说中"进步的"（而不是保守的）含义。和这群人接触对马克思学说的形成有相当影响。马克思虽然不愿意接受黑格尔的最后结论，却极为欣赏黑格尔处理历史问题的方法。细分"正""反""合"三阶段的辩证观对他尤其有吸引力，因为这个理念可以用来克服大多数进化论中的"反革命渐进主义"（antirevolutionary gradualism）。在黑格尔后期的著作里，辩证的模式虽然被用来支持保守的立场，实际上却隐含"历史的动力是冲突而非成长"的观念；由这个观念出发，很容易就可以得出下列结论：历史发展并非缓慢、难以察觉的变迁造成，而是中间夹杂稳定期的骤然革命性骚动造成。黑格尔就以三个连续帝国（每一帝国皆为后

第八章 都市无产阶级的觉醒

续帝国摧毁）的方式解释"自由"的进步过程。对任何阐述革命的创造性价值感兴趣的人而言，辩证法对"冲突"的强调多少具有启发性。马克思主义的目的就是要把这个启示发展成完备的无产阶级行动的理论。

从无产阶级的立场来看，黑格尔辩证法的缺点是过分强调政治理论。曾经身受市场竞争之害的工人很容易接受保守主义者的"积极自由"（positive freedom）概念，却比较不容易认为保守主义的国家与其权力是实现"自由"的工具。农村人口因为有贵族代表可以控制专制君主，所以有理由视既存政治组织为自身利益的保护者。无产阶级则没有理由抱持类似的信心。保守主义者有时（例如在英国的工厂法案中）固然会率先保护劳工阶级，以对抗中产阶级自由主义的恶劣弊端，但是他们只专注于农村事务，又喜好传统，以致无法彻底了解无产阶级的需要。作为无产阶级行动的工具，工会运动比保守主义的政府更为有效。因此，为了使黑格尔的辩证法对都市无产阶级运动产生效用，思想家便需要对它重做"非政治性"的解释。

历史唯物论（the materialistic interpretation of history）便是马克思对这个需要的回答。根据黑格尔哲学的论述，"自由"理念的辩证发展就是人类成就的记录。对一个浸润于理念论（idealism）气氛中的哲学家来说，用"理念"来解释"事件"似乎是非常自然的。但是在马克思的眼里，这明明是倒果为因的说法。马克思对当时经济上的不公平现象极为关注，深信人主要是受经济"自利"的主宰。黑格尔相信理念的力量（ideal forces）塑造了物质世界。马克思则相信理念本身是物质环境的产物，理念的发展主要是为了满足经济的需要。在社会与技术成就的特定阶段，人有某些维持物质生活的方法，思想与行为便是为了适应这个客观环境而产生的。物质生产情况的改变会带来满足经济需求的新机会，同时导致思想与行为的改变。这个物质因素便是造成所有科学、宗教、政治以及其他领域内人类活动发展的主要原因。国家本身只不过是经济利益的间接表现。因此,"进步"不在于政治帝国的持续替换,而是经济体系的不断更替。保守主义者主张绝对君主制是历史辩证过程的结局——上文所述便是马克思对这种主张的回答。

和早期保守主义的"进化历史主义"观一样,马克思的"经济决定论"(economic determinism)观念也产生了广泛的影响。虽然"人主要是受经济动机主宰"这个观念用在过去很多时代都显得荒诞不经,它却和十九世纪流行的思想趋势十分一致。强调财富为成功标准的中产阶级的庸俗思想已经使许多人习惯下述观念:经济企业是最重要的人类活动,重要性远超过艺术、学术、宗教和其他任何形式的成就。早期的自由主义理论认为市场是进步价值的"积极创造者"(positive creator),国家则是它的"消极保卫者"(negative defender);这种看法使中产阶级很容易接受"政治附属于经济"的观点。在工业无产阶级的经验中,对经济的关注更是日夜萦怀。单单为了最基本的生存,就必须每天工作十五或更多小时的人,自然没有太多时间、精力注意宗教、社会或其他非经济性事务。对任何濒临饥饿边缘的人来说,"吃"的问题都是想象中的第一要务。如此看来,"人受经济动机主宰"这种说法和十九世纪一个重要领域内的经验十分一致。也正因为如此,历史唯物论才有可能对那个时代的知识生活产生深远的影响。

马克思否定了"国家是历史发展的主要因素"这种说法以后,就能够自由阐扬黑格尔辩证法中的革命含义。根据"辩证唯物论"(dialectical materialism)的原则,每一个物质生产进步阶段的来临必会同时带来某种经济成就的机会。别具才干、能达成这种目的的人便能控制手边的生产工具,并用这种工具以社会利益换取自己的利益。这些人有共同的利益,都希望阻止别人取得应得的控制权,因此形成同质的经济阶级。文明的特定阶段独有的政治、宗教和其他的观念、制度多半是因为统治阶级想要巩固其经济力量而形成的。但是，就像每个思想上的陈述都会引出本身的"反题"一样，马克思也相信经济生活的每个阶段都是一个"正题"，本身就包含了辩证发展的种子。统治阶层在利用特殊的经济机会时，无论如何都无法满足社群中其他成员的需求。由于对经济剥削的共同体验，这些人渐渐结集成新的阶级，而与前者构成"正""反"双方的关系。结果便造成革命危机，推翻原来的统治阶级，建立新的生产体系；这个新体系是上述两个阶级的经济经验衍生出来的"合题"，成为新文明的基础。不过这个"合题"又会激起新的革命反对力量，成为新的辩证发展循环中的"正题"。马克思主义的历史诠释建立在"阶级冲突是历史进步的机制"这个原则上。如此一来，原为保守主义者用来为"服从国家之责任"做说辞的辩证法，一变而成为革命抗议的工具。

对劳动阶级来说，辩证唯物论的价值在于保证他们最后必然胜利，因此成为刺激无产阶级联合行动的因素。根据马克思对时局的诠释，资本主义社会在历史发展的过程中已走到即将毁灭的阶段。十九世纪工业制度下的主要阶级是工厂的拥有者。他们因为控制了工业生产的工具，所以能够依照阶级利益去创造那个时代的思想与制度。但是，资本主义也同时带来了一大堆没有财产的工资赚取者，他们在工厂与贫民区中有共同的受难经验，渐渐意识到共同的经济利益。换句话说，一个无产阶级正在形成，而构成资本主义社会的"反"。同时，由于资本主义的生产情况使然，无产阶级的人数一直在增加，而资本家的人数则一直在减少。马克思正确地指出，近代工业发展的趋势，是朝更大的垄断控制单位发展。他由此引申出：越来越多的小资产拥有者将被排挤到资本家阶级之外，最后被迫沦为无产阶级。因此，在资本主义底下，需求能获得满足的人将越来越少，最后两者在数目上的不平衡会变得极为严重，而在无产阶级有组织的压力下，资本主义体系终将解体。结果，资本主义社会的"正"被无产阶级的"反"毁灭，而创造一个新的"合"——即共产主义社会。在共产主义社会，资本家从工业制度中累积的技术资源将被用来满足劳工阶级的需求。由于辩证发展是不可避免的历史法则，无产阶级绝对可以相信他们的希望终将实现。

马克思虽然相信资本主义必然会消失，但却不认为没有劳动阶级的革命努力，这个结果也会实现。即将灭亡的社会秩序有相当大的阻抗力量，经济统治者完全掌控着国家，拥有武力、警察力量、法院和其他的压制性工具。在任何特定时期，政治、社会思想也是统治阶级观点的表达，通过新闻从业人员、教士、教授以及其他所谓的宣传家，这些思想即使过时了也仍然会流行一阵子。重要的物质与意识形态的抗阻力量仍然阻碍了无产阶级的胜利。根据历史唯物论的解释，任何阶级若非经过痛苦的挣扎，都不会放弃其经济利益。人数不多，却能用资财雇用佣兵防卫力量的阶级，在死亡之前仍然会做一番困兽之斗。因此，只有暴烈的革命才能摧毁中产阶级的政治、经济力量。

这套理论是对"如何找到同时具有进化与革命性行动形式"这个难题的回答。马克思主义的辩证法和十九世纪思想的进化倾向配合，告诉人们：社会的变迁并不如十八世纪的改革者所想象的，是一理性的选择，而是渐进历史发展的结果。除非资本主义社会已走完全程，任何有意识的努力都不能使共产主义社会出现，这一点是马克思对进化的保守思想所做的让步。然而，一旦进化到某个程度，就必须借革命来清除衰亡中的社会秩序的抗阻，这不但没有违反，而且证明了进化成长的法则。用马克思自己的话来说，革命是"历史的接生婆"（midwife of history），使在时间酝酿中已成熟的社会力量得到解放。保守主义的理论本来已经在暗噬

第八章 都市无产阶级的觉醒

十八世纪启蒙运动的思想根基，马克思主义则设法以上述说法推翻保守主义的理论。

辩证唯物论的原则照理应该让马克思把历史解释成一连串永无止境的革命危机，但是强烈的"犹太教—基督教"天启思想使马克思比黑格尔更满足于自己的结论。马克思试图证明即将来临的无产阶级革命不仅会成功，而且会成为历史辩证发展的最终阶段。无产阶级不仅包括拥有财产的少数人，也包括无产的群众，这点使它有别于历史上的任何阶级。无产阶级成功地夺取生产工具以后，生产力不仅能满足统治阶级，也能满足整个人群的需要，这是从来没有的事。既然经济剥削是阶级仇恨的唯一基础，上述结果不仅会消除所有的阶级冲突，也将建立一个永远没有阶级存在的社会。基督徒把"罪"看成万"恶"之源，企盼耶稣基督的再临能战胜所有的罪恶，使世人永登天国乐土。马克思主义者视经济剥削为万"恶"之源，向世人提出希望，保证无产阶级的革命在消除了经济剥削之后，必定能协助建立一个永远完美的社会。辩证唯物论因此以一种天启式的理想做结束，一旦理想实现，辩证过程本身就不再是历史的因素。

马克思主义的天启性（apocalyptic character）使它无法在原有的形态下，对近代政治问题提出终极的解决之道。它采取了一种"准宗教的"（quasi-religious）信仰，认为宇宙能趋向自然的和谐状态，因而避开了有关政治问题的考虑。在这一点上，它比启蒙运动哲学做得更过分。十八世纪的人虽然相信市场竞争对人自有裨益，但至少还承认了为防止自私的个人违反市场竞争的规则，必须仰仗国家的强制性行动。但是，马克思主义者却认为，人类利益的和谐状态绝对完美，没有任何条件限制，因此"政治问题"就完全消失。既然每个经济阶级的成员都和生产工具有相同的关系，他们的利益自然也相同。要把某个阶级的意志强加在另一个阶级身上，固然需要借重强制力，但在一个人人同为单一社会阶级之成员的社会，强制力就没有存在的必要。因此，只要无产阶级的革命力量成功地消除资产阶级的最后残渣，"国家"就会"渐渐消失"。马克思的阶级团结概念非常绝对，因此无法设想：为了防止部分无产阶级压榨其他无产阶级，就必须建立政治保障，这一点使他不能真正考虑无产阶级的政治问题。

马克思与恩格斯都相信辩证唯物论是重要的科学发现，他们在所有的著作中都强调他们的社会主义是科学的社会主义，和先辈与时人的"非科学"或"乌托邦"的社会主义截然有别。事实上，他们提出的历史发展法则也和黑格尔或启蒙运动的类似主张一样，禁不起精确的科学验证。要使一项科学假说为人接受，首先必须阐明这个假说和大部分的经验事实吻合。但是，马克思主义的辩证法却没有这类"验证"的支持，它所依恃的只是法国大革命这一个历史样本。十八世纪法国的中产阶级对腐朽的封建秩序的限制产生反动，所以发展出统合的阶级意识；这套意识使他们能够起而反叛旧秩序，并建立起一个能够表达他们自己阶级利益的新体系。马克思主义者把这个历史事件（episode）看成一般性的历史发展，而使无产阶级相信，有朝一日，他们也能享受类似的机会。他们对当代资本主义发展的分析，使人对这个希望多少抱有信心。奇怪的是，当有必要对远古的类似辩证过程加以探讨时，马克思主义却缄默不语。马克思主义者提不出令人信服的证据去说明中产阶级是封建社会的必然产物，或者说，封建社会是前此经济秩序的"反"。辩证法用到更早的历史阶段时，结果更难令人满意。所以，马克思主义的理论虽然自称是"科学的假说"（a scientific hypothesis），其实却是一厢情愿的信念（an act of faith），禁不起科学的验证。

马克思主义虽然可能缺乏严密的科学根据，但是它假科学之名所做的主张却和它最后的成功有密切关系。科学在十九世纪享有

第八章 都市无产阶级的觉醒

宗教般的声誉,自然科学的成就令人叹为观止,在外行人看来又是奥妙无比,因此人们几乎相信任何假科学之名宣扬的事物。"科学的社会主义"向工人阶级保证,他们反抗劳动市场不公的斗争终必胜利,也使工人阶级有了从事组织性政治行动不可缺的自信与保证。

马克思主义的科学名义,能够鼓舞中产阶级的知识分子追随无产阶级的运动,这是有利之处。无疑,从任何严格的经济决定论的观点来看,人们会很自然地认为,所有的中产阶级都必须有同样的思想,接受同样的命运。但是,马克思主义者却尊重科学,愿意在广泛的决定论体系内,为知识分子加入一点自由意志的成分。他们认为,只要运用科学的智慧,任何阶级的人都有可能超越本身的阶级经验。其他阶级的成员对历史、经济做过研究,体认到无产阶级革命的必然理想与必然性,可以借着加入无产阶级运动,逃离本身的阶级命运。就像马克思和恩格斯超越本身中产阶级的界限,成为无产阶级思想上的领导人,其他人也可以找到科学的救赎之路（scientific salvation）。对心存不满的中产阶级知识分子来说,这个远景十分诱人,科学的社会主义成为结合知识分子与无产阶级,使其致力于共同革命的绝佳工具。

马克思主义使都市无产阶级觉醒,在这一点上,它发挥的影响比其他任何理论都大。和启蒙运动与保守主义的反动哲学一样,马克思主义是一种"阶级性学说"（a class doctrine）,反映了特定社会群体的需求与经验。由于对市场主宰的工厂制度弊端不满,工人了悟到：他们享有福利与否,决定于他们是否能控制工业生产的工具。中产阶级发现自由市场是最适合自身目的的社会制度,农业阶级则认为保守的君主政体最适合他们,同样的,都市的无产阶级也觉得无产阶级结社是实行劳动阶级控制的唯一可靠工具。马克思主义的教示——人类能否享有福利取决于联合一致的无产阶级能否战胜绝对的权力——也促成了上述发展。革命的希望曾大大鼓舞激励了中产阶级,马克思主义通过对历史进步法则的新诠释,也给劳动阶级带来同样有力的天启式的希望。这些希望最后虽然都成为泡影,却使都市的无产阶级成为近代政治进化过程中有信心、有效力的要素。

第九章

近代自由主义的理论与实践

随着都市无产阶级的觉醒，近代自由主义发展的舞台背景也已具备。对当代人来说，自由主义是对民主宪政体制的理想与方法的信仰。根据自由主义者的看法，政府只有建立在互相冲突的观点经过自由协商后形成的"普遍意志"上，才具有正当性。要达到这个目的就需要社会中大部分的人有能力，而且愿意参加议会制政府。借着激发第三大阶级的政治意识，革命的社会主义完成了由启蒙运动及保守主义的反动所肇始的工作，创造了参与政治的广泛意愿。剩下的工作就是把这个意愿转化成对"自由协商"（liberal negotiation）原则的广泛接受。天启性的阶级学说只强调特定社群的需要与经验，与此原则不符。近代自由主义的问题就在如何打破早期学说理论的冥顽立场，团结每个理论后起的追随者，以创造有效的"普遍意志"。

近代自由主义最初并不是理论上的探讨，而是实际经验的产物，它介于启蒙运动与保守主义反动运动之间，以不受欢迎却无可避免的妥协姿态为议会制度提供了一个架构，使人们能够实验协调阶级利益的艺术。开明的进步主义者与保守的传统主义者虽然或许都还认为自己的学说是对人类需要的终极回答，但二者都无法获得绝对控制权，所以开始协商，以解决彼此间的歧见。随着都市无产阶级的觉醒，协商的过程有必要扩大到世俗社群中的其他人群。互相竞争的社会利益的代表虽然各执己见，却无法不针对议会生活的特性而调整自己的要求。因此，到十九世纪末，许多议会实际上已成为创造、执行普遍意志的机构。这种面对强大的意识形态阻力而出现的具体经验就是近代自由主义思想的基础。

虽然如此，如果没有适当的自由主义理论的支持，自由主义的做法将无法永久持续。只要人们坚持各自学说的绝对性，就不可能对议会制政府产生真正的热忱。和天启式的希望相比，每个"妥协"充其量也只是一种失望的表示，最坏时还可能是一种"背叛"。在西方历史早期，一个充满希望的宪政实验已在类似坚硬的基石上建立。中古时期，当教会一统之局渐趋崩溃时，有些人就已经试图利用"大公会议"协调宗教歧见，以挽救衰亡。大公会议运动（conciliar movement）虽然使教会暂时免于浩劫，却未能赢取基督国度人民的信服。由于传统上教皇权代表圣灵，享有绝对无误的盛誉，因此能动摇大公会议的权威，并采行冥顽的宗教政策，而导致基督教大一统的崩溃。相信自由市场的启蒙运动、相信保守君主制的反动，以及相信有阶级意识的无产阶级的马克思主义，和教皇专制主义（papal absolutism）一样，都坚持己见。只要每个社群还把自己偏爱的制度看成必然的历史进步的媒介，也就无所谓争取人民对类似大公会议的俗世机构的忠诚问题。基督教会无法维持一统，因为大公会议无法使人相信教会而非教皇，才是圣灵在尘世的最高代表。绝对的阶级性意识形态分别强调自由市场，保守君主制，或具阶级意识的无产阶级，才是自然的利益和谐的代表，因而对议会民主政体也提出类似的挑战。议会民主制如果无法说服民众，使他们相信议会制度——而不是某一特定社会阶级的制度——才是人类世俗利益的适当守护者,就必定会重蹈大公会议的覆辙而失败。

很幸运的,为达成世俗社群有效整合的理论基础这时已经存在。强硬不妥协的阶级学说虽然有强大的吸引力,但比较而言,它们都是晚近的发展,不像古老的政治传统那样,有稳固的可靠性。另一方面,议会制度却因为是社会整体利益的代表而享有一定程度的传统声望。在英国和美国,从一开始,人们对宪政过程的敬意就扮演着节制"阶级极端主义"(class extremism)的角色,使整合的工作能够进行;且在欧洲许多地方的情形也一样。尤有进者,在这些地方,流行的阶级意识形态同样都以传统的西方思想习惯为基础,因此它们便不像外表上看起来那样有决定性。开明的进步主义者、保守的传统主义者以及革命的社会主义者对许多问题的看法固然不同,但是在他们的学说中仍然有一些重要的共同处。自由主义的理论家促使人们注意这些共同看法,并且说服他们,使他们相信议会行动是协调歧异看法的适当工具,所以能调和特殊的阶级学说,成为一种新的、更全面性的"社群行动哲学"(philosophy of community action)。近代自由思潮的任务,就是要好好利用这个机会。

"政府与社会的关系"是各个阶级性学说中一个有用的共同看法。近代自由主义思想试图把国家的行政工具置于议会立法权与行政权的控制下,就此而言,它是"政府是一行政机构,目的在执行独立组织的社会道德价值"这个西方信仰的表现。稍早的意识形态对"适当的社会组织形式"的看法固然不同,但三者却有类似的倾向,即否定政府的道德自主性。启蒙运动的哲学充满道德热诚,对政治却缺乏兴趣,因此愿意接受任何真正护卫自由市场的创造性成果的政府形式。保守的反动运动相信人类的福利有赖保守社会的存在,这些人愿意接受绝对君主制,只要这种政体能护卫传统制度。马克思主义强调经济阶级是所有成就的来源,所以比启蒙运动更不关心纯粹的政治问题。三者都是"非政治性"学说（nonpolitical doctrines），对政治发生兴趣完全是来自"希望国家行动不干涉社会自发性创造力"的意愿。如果议会制度能证明是达到这个目的的最佳方法，任何人不管意识形态、信仰为何，都应能赞同议会制政府的原则。

然而，对个人与社会关系的看法是三者最重要的共同之处。基督教思想教导人，俗世生命的目的在求取个人灵魂的救赎，教会的功能便是达成此目的的工具。从宗教层面转移到世俗层面后，"社会为个人仆役"的概念仍然是团结十九世纪各种互相冲突学说的力量。启蒙运动的哲学教导人以自由市场组成的社会，目的在保护个人的理性创造力，使其不受任何形式的公私压制而获得发挥。保守的反动运动对人的理性虽然没有这么崇高的看法，却体认到个人的经验、智慧是社会成就的来源，能护卫社会传统组织，使其成为个人行动的基础。马克思主义也以类似的诉求，主张有利的经济环境是实现个人潜能不可或缺的因素，以此来护卫经济重组（economic reorganization）的计划。以上这些学说对什么是威胁人类俗世救赎的"恶"有不同看法：对启蒙运动的哲学家来说，"恶"是"政治强制力与私人性的暴力"；对保守主义者来说，它是"社会的不稳定状态"；对马克思主义者来说，它是"经济的剥削"。由于对"恶"的看法不同，他们对什么是适当的社会组成形式的看法也不同。但是，尽管有这些差异，他们对"社会的基本功能"都有一致的见解，都认为"社会"是致力于"个人最佳发展"的组织。

近代自由主义便试图利用这两个共同点作为新政治概念的基础。像先前的阶级性学说一样，自由主义假定社会应当满足个人的需求，政府则应当满足社会的需要；它和先前的学说不同之处在于强调政治组织，认为政治组织是社会生活的关键因素。如何使个人的创造潜能得到最大发挥是一个极为复杂的问题，协商的自由、社

第九章　近代自由主义的理论与实践

会稳定、经济的安全——这些只不过是"解放人类理性能力"的一部分必要的条件。阶级的意识形态把这个问题过度简化，因为它只注意某一部分社群的需要。社会要发挥正当功能，成为政府与个人间的调和者，就必须提供一个政治机制（political mechanism），将特殊群体或个人经验显示的部分真理加以试验，并做有系统的再陈述。近代自由主义和以前的学说一样，相信"利益自然和谐"状态的存在。理性的自然趋势在有利的条件下会促进人类的福利；但这个理性和谐状态却不会从阶级制度的运作中出现，而必须通过广泛的政治研商。参与社会中有组织的政治生活是实现人类自由的必要方法。这个信仰是近代自由主义思想中的突出特色。

这个政治概念并不是因为创立新的政治理论学派而出现，而是将先前不同的阶级性学说加以修正后逐渐产生。假如人笃信本身的阶级制度，认为它们是命定的"利益自然和谐"（the natural harmony of interests）的倡导者，就没有必要去关心社会的政治组织。但是，十九世纪的情况却使这种信念渐渐动摇。作为满足阶级利益的工具，议会制度要比实际运作中的阶级制度更令人满意，这渐渐迫使人注意政治的理论与实际问题。社群的理论家慢慢失去对阶级制度的信心，转而注意政治行动的问题，因此导致各种阶级性学说的修正，而形成近代自由主义的理论。

中产阶级率先对本身的原有立场失去信心。启蒙运动的哲学告诉人们，自由市场的建立将可保障个人自由，经验很快就使这个希望成为泡影。自由竞争的理论假定：每个人的能力与努力虽不同，却有同等机会在竞争中成功。在商业与工业革命早期，略有财富者可以轻易地建立事业，这个假定从中产阶级的观点来看还算相当实际，但是当工业的进步导致更大的资本累积时，财力中下的人就发觉越来越难和富有的对手竞争。其后，工商专利也控制了自由市场的运作。因此，对大多数中产阶级来说，启蒙运动的天启式的希望成为幻觉。实际上,除了对最初献身自由市场的极少数人,自由市场已变成自我表达的障碍。不论是对中产阶级或其他社群,自由市场都已失败,不再是达成"利益自然和谐"的工具。

结果是中产阶级越来越关心政治。假如自由市场的自发性运作无法令人满意,很显然地必须以立法行动来矫正其缺失,到十九世纪中叶,中产阶级的意见便已偏向此一方向。经济落后地区(如德国)的工业家,因为无法与基业稳固的英国工业竞争,而重新发现关税保护的利益。由于受到大规模组织的威胁,小企业家开始要求政府采取反垄断的措施或其他形式的立法救济。他们依然认为自由竞争是社会的正常基础,却已了解要维持真正的竞争条件,政府必须以积极的行动介入。因此,国家逐渐取代市场成为中产阶级利益的保障者。

这个发展在近代自由主义演化过程中的重要性在美国历史中表现得最清楚。十九世纪的美国社会几乎完全被中产阶级所控制,当时工业化的进展很缓慢,都市劳动阶级的社会成分也不一致,因此具阶级意识的无产阶级到相当晚近才变成美国政治中的元素。此外,美国也没有相当于欧洲的贵族与农民群体。大多数的农村人口都是独立的农夫,马不停蹄地在寻觅新机会,从这方面看,他们在本质上都是持有中产阶级观点的企业家。因此,和其他地方一样,十九世纪的美国政治是朝积极的国家行动的方向发展,这点特别值得注意。通过工业家的努力,美国很早就成为热衷关税保护政策的国家。随着美国资本主义力量的扩张,对市场立法管理的热衷情绪便传到小农与西部农业区的中产阶级身上,他们都想寻求政治上的保护以对付东岸的金融与工业专利权。这个一度被称为"民粹主义"(populism)的抗议运动促使政府对铁道、银行设立管理规则,经营公益事业,并实施其他一些社会化的控制。其后社群中类似的成员也成为背后推动政府实施电力资源国有化的力量。的确,美国不曾受到保守主义与无产阶级的压力，所以这些发展不像欧洲那么深刻，然而，由于它们是中产阶级行动的结果，成为特别容易让人信服的例证，说明中产阶级的政治概念已产生某些改变。

由于政府有干预自由市场运作的倾向，启蒙运动的哲学就必须做一些实质上的修正。在十九世纪的前几十年，某些古典经济学家已经意识到先前对"利益自然和谐"的信仰有其界限。拿破仑战争以后的那段时期，英国的政治生活主要是受"谷物法案"（the corn laws）的主宰。人数不断增加的都市居民想要取得廉价的食物，因此希望农产品能够自由买卖。但是，农村人口根本不愿意放弃关税保护，这使相信"利益自然和谐"的人感到失望。这个经验使当时杰出的经济学家李嘉图（David Ricardo）得出下列结论：靠控制自然垄断（如土地）以赚取收入的人与靠非垄断方法赚取收入的人根本没有相同的经济利益。马克思有关阶级冲突不可避免的理论有一大部分得之于李嘉图的分析。不过，李嘉图虽然知道允许垄断在竞争体系中出现有困难，他却不认为我们有什么办法可以加以补救。让国家控制土地和其他自然垄断是过于极端的做法，不合他的胃口，他只是下结论说：冲突是经济秩序中无可避免的一部分。这个令人沮丧的理论［古典经济学被称为"晦暗的科学"（gloomy science）有一部分的原因即缘于此］并没有导致自由放任政策（laissez-faire doctrine）的立即修正，但却为中产阶级尽了铺路之功，使之能够接受垄断造成利益冲突的事实，而要解决这些冲突，只有通过政治行动。

首先将这些发展变成一套有系统的结论的理论家是约翰·穆勒（John Stuart Mill）。穆勒政治思想的出发点是正统的功利主义（orthodox utilitarianism）。他是詹姆斯·穆勒（James Mill）的儿子，而詹姆斯又是边沁的杰出友人及伙伴；因此，从小开始，詹姆斯便教导他的儿子，希望他能成为这个学派的领导人。可是，他的老师的期望大部分都不曾实现。穆勒和许多神童都不一样，年轻时就已经表现出是一个有才干、有创意的思想家。他的著作虽然深受早年训练的影响,但他却有惊人的才能,能够看出早期自由主义立场的弱点。他的三部最有名的政治论文——《功利主义》(*Utilitarianism*)、《论自由》(*On Liberty*)、《论代议制政府》(*Considerations On Representative Government*)——都有许多与启蒙运动哲学大相径庭的论点。这些分歧的论点形成近代自由主义思想发展上的重要阶段。

穆勒口头上虽然继续宣扬"快乐—痛苦"的原则,但是他的著作多半倾向理想主义,而非享乐主义。这一点使他能够避开许多早期功利主义立场的陷阱。"最大多数人的最大幸福"的学说以及将个人置于社会统计数字下的做法,与西方人的"每一个人类灵魂的价值"的观念互不相容。建立在这个基础上的理论很容易就会导致多数人的专制(majority despotism)。但是,在启蒙运动的哲学中,享乐主义有一股强烈的"伦理理想主义"(ethical idealism)来调和。这种理想主义在康德的著作中尤其可以清楚看出。根据康德的伦理论,人类生活的主要目的并不是追求幸福,而是求个人道德与知识的发展,好的政治与社会制度必须能鼓舞人发挥最高的道德责任。这个原则使康德得出结论,共和制度能够将政治责任广为传布,是使道德人格获得完全表达所不可缺者。类似的对伦理问题的强调使穆勒得出了差不多的结论。对他来说,社会与政治行动的指导原则是对所有人类道德人格的尊重,而不是"最大多数人的最大幸福"。这种看法使他把功利主义重新导向宪政政治的方向上去。

穆勒对伦理的强调,使人有理由对"社会因素"在人类生活中的重要性重新评价。享乐主义并不否定利他动机(altruistic motives)的存在,但注意力主要是放在个人快乐的追求上。可是,如果人生的主要目的是将人的潜能做最大的发挥,我们就必须以"兼善"的行动来代替"独善"的行动。基督教尊重个人灵魂的尊严

第九章 近代自由主义的理论与实践

与重要性,因此能够体认到处处行善的义务。在世俗层面上,穆勒的伦理理论也隐含类似的结果。穆勒当然也同意早期自由主义思想家的看法,认为"个人的主动与责任"是发展人格的唯一方法。他的《论自由》是对思想、道德领域内个人自由的一流辩解。然而,个人的自由行动却有其界限,此即对他人同等权利的尊重。启蒙运动的哲学假定每个人都可以自由地做他高兴做的事,唯一的条件是他不能用暴力干涉别人的同等权利。但是,杀人、抢劫与其他形式的暴力却不是发展个人潜能的唯一障碍。人不仅是本身努力的产物,同时也是环境的产物。假如有个小孩与詹姆斯·穆勒的儿子有同样的禀赋,却生长在贫穷的醉汉家里,他就一定没有穆勒那么好的机会表现内在资质。真正对个人的尊重还包含一种使"社会机会平等化"的责任感。穆勒在强烈的功利主义教育背景下成长,所以很不愿意由社会采取控制手段而使个人的责任感降低。不过,原则上,他承认个人自由必须有立法及其他社会措施做基础。后来的中产阶级理论家,如格林(Thomas Hill Green)及霍布豪斯(Leonard Trelawney Hobhouse)等也都能遵循这项原则,而接受范围更广的社会责任。

穆勒本人虽然很谨慎地认可社会行动的必要性,但是从他的立场所做的逻辑推演却逼使他彻底背离启蒙运动的政治哲学。十八世纪大多数的哲学家都相信个人行动至高无上,因此都认为政治在日常生活中无足轻重;穆勒却有比较强的社会责任感,所以他能从不同的角度看这个问题。假定使人类潜能获得最大发挥的是终极的世俗价值,而要实现这个价值又要靠立法来维持最适当的社会情况,那么政治行动便是人类道德责任中不可或缺的成分。穆勒的《论代议制政府》便是对这个主题的进一步阐述。在这篇论述中,他认为,参与代议制政府的工作是个人教育的主要阶段。选举与议会中的辩论提供了一个议场,使人可以对立法建议做理性的检查。个人进入议场后，可以提供智慧与经验以增进人类的福利；同样的，个人也因此能对同胞的需要有更进一层的了解。穆勒认为，没有受过训练与教育的人不该有"自治"的责任，但是普遍选举权却应该是每个自由社会的终极目标。穆勒并不认为政治是"令人遗憾的必要之务"（regrettable necessity），而是获取积极成就的机会，这是他和多数先贤不同之处。他的著作影响深远，对民主宪政制度成为近代自由主义学说的要素，有相当大的贡献。

迈进民主宪政的运动并不仅限于中产阶级的参与，都市无产阶级在十九世纪末时也出现了类似的运动。"革命的社会主义"的演化是否成功虽然还有待考验（在这一点上，它和启蒙运动有所不同），但是事态的发展却已经使天启式的希望渐趋黯淡。事实证明，具阶级意识的无产阶级制也和自由市场制一样，未能达到原始创导人追求的境界。这种情况导致无产阶级理论的修正，使它与宪政政府的原则更为接近。

革命的社会主义之所以不能成功，主要障碍是无产阶级的各种弱点。马克思坚信无产阶级革命终必胜利，主要是基于两个命题：（1）近代的工业制度会使财富的所有权集中在一群为数越来越少的资本家手中，（2）大多数无产者会加入具有阶级意识的无产阶级阵营。然而，十九世纪末二十世纪初的历史发展，却证明上面两种看法都不正确。大规模的组织与控制固然有增无已，但是公司（corporation）、卡特尔（cartel，工业界为某一目标，如限价、分订货单等，而成立的庞大组织）等组织和其他法律方法的运用，却能使经济控制权集中在少数人手中，而不致引起财富所有权的集中。大部分的人都能直接以股票持有人或储蓄存款与保险单投资人的身份，从资本主义经济体系的利润中得到一份金融性利息。此外，大部分的受薪者也不愿认同工厂工人的利益。现代工业创造了许多推销员、店员和其他白领阶级，这些人的经济情况虽然没有安全保障，

第九章 近代自由主义的理论与实践

却自认社会地位高于劳力出卖者。建立在"无产阶级成为多数"之期望上的马克思主义革命论，因为十九世纪资本主义的这些发展而破灭。

无产阶级由于对阶级性制度的效用产生怀疑（这与中产阶级对本身制度的怀疑是同一个原因），所以再度强调政治行动的重要性。的确即使没有革命性的成功，劳动阶级仍然可以运用非政治性的手段达成许多目的；罢工技巧的进步和其他形式的组织化抗争都使工人对工厂社群的生活有一定程度的控制。但是，在市场竞争的压力下，唯一能确保劳动阶级利益的方法却是将这种利益纳入立法体系。在劳工组织特别有效的国家，人民如果想维持高水准的生活，政府便往往要建立关税制度。为了防止特定的工厂或工业利用无组织工人的弱点对其他工厂、工业造成损害，使工资、工时及其他雇佣条件一致的立法，便成为辅助劳动阶级直接行动的理想方法。无产阶级虽然不能构成绝对多数，但是他们的选举权却足以使他们在议会中获取相当大的力量。中产阶级本身已放弃对"绝对（自由）市场"的信仰，这个事实使劳动阶级在社会立法的问题上也比较容易争取人们的同情。有政治组织的无产阶级和其他团体在选举、议会中讨价还价，交换支持，因而具有某种态势，足以在民主宪政的架构中达成许多目的。所以，革命的希望虽然渐趋渺茫，对议会的效能却信心大增。

在议会传统特别强烈的国家，政治经验足以使劳工阶级产生自觉，但却不会被革命的社会主义的诱惑所局限。这不仅在无产阶级发展较慢的美国是如此，在工业革命的家乡英国也是如此。英国的中产阶级由于早已习惯协商、妥协的宪政艺术，所以早期与劳工组织的关系也显得比较容易协调，同时像穆勒这样的中产阶级自由主义者也发挥影响，对英国采行社会立法有一些鼓励作用。因此，劳工运动日渐演进，同时在意识形态上和近代自由主义的原则也没有发生重大差异。像韦伯夫妇（Sidney and Beatrice Webb）这样的知识分子则主张以渐进、非革命的方法达成劳动阶级的目的；他们主张的"费边社会主义"（Fabian Socialism）就是英国无产阶级思想的特有表征。革命的马克思主义对英国社会主义的形成固然有一些影响，却从未变成主因。结果使英国很早就倡导近代自由主义的理论与实践，而且非常成功。

在马克思主义对无产阶级思想产生强烈影响的国家，抛弃天启式的希望是比较困难的事。然而，到十九世纪末，议会行动的优点，促使许多马克思主义思想家面对把革命的社会理论朝渐进方向修正的问题。这时在社会主义圈内引起骚动的"回归康德"（back to Kant）运动便是一种广泛意愿的表示，表示人们企望逃离马克思的物质决定论而呼吸到更自由的"理性自决"（rationalistic self-determination）的空气。在德国，人们对负责任的政治行动的价值，有特别强烈的体认，为数甚多并且组织完善的劳工阶级虽然还相信革命的马克思主义，但已能通过选举与议会力量的运作，获取立法上的让步。所以，德国在修正主义运动（revisionist movement）中，很自然地扮演了领导角色。也因此，伯恩斯坦（Eduard Bernstein）在《进化的社会主义》（*Evolutionary Socialism*）一书中，直接向马克思历史诠释中的预设提出挑战。伯恩斯坦向同伙的马克思主义者阐释说，近代资本主义的实际发展并未照马克思经济分析的方向进行，因此他试图说服他们：在宪政政府的架构内从事有耐心的政治行动，是达成无产阶级目的的必要方法。"进化的社会主义者"（evolutionary socialists）虽然未能完全成功地攻破革命的马克思主义据点，但在调和劳工阶级运动与民主宪政原则的工作上却贡献良多。

在十九世纪，保守主义者也有类似的调和。当"自由宪政主义"（liberal constitutionalism）只是防止政府干预自由市场运作的工具时，农业界的保守主义者别无选择，只有将自己完全交付给专制君主。然而，近代宪政主义的演化却使议会成为越来越吸引人的传达保守主义行动的工具。在欧洲大多数的国家，农业阶级的选举权已足以使保守党在议会中发挥相当大的影响力。这时，中产阶级与无产阶级都承认，以积极的国家行动做基础来保卫本身的利益是合宜的做法，因此保守主义者也没有理由排斥农业保护主义以及其他保卫传统利益的立法措施。由于和其他群体协商、妥协的结果，保守主义的政治家已能让人对保守的农业社会需求做合理的考虑。和其他学派对无产阶级或市场制度表现的忠诚比较起来，保守主义者对绝对君主制的忠诚总是有点牵强、肤浅，一旦有了议会行动的机会，大多数的保守主义者都立刻忘记先前在意识形态上的忠诚，这使他们能比较容易适应近代自由主义的理论与实际做法。

保守主义的这种发展，最重要的特色是基督教教会内政策的改变。启蒙运动的哲学鼓励人牺牲社会责任，追求个人利益，就此而言，它和基督教的道德训示不相容。此外，教条式的"进步主义"也使它成为教会这样有深厚传统根基的制度的自然敌人，因此在十九世纪早期，欧洲的教会人士都认为维持绝对君主制是保护基督教利益唯一可能的基础。但是，基督教与保守主义的公开结盟，一时之间虽然看似便利，却很快成为灾祸之源。这种结盟使双方的敌人——中产阶级与无产阶级——和绝对君主制产生疏离，并使西方多数地区局部或全面地"去基督教化"（de-Christianization）。这个事实明朗化以后，许多教会人士开始对保守的制度失去信心，各种不同的基督教社会主义者（Christian socialists）开始探讨组织基督教工会和其他劳动阶级社团以使人皈依基督教的问题。他们的目的在于使基督教的道德原则成为现代社会的积极力量，而在当时的情况下，自由主义的宪政主义是达成这个目的的最佳方法。虔诚的基督徒在信仰问题上固然无法妥协，但却没有理由不进入政治的竞赛场，和其他群体商讨教会与世俗社会组织的关系。教会人士可以用选举权迫使对手让步，这比死守与过时的专制王权的联盟更能完满地保住教会的立场。基督教一向教导人说，任何形式的政府，只要能维持使教会完成宗教使命的外在条件，就是合理的政府。由于基督教有这种妥协精神，因此近代自由主义比以前的阶级性学说更能容纳人的宗教需求，到十九世纪末时，越来越多的教士已经不再把民主宪政制度看成敌人。教皇利奥十三世（Leo XIII）在位时，采行新的政策，允许、甚至鼓励天主教徒参与民主政治。政治立场比较保守的新教教会也循着类似的路线发展。这样一来，许多先前支持绝对君主制的人也被纳入议会制政府中。

但是，为了保障近代自由主义的成功，我们所需要的却不仅是议会制度。"每个群体在国家政策的制定过程中，都有有效的发言权"，只有在这个假定下，互相竞争的社群才可能放弃天启式的希望。近代的立法组织固然鼓励持不同观点的人互相协商、让步，却仍然不能彻底保障少数人的利益，使其不受压迫。在中古的议会中，有代表性的社会阶层都分为不同的"等级"（estates），每个等级都可以对其他等级的决定投否决票，以保卫自己。另一方面，"多数决"却是近代议会通行的原则。的确，两院制（bicameralism）偶尔是可以减轻"多数决"的效果，如果某个特殊派系或阶级掌握了某一院的控制权——如英国的上议院（House of Lords）或法国与美国的参议院（senates）——他们便可以时而向多数集团争取让步。但是，近代的立法机构却和中古的议会不同，后者纯粹是独立的王室行政系统的附属品，前者却有制定、执行国家政策的重任。形成稳定多数以支持任何积极提案本身便是极为困难的事，因此近代的议会实不宜使各有组织的利益团体有绝对的否决权，而使决策过程更为复杂。然而，在否决权付诸阙如的情况下，我们将无法避开下述危险：政治家会集中全力组成多数集团，而忽略少数人的利益。如果一个重要的少数集团发现议会决策忽视了他们的利益，势必会寻求其他方法达成目的。强硬不妥协的少数集团和普遍意志不能相容；同样的，强硬不妥协的多数集团也和广泛的普遍意志不能相容。因此，近代自由主义的一个重要课题便是，设法防止议会中的多数人侵害到少数人的权利。

宪法对议会行动的限制为这问题提供了局部性的解决方法。即使在王室专制如日中天的时代，西方世界也不曾完全抛弃"政府必须受法律约束"的信仰，议会取代国王成为控制政府的主要机构后，这个西方法治思想的表现又获得新的生命。"大众立法机构并非至高无上，其权威来自成文或不成文宪法"的观念很快就确立，而成为近代自由主义的原则。少数人的权益因此有可能受法律的保障，不被侵害。如果每个群体都要参与舆论的塑造，多数人就不该利用对国家工具的控制，禁止少数党派从事宣传与组织的活动。宪法对公民自由的周密保障也有助于这种需求的满足。如果要赢取少数人对议会过程的忠诚，多数人组成的政府就应该对本身权力的运用有所约束，不能违犯社群中任何有一定成员相信的基本信念。宪法对立法机构有所约束，不准它制定法规，侵犯宗教自由、私有财产、劳工组织的权利和其他许多特别受人珍视的利益，这种约束足以使议会的行动限于可为一般人接受的范围。有些少数人的利益正好和清晰可辨的地理区域一致，在这种情况下，"联邦制度"（federalism）对某些地区地方自主权的保障也可以用来保障少数人的利益。"制宪权"（constituent power）的概念，在许多方面都可以减轻多数民主造成的反自由主义倾向的危险。

但是，宪政制度本身的有效性，却取决于我们是否能发展出新的政治道德体系。几个世纪以来的王室或议会绝对主义，已经使西方世界习惯于"主权"（sovereignty）的观念，而主张每个国家都必须有一个有绝对立法权的决策权威。近代的宪法将这个主权权威赋予"修宪权"（amending power）。在某些国家（如英国），单纯的议会多数便足以行使修宪权；其他国家像美国就需要有更大、更复杂的组织多数以符合修宪条款的规定。任何团体只要力量薄弱，而无法影响修宪过程，它的权利就会受到"主权"的干涉，而不管在美国或英国，宪法本身对此都无法保障。在这些情况下，自由宪政制度只有在下述的条件下才可能实现：社群中有决定性多数的群体在体认到自由讨论和妥协的道德价值后，应当约束本身对主权的运用，使其不致危害到少数人的重要利益。所以，要确立近代的自由主义，就必须建立道德共识（moral consensus），使每个人对"个人与群体不可让渡的行动权利"有一致的见解。

不幸得很，传统的"主权观念"却成为承认少数人组织权利的障碍。通过早期自然法理论家的著作，人们已经相当熟悉"个人有某些不可让渡的权利并有权主张这些权利以驳斥主权国家的要求"的观念。但是，使有组织的少数群体有类似权利的观念却与当时法学思想的预设不合。根据自近代国家兴起以后流行的"法人理论"（the theory of corporations），有组织的群体是否在法律上存在并有特殊权利，完全靠主权者的意思来决定。西方人自罗马专制时代承袭下来的古典法律学说，主张"结社组织"不过是主权国家为一时权宜而创设的"拟人"（persona ficta）而已，认为这个人为的创造物有权对抗其创造者实在是荒谬的想法。因此，"法人"的"拟人"理论遂与任何想要为少数人组织争取权利的企图背道而驰。

近代宪政制度的原始倡导者，同样也对"群体行动"心怀敌意。"个别意志的存在，是普遍意志的致命敌人"是卢梭政治思想的主要原则之一。就这一点而言，他的理论是早期自由主义立场的典型表现。法国革命在对独立结社发动的系统性全面攻击中，曾经通过激烈的法案，禁止地方性与职业性团体，这是值得注意的特点。其后禁止组织工会和其他形式的劳动阶级结社的企图，显示这种态度还一直存在。政党在今天已经是宪政不可或缺的媒介，但在早期理论

第九章 近代自由主义的理论与实践

家,从卢梭到《联邦论》作者的眼里,却是危险的弊端。有责任感的政治家把"党派"(factions)的出现看成共和美德的腐朽征象,因此不遗余力地禁止政党组织的出现。华盛顿(George Washington)曾经刻意延揽汉密尔顿与杰斐逊入阁,目的是希望借此防止这些政敌过分致力于政党政治。根据普遍意志的原意,一个健康的社会应该没有结社组织介入个人与国家之间。长久以来,这种看法便一直阻碍着自由思想的发展。

然而,尽管有这些理论上的反对意见,实际上,十九世纪是群体生活蓬勃发展的时代。在一个政治与经济渐趋集中的世界,大多数的个人若不加入结社组织就无力达成目的。保守的反动和革命的社会主义分别强调传统的或无产阶级的社会团结组织的重要,这反映出启蒙运动由原子式的个人主义(atomic individualism)建立的社会有其缺憾。同样的,政党政治在议会制政府下的成长,也证明了早期宪政思想的不切实际。人们发现,只有组成政党,他们才能获得想要的东西。要使大规模的代议集会顺利运作,并使庞大的选民有一个中心方向,政党组织都有其必要。这个道理非常明白,不容任何人否认。尽管有华盛顿的努力,美国的总统选举还是很快就依循明显的政党模式进行。其他西方国家的政治进化也朝类似的方向发展。每一地方的实际经验都显示出,在一个相当大的程度上,个人自由是政治或其他团体所有自由的反映。

由于既定思想方式的持续影响,对群体生活的重要性的体认很慢才渗入近代自由主义的理论中,然而,在十九世纪末二十世纪初,自由主义理论家的注意力已经渐渐转移到这个方向。由于对绝对主义式的主权观感到不满,一群有影响力的政治思想家应运而生。在英语世界,他们以"政治多元论者"(political pluralists)之名著称,他们的共同目的是要对"结社是国家刻意创造的产物"的观念提出挑战。这种对群体生活自发性存在的信仰用不同的方式表现出来。

德国法学家基尔克(Otto von Gierke)对早期日耳曼的法律加以研究而获得结论；由于中古时代的结社生活要比近代主权国家出现以后那个时期来得自由，他的研究使人对独立群体的行动有了新的了解。其他人，像英国教士费吉斯(Figgis)，为了防止教会和其他宗教团体受困于近代民族国家的要求，也获致类似的结论。英国的社会主义者科尔(G. D. H. Cole)与拉斯基(Harold Laski)等人主要则是因为和工会制度的需求有所接触才体认到群体生活的重要；他们也是这个运动的代表人物。许多人从不同的角度都得到同样的结论：结社的重要性远超过"拟人"论所承认者。这一点使他们用各种方式主张：群体和个人一样，天生就有存在和自我表达的权利。对他们来说，对这些权利的承认是宪政政府的基本原则之一。

然而，强调结社为不可让渡之权的结果，却引发了如何维持公共秩序的严肃问题。任何彻底主张自然权利的哲学，其终极倾向必然是证实革命的权利。在早期自由主义的历史中，对个人不可让渡之权的信仰导致了革命性的结果。根据启蒙运动的哲学，个人有服从政府的道德义务，但这却有一个前提，即政府的活动必须能使个人享受最大程度的个人自由。英国、美国和法国的革命所持的理由都是因为先前的政治权威无法执行对个人所负的责任，因此也没有权利再要求他们服从。由于对革命行动节制政治弊端的重要性深有所感，杰斐逊甚至主张，美国要想维持自由，则每个世代间至少必须发生一场革命。随着政治多元论的发展，自由主义传统中的美式革命成分也获得新的生命。虽然群体在一个与个人相同的基础上，也可以承认，为了普遍自由，它必须接受管制，但是对不可让渡之群体权利的信仰，却往往鼓励群体去抗拒忽略了那些权利的政府（不管是议会制或其他形式的政府）。早期自由主义者对党派的戒心，可以从上古与中古共和国的历史经验中得到印证，这些经验显示，有组织的群体与孤立的个人相比，是更有力的革命行动来源。

第九章　近代自由主义的理论与实践

在这种情况下，我们很难否认，政治多元论的哲学中隐含有"紊乱"（disorder）的可能性。

这个难题使近代自由主义的理论家必须重新去考虑"秩序"在政治价值层次中的地位。十六、十七世纪的专制主义者（近代主权的观念主要是得力于他们的倡导）曾给予"秩序"极高的评价，因此他们愿意以秩序之名牺牲其他价值，包括个人与社会的正义。从一开始，自由主义便是这种观点的反动。启蒙运动与革命的社会主义的哲学家坚信，他们各自的社会组织模式是公正的，因此他们接受了革命的紊乱，认为那是可以容许的达成目的的手段。甚至对政治权威极为尊重的保守主义者也认为，用反革命的力量对抗忽视社会传统利益的国家是正当的。"为了实现正义的观念，冲突是不可或缺的因素"的理论，在康德的著作中已有阐述。杰斐逊从个人主义的前提出发，对重复出现的革命性紊乱状态也表示欢迎，认为那是防止美国宪政过程产生不公正弊端的保证。近代自由主义的理论若要对民主多数决的弊端提供类似的保证，就必须强调"正义优先于程序"，这不仅适用于国家与个人的关系，也可用于国家与结社组织的关系。

朝这方面探讨得最深入的理论家是蒲鲁东（Pierre-Joseph Proudhon），他虽然自称是无政府主义者，却承认强制性的国家权威有存在的必要。不过，他对"正义"的问题极为关注，无法接受传统主权观中隐含的专制主义思想。他的"矛盾论"（theory of antinomies），目的就是要克服这种思想。他也和黑格尔、马克思一样，认为"冲突"是促成历史进步的工具；不同之处在于，他认为历史的目标并不是要消除这些对立的力量，求取终极之"合"，而是要使这些互相冲突的原则永久持续下去，并且使其间的动态性张力（dynamic tension）一直升高。

在蒲鲁东看来，宇宙的形而上本质是建立在极化对立物——即所谓的"矛盾"（antinomies）——的运作上的。优秀的摄影师擅于利用明暗的对比，目的并不是在影片上造成灰色的效果，而是要用对立价值作为基础，做更复杂的组合。根据蒲鲁东的说法，历史的进展也和此相同，是由对立的价值渐趋"复杂的平衡"所造成。在社会领域中，这个原则表现在利益、功能日趋分化的个人与群体的出现上。历史的目的并不是要把这些差异融合成灰色的均质状态，而是要有技巧地处理它们，使每个不同的因素都能对渐趋复杂的社会生活发挥最大的贡献。"正义"的观念教导人衡量别人的同等权利，从而约束自己的要求，因此是能使理性的人在异中求同的原则。国家的功能就是要在永恒对立的力量中谋求理性的平衡，以达成"正义"的目的。不过，国家虽然可以用强制力达到这个目标，却不能像传统的主权论所主张的那样，可以绝对垄断。人（包括政治家）的自然倾向是强调自己的需求与经验而牺牲别人的需求与经验。冲突的经验能够说明一个群体不可能将非理性的意志强加在另一个群体身上，因此能启发人拼命努力，寻求理性的基础，来调和互相冲突的要求。因此，国家如果想实现"正义"，就不能强大到将自己的意志强加在其他社群身上。实际或潜在的"紊乱"是谋求公正的利益均衡的动因，由于人类进步的本质是"正义"，所以我们对"秩序"的企求就必须永远臣服在"正义"的企求下。

　　蒲鲁东虽然不是一个有广泛影响力的思想家，但是他的著作却精辟地阐明了日后近代自由主义理论与实践的主要趋向。民主宪政的目的一直是要通过权力的分散，而不是集中，实现社会的正义。它承认所有形式的人类经验的潜在价值，因此鼓励个人与私人结社用最大的责任节制自身的事务。为了达成在个人与群体自由协商的基础上达不到的目的，民主宪政承认强制性的国家行动有其必要。但是，民主宪政又使国家机器受有制宪或立法权的多数人控制，希望借此把国家行动约束在一个可为社群大众接受的程度，并且承认意愿被否决的人有相当的抵抗权。在社会本身的存在未受直接威胁的情况下，自由主义的良知要求不满的少数也能有充分的批评与宣传自由，在某个程度内甚至还容忍这些人抵抗国家的权威。如果社群中任何可观的民众强烈地感到自身权利受到侵犯，而愿意冒非法行动的危险，自由主义社会正常的调适之道，并不是无限期地沿用强制手段，而是有机会诉愿交涉。美国宪法第十八修正案不断有人违犯，结果导致禁酒令的取消，而不是警察力量一再膨胀，这个事实显示了自由主义者对强硬不妥协的少数人的典型态度；民主宪政制度迟迟不愿意宣布罢工为非法，是这个态度更有意义的表白。甚至在发生革命暴力行为时，民主宪政制度通常也会允许政治敌对者寻求政治庇护或其他形式的优惠待遇，这种用最低限度的强制力量达成社会整合的做法，正是自由主义的倾向。在自由主义理论家中，固然很少有人愿意像蒲鲁东那样持修正主义的观念，但是近代自由主义的实际倾向却是压抑主权的要求，使有良知的人能协调对立的社会力量而达成社会正义。像蒲鲁东一样，近代的自由主义者都愿意将社会秩序的价值置于"理性的正义"（rational justice）之下。

到十九世纪末二十世纪初，民主宪政制度已成为一般人接受的西方政治规范，结果是将西方的法治传统重新放在一个有效的基础上。在这个时期，公共服务业的扩张，使国家官僚的数目与重要性与日俱增，但是，近代自由主义的原则却足以将这项发展局限在严格的法治架构内。中古时代的人仰仗"圣灵"的力量，通过教会制度的运作，使国家只能执行与社会宗教利益相容的法律。近代的自由主义者则靠理性的协商，通过民主宪政制度的运作而护卫了人类的世俗利益，并将官僚体系更成功地置于法律的约束下。对普遍意志负责的议会与内阁承担了全盘指导立法与行政政策的责任，借着舆论道德力量的支持，他们要求文武公职人员执行能为一般世俗社会接受的法律行为。西方的二元主义原则这时再度出现，使西方文明的法治传统延续不坠。

第十章
民族主义的问题

　　随着民主宪政制度的确立,近代自由主义在团结世俗社群以形成有效的普遍意志上也已有了长足的进展。不幸的是,在宪政制度兴起之际,另一种发展也伴随而至,使前者的成就为之失色。中古教会的成功,主要是因为它是国际性的组织,能随时动员整个西方世界的道德共识,来纠正某个特殊政府的弊端。近代科技既然要求更大的社会整合单位,随着时间的进展,人们对广泛的国际社群的需求也有增无减。然而,实际上,在十九世纪,西方世界的道德团结却不断衰败。这个时候兴起的民族主义(nationalism)成为世俗社群发展的主要阻力,使后者的发展不论在密度或广度上都无法和中古教会相比。近代自由主义和民族主义的结合,渐为西方世界的广泛整合提供了道德基础;但却对本身解决近代政治问题的能力造成严重、致命的伤害。

　　从最初的理论倾向来看,自由主义本当反对民族主义的发展。启蒙运动的哲学、保守主义的反动与革命的社会主义虽然有许多不同之处,但都根植于西方政治的国际主义传统。罗马帝国崩溃后的几百年中,大一统的理想一直没有被西方世界的人忘却。在中古时代，教会与帝国的制度使这个理想得以维持，甚至在领土主权（territorial sovereignty）的原则获得全胜后，国际法与势力均衡的外交政策也仍然在实践一个国际社群（这个国际社群的道德权利凌驾于任何独特的主权之上）的观念。十八世纪末十九世纪初，国际主义的传统仍然相当强大，足以对政治思想的发展产生强烈的影响。启蒙运动的哲学和革命的社会主义也都是世界性的学说，为人的世俗救赎提供了普遍的信息。保守主义的反动，在人道主义的理念上固然没有前两者强烈，但是它的"传统主义"也同样以世界性理想的形态出现。这三种学说的诉求对象都是人的一般福利，而不是任何政府或国家的利益。因此，近代自由主义的理论基础都有一种倾向，鼓励人对西方世界的道德团结再做有力的肯定。

事实上，近代自由主义在发展之初确实是朝国际性团结的方向努力的。启蒙运动的哲学、保守主义的反动和革命的社会主义都曾激发所有国家的人对共同利益的自觉，因此引发了一系列的国际性运动，成功地超越了分殊敌对的政治忠诚。法国大革命刚开始时不仅得到法国中产阶级的支持，同时也得到其他国家同一社会阶层的支持。例如，德国的开明分子便对入侵的法国军普遍表示欢迎，视为救赎者，并且与法军合作对抗德国境内的民族主义反动分子，一直到他们对拿破仑的帝国主义感到幻灭后才改变态度。同样的，1848年的革命力量多半也是来自非正式却有效的"中产国际"（middle-class international）（套用马克思主义的术语）；这个阶级随时都准备为各地的志同道合之士献身，向其敌人施加道德、物质上的压力。同样的，保守主义的反动也有类似的跨越国家界限的倾向。欧洲各形各色的专制君主曾经在"神圣同盟"（the Holy Alliance）中立誓，采取联合行动对付任何敢向正统原则（the principle of legitimacy）挑战的人，这是保守主义者国际团体意识的具体表现。曾经组成第一国际、第二国际的革命的社会主义更是

第十章 民族主义的问题

有意识地致力于国际合作的原则。这些运动的领导者和中古教会的支持者一样,相信人的普通利益应该超越其他更小规模的效忠对象,这正是近代自由主义刚刚发端的时候盛行的精神。

这种精神却不曾真正对一般人的想法产生决定性的影响。自由主义的领导者也许会发现他们立场中隐含的普遍性意义,但是他们的人性(humanity)概念却太知识化,无法激起一般人情感上的效忠。对只有有限知识与能力的人来说,眼前的现实总比长远的顾虑更重要。要使他们意识到自己是某一全面性的人类结社组织形式的成员,就要先让他们由直接的个人经验认识该结社组织的价值。卢梭了解社会忠诚(social loyalties)必须靠一些与日常生活有密切关联的具体象征与制度,所以他才会强调一般公民的典礼仪式,是缔造、维持"普遍意志"的要素。和卢梭讨论的地方城邦相比,有关社会忠诚的观察对"全基督教会的"(ecumenical)结社更为真确。在中古时代,宗教社群不仅在知识上寻求普遍神学(universal theology)的合理化解释,更参与普遍教会动人的仪式与制度,以得到精神上的滋养。另一方面,世俗的人道主义大体而言却不能转化成为有效的制度。偶尔会有罗伯斯庇尔(Robespierre)、孔德(August Comte)这样的热心人士,试图组织对理性与人性的普遍崇拜(universal cult of Reason and Humanity),结果却都不能令人满意。神圣同盟和社会主义国际组织固然曾使西方的一统制度化,却都与日常生活距离过于遥远,无法激起广大群众的热诚投注。"人性"理念依然是和普通人的具体经验无甚关联的抽象知识概念。自由主义发展的早期,执行事务的责任仍然握在人数有限的统治阶级手中。这时,"自由主义式的人道主义"倒曾发挥比较有力的影响,但是它对群众的影响不够深入,因此在日渐民主化的世界中不再是决定性的因素。

事实上,真正成功地成为群众效忠中心的是近代的主权国家（sovereign state）。几百年来，君主绝对主义不断训示人们，对领土主权的效忠是世俗责任的最高形式。一些和半神性的（semidivine）王权有关的象征、仪式，威凛动人，是中古教会仪式的世俗版。即使在君主立宪与共和政体下，许多传统的隆重仪节仍然能吸引大众的想象力。法国的三色旗就像基督教的十字架，是无所不在的象征，能够让视觉感受强烈的人慷慨激昂。教会曾通过组织严密的教区和慈善机构对普通人的日常生活造成确切的影响，同样的，近代国家借着无所不在的军事与官僚机构也能发挥类似的影响。通过普遍的兵役制度，不同地域、不同阶级背景的人共同体验了袍泽之亲的生活，并且对国家的荣耀与不幸有了直接的感受。此外，由于与不断扩大的文官系统直接接触的结果，人们也学会把国家当成提供公民福利的要素。由于强调政治行动的缘故，近代自由主义也鼓励这种发展。理论家可能会宣称人的福利才是世俗努力的真正目标，但是实际上完成大部分世俗任务的工具却是领土主权。国家可以把世俗理想化做具体可见的形式，在这一点上，它所能完成的比其他任何制度都多。因此，对一般人来说，国家渐渐成为近代政治效忠的主要中心。

甚至在自由主义发展的早期，"领土主权"理念也要比"人性"理念，在群众的政治觉醒过程中扮演更重要的角色。鼓动美国与法国革命爱国精神的，主要也是一种对特殊领土政治体之价值与制度的效忠。北美殖民地在此之前虽然没有政治上的独立，但是与母国争战的结果却使许多殖民地的人相信，只有独立的国家主权才能满足他们的需要。以主权体制（sovereign institutions）主宰自己命运的梦想，激发了许多美国的爱国者去和英国与效忠派对抗，从事一场短暂的解放战争。就法国革命而言，对法国国家目标的奉献，也在激发群众热诚的过程中扮演了类似的角色。不论在法国国内或国外，知识分子都认为革命运动是一场人道主义的战斗，但是在它以

第十章 民族主义的问题

护卫法国、增进法国荣耀的爱国战争的姿态出现前,却未能吸引群众的想象力。当外国的军事压力威胁着要摧毁革命法国的独立时,法国人便在爱国心的鼓动下揭竿而起。后来由于采用"大举进攻"(levée en masse)的作战方式,法国人终能反败为胜,并且开始从事野心勃勃的帝国主义扩张活动。法国群众虽然被迫承担拿破仑战争的重担,但法国国势傲视群雄的荣耀却使他们得到补偿。法国人和美国的革命者一样,也愿意为隶属一个强大、能决定自身命运的独立国家的权利而牺牲。在这两个国家,鼓动群众参与政治的主要力量都是对"领土主权"的价值与制度的效忠。

这些例子成为后来西方世界其他地方发展的模式。其他民族渐渐有了政治自觉后,同样也要求独立的国家主权。在欧洲大陆,许多国家效法拿破仑帝国主义的经济。拿破仑帝国体系的无情榨取使其他国家的开明人士体认到,把入侵的法国军队看成全面解放的工具是错误的,于是挣脱法国权力的控制就成为他们的最高理想。为了打破拿破仑连战连胜的情况,其他民族势必增加他们的军事与官僚资源。也就是说,与拿破仑对立的领土国必须把国内人民的爱国热情与效率提升到法国的标准。因此,就在拿破仑战争即将结束之际,各处的领袖人物都把注意力集中在增加自身领土主权的力量上。在普鲁士,施泰因及其同僚通过耐心与有技巧的改革努力,终于提高了普鲁士人的爱国热情。其他欧陆国家也展开与此类似,但成效各有不同的运动。由此造成的爱国力量终于推翻了拿破仑帝国。因此,欧洲一些有政治自觉的人开始相信,对强大疆域国家的奉献是求取自由必不可缺的。在这件事上,前述经验造成的影响比其他任何都来得深远。

就法国而言,爱国心强化了早已存在的国家制度。然而,在大多数地区,这种爱国心的动力却与既有的政治效忠对象发生了冲突。一方面,爱国主义要求国家强大,以有效地主宰自己的命运。但许多"国家"都过于微小，无法达到这个目的，因此爱国者常常必须倡导几个既有政权的统合，以形成更全面性的"主权联盟"(sovereign association)。美国的爱国者深恐美洲十三州殖民地如果各自独立成主权国，实力薄弱无法抵制欧洲帝国主义的军事、经济压力，所以不得不坚持采用联邦性质的宪法。意大利和德国的许多邦国，规模更小，多半无法抵抗法国的侵略，所以这些地区的爱国者也不得不放弃既有的效忠对象，而专注于政治统一的问题。但在另一方面，爱国主义却要求国家的每个居民都必须有爱国情操。由于许多"州""邦"的规模太大，成员又太复杂而无法激发人的共同效忠，所以爱国者常常要倡导缔造小规模而非大规模的"主权联盟"。美国殖民地之所以脱离英国，部分是因为英国与殖民地间，经济和其他利益的裂痕越来越深，使多数美国人无法对英帝国产生生活上的共同参与感。奥地利帝国之所以崩溃，同样也是因为种族和其他裂痕，使各地居民无法发展出有效的"普遍意志"。在民主宪政的原则下，任何国家如果没有公民的自愿支持，就不可能有效地运作。因此，爱国者对国家独立的要求，通常都牵涉到革命性的政治变革。爱国主义虽然要求各国人民全心奉献于主权国家的制度，但大多数既存的政治主权单位不是过大就是过小，因此皆无法满足人民的需求。

结果使"民族"(the nation)而非"国家"(the state)成为近代政治效忠的主要对象。我们可以把"民族"定义为一个因为某种原因而觉得有必要组成独立的国家(statehood)的社会群体。任何意识出现的基本原因都不只一端，而且往往晦暗不明。对共同主权权威效忠的悠久传统，在这个发展中往往扮演主要的角色。有许多的民族(people)像波兰人或巴尔干半岛的民族，虽然长久以来就失去政治的独立，但人民对久已消灭的王国的荣耀(不管是真的还是神话)，仍然怀念不已，这份怀念常常激发他们从事共同的政治行动。

第十章 民族主义的问题

在某些情况下——如瑞士有法语区、德语区和意大利语区，法国则有说德语的"阿尔萨斯—洛林"人（Alsace-Lorrainers）和说塞尔特语（Celtic）的不列颠人（Bertons）——既有的政治传统还相当强大，足以在有不同语言、文化背景的人中维持共同的民族意识。但一般而言，在民主宪政的体制中，语言的歧异往往成为沟通民族情感时不可逾越的障碍。因此，近代的民族主义大体上是循着语言的发展。另一方面，像英格兰与爱尔兰或塞尔维亚与克罗地亚，宗教文化的差异常使同一语言社群产生不出共同的民族主义。经由不同力量的推动，多数西方人在十九世纪把自己看成特定民族的成员，并且认为该民族的主权独立是政治生活的最高目标。对国家的效忠渐渐臣服在民族群体的要求下，民族主义遂成为近代政治的关键问题。

这个运动对近代自由主义的发展立刻产生了直接的影响。启蒙运动和保守主义之反动哲学虽然都是"世界性的运动"，但是它们的支持者很快就发现，成功的最佳希望是和逐渐成长的民族主义力量结合。革命的社会主义最初是对世界传统的再肯定，这时也渐渐被迫对民族主义的力量低头。十八、十九世纪，人们对"民族自决"（national self-determination）的企求十分强烈，阶级性意识形态的倡导者要继续存在，就不得不把民族主义的力量纳入自己的目标。为了因应这项发展，近代各主要政治思想派别亦有必要对自家学说做激烈的修正。

大体而言，在所有主要的阶级性意识形态中，最能符合民族主义运动需求的当属保守主义。这是因为两者都反对启蒙运动的"理性的个人主义"（rationalistic individualism）。民族主义者是民族这个特殊社群的守护者，他们很显然比保守主义者更愿为社会利益牺牲个人价值。此外，他们的社会概念和保守的传统主义的前提也大体相符。对历史事迹、制度的尊崇在民族自觉的演化过程中扮演着重要的角色。所以，民族主义的主要目标就是保存、发扬民族的传统。复兴久已为人忽略的语言文学，纪念古代的胜利事迹和其他的历史成就，教导人们尊崇民俗与制度，各国的民族主义者都希望用这些方式唤起族人对族群生活鲜活的参与感。他们和启蒙运动的哲学家不同之处在于，他们承认传统的价值。这一点使他们和保守主义的反动有了明显的接触点。

有助于军国主义的成长是促成保守主义、民族主义联盟的另一个因素。启蒙运动的哲学家对人类理智缔造和谐的能力深具信心，他们曾经企望有朝一日，在和平、互利的普遍自由贸易的社群中，战争的罪恶能够消失于无形。保守贵族的传统生活一向和执行军事功能有关，因此从他们的立场来看，这个远景自然令人不快。同时，启蒙运动的这种理想也和近代民族主义的需求不能相容，因为一些最能激发人们情感的民族回忆都与英勇的战争（不管是胜利或失败）有关。此外，民族主义者由于强调主权独立，因此拓展各国的军事、官僚资源也和他们的利益有自然的关联。在拿破仑战争中，许多法国的旧贵族都以军事或官僚组织专家的身份受邀回国，在拿破仑主政的法国行政机构担任要职。同样的，后来的民族解放或民族扩张战争也都为其他国家传统的统治阶层带来类似的机会。在战争或备战时期，职业军人更是身价百倍。维持武力强大的国家的共同利益，是促使民族主义者和保守主义力量合作的最重要因素。

在这些情况下，保守主义者从一开始便极度关切民族主义思想的发展，实不足奇。在大多数早期保守理论家的著作中，"反对启蒙运动的世界主义倾向"是一再出现的主题。保守主义的反动在这方面的见解，在迈斯特的著作里，大概可以最清楚地看出来。他认为，十八世纪的哲学家主张人性有一致的理性，因而漠视了各个不同国家人民的民族性差异，所以也对启蒙运动的"抽象理性主义"多所辩驳。迈斯特认为，人并不是抽象的存在物，而是特定环境的产物——他们使用属于某一特殊历史社会的语言，并对这个社会有相同的信念。在传统主义者的逻辑里,并不认为某种传统结社优于任何其他的结社,但迈斯特却隐约指出,民族是个人性格养成的一个决定性因素。不同特征的民族需要不同的政治社会组织形式来容纳,所以每个国家的政治都必须自由地依循传统方向发展。共和国必须坚执共和国的制度,君主政体的臣民则必须忠于出生以后就不断影响他的王朝。启蒙运动的哲学家试图把整个人类强行安置在一致的世界性架构下,所以违反了人的基本天性。在迈斯特看来,保守的传统主义是表现民族特性的先决条件。这种保守主义与民族主义动机的混合,是早期比较具影响力的保守思想倡导者共有的特色。

民族主义被纳入保守主义的思想架构后,传统的王权观念产生了激烈的改变。原先曾为君主政体理论骨干的"王朝正统原则"(the principle of dynastic legitimacy),与民族自决的原则互不相容。君主依世袭的权利而统治,同时也根据世袭过程中的一些偶发事件对种族成分复杂的疆域做主权要求。由于通婚制度,王室成为所有阶级中最具世界性者,大多数的君王多少有一些外族血统,而且往往不会说本国的语言,但即使如此,在许多情况下,他们的政治统一工作都为民族自觉奠定了基础。法国或西班牙的国民在为自身历史感到骄傲时,常常把自己和法国或西班牙君主的武功或其他事迹联结在一起,这使保守主义者有最好的机会为"正统"观添加一份民族主义的色彩。夏多布里昂在他的政治著作中主张"世袭君主是民族传统的天生代表",这时开始变成保守主义者无懈可击的教条。法国的保皇党更特意宣扬拿破仑(他们通常用原来的意大利文"Buonaparte"拼拿破仑的姓)是外国人,而波旁王室的家族则已在法国居住、统治近一千年。在革命期间,路易十六(Louis XVI)和奥地利籍的妻子曾因为与外国人勾结,而引起国人的愤慨。当他的兄弟路易十八(Louis XVIII)回国承继大统时,就谨慎地诉诸民族情感,在越过边界的时候声称:"又有一个法国人回到法国了。"从这种巧妙的宣传手法来看，我们很难相信波旁王室在流亡期间不曾获得一些新的体验。他们是聪明的保守主义者，至少知道把君主政体与崛起中的民族主义运动联系起来是有价值的。

从许多方面来看，保守主义者将君主政体"民族化"的企图，在很多方面都相当成功。在十九世纪与二十世纪初，世袭君主之所以还能存在，并且成为流行的政府形式，是因为君主的实权虽已逐渐被剥夺，但却成为民族团结的象征而备受尊重。当然，像瑞士这样的国家，原来并没有君主政体，民族情感不靠君主的帮助也能形成。而法国许多最动人的历史事迹，都跟共和国与帝国有关，保皇势力相形之下就比较脆弱。但在君主政体基础稳固的国家，民族主义造成的影响却使君主政体获得新的生命。在十九、二十世纪，英国保皇主义的情绪不断升高，就是这种发展的典型例证。对国家的效忠常常表现在对特定王室的效忠上。由于君主与国家观念的结合如此密切，常常使一些无王室传统而甫获解放的民族（如希腊人与罗马尼亚人），邀请外族王侯坐在新设的宝座上。在一个民族主义日渐高涨的时期，这种违反民族情感的特异行径正表现出，君主制度的观念在十九世纪的思想中一直存在。

假如保守主义者能完全认同民族君主制的目标，他们可能已经成为西方政治的主要力量。但是，民族主义与保守主义的基本假设却相差甚远，所以两种运动终必发生冲突。对保守主义者来说，君主政体因为能对以世袭阶级差异为基础的静态社会有所贡献，所以有价值，但它的价值仅止于此。另一方面，民族主义却倾向于社会的动力。民族主义者的热忱并不仅是出自对历史事迹的缅怀，同时也来自对未来伟大绩业的企盼。他们对传统的喜爱臣服在对强大民族国家的企盼之下，这是和保守主义者不同的地方。他们虽然接受真实的民族君主体制，却随时准备反抗任何阻碍民族自决的王朝（不论该王朝如何正统）。他们虽然承认固有传统的个别的社会价值，但却不容许传统的顾虑阻碍他们把国家权力推展到最高点的企图。他们还主张所有的公民（而不仅是世袭的统治阶级）都应该肩负起国家福利的责任，从保守主义者的观点来看，这个主张也相当恼人。由于民族主义的动态意涵越来越明显，保守主义者自然不能同情比较极端的民族主义精神，在中欧，民族理想与王朝正统演变成水火不相容的对立情势，这种发展更为真确。为了维持这个地区的传统王权，保守主义的组织（如"神圣同盟"）被迫采取直接反对民族主义的政策。迈斯特和其他早期的保守主义理论家，希望保守主义者能从民族主义运动中获得某些好处，但是上述的演变却使他们失去了许多机会。

这些发展为中产阶级带来绝佳的机会，使他们成为国家的领导者。启蒙运动虽然有世界主义的信念，却不能阻止中产阶级去把握这个机会，光是战略性的考虑就足够驱使他们朝这个方向发展。启蒙运动最有力的重心在西欧，在这里，既有的政治单位系统和民族界线相当一致，保守主义反动的中心堡垒则在中欧，但在中欧，除非将政治体制做激烈的调整，民族自决的观念就绝无实现的机会。换句话说，民族主义造成的直接影响是使比较开明的国家（如法国与英国）的既存政治结构更为稳固，而使反动国家（如德国与奥地利）的既有政治体系崩溃。因此，基于纯粹战略上的考虑，中产阶级启蒙运动的支持者就已经有绝对的理由鼓励民族主义的发展。

但是，对在理性的个人主义气氛下成长的人来说，要接受民族主义者的前提，就必须做许多困难的调适。的确，和敌对的保守主义者相比，他们较容易接受民族主义的某些意涵。民族主义者想把政治与社会生活做技术性的合理化，在这一点上，他们的动机固然和十八世纪的人道主义大不相同，却和启蒙运动的"改革理性主义"（reformatory rationalism）相当符合。例如，比较赞成拿破仑或施泰因式改革的多半是中产阶级的进步分子，而非保守的反动主义者。

又如民族主义的民主意涵，虽然与早期自由主义的贵族式观点背道而驰，却很容易和后期的中产阶级观点互相调和。不过，从基本原则来看，民族主义运动和保守主义的反动有较多的相似之处，而与启蒙运动的哲学相差较多。"所有利益都必须为民族国家的利益而牺牲"的要求，是建立在"社会先于个人"的假定上的；启蒙运动的哲学则建立在与此相反的前提上。如何不破坏中产阶级自由主义的个人基础，同时容纳民族主义者的观点是一个困难的问题。试图解决这个问题的过程，是十九世纪思想中最重要的阶段。

自由主义式的民族主义（liberal nationalism）理论家最后采取的解决方法，是以"个人的自我表现"解释"民族的自决"。在这一方面，就和其他许多方面一样，穆勒的著作是后期自由主义思想的典型代表。穆勒和启蒙运动的哲学家都同意，政治的目的是要使个人能力获得最高发挥，但穆勒却比他的前辈更愿意承认政治、社会因素在个人发展过程中扮演的重要角色。这一点使穆勒能在他的政治理论中纳入相当多的民族主义成分。根据穆勒对自由主义问题所做的诠释，承担政治生活责任，是每个人格发展完整的个人的生活中最基本的因素，而群众对政治的参与，只有在比较同质的社会才能产生作用。共同的传统、语言和其他事物有助于政治思想的沟通，并能鼓励普遍政治责任感的成长。在近代的情况下，民族是符合这些条件的最大社会单位，因此，参与政治生活是每个人发展过程中不可或缺的条件。不过，政治行动的教育价值只有在完全负责的情况下才算完整，主权国家是近代唯一完全独立的政治单位，因此能为其作为负全责。据此而论，"个人的自我表现"便只有在"民族国家"的架构中才能实现。个人如果缺乏参与独立国家活动的经验，自我教育的机会就不完整。因此，穆勒能在不抛弃其先辈所持的个人主义前提下倡导"民族自决"，并以此为近代自由主义的目标。

由于欣然接受民族主义者的立场，中产阶级的自由主义在与保

第十章　民族主义的问题

守主义的反动竞争时，占了决定性的优势。在十九世纪早期，绝对君主制的支持者坚持神圣同盟的反民族主义政策，这时，热诚的民族主义者大都发现，只有与自由主义的宪政主义运动结合在一起，才有成功的希望。中产阶级的自由主义者也投桃报李，为民族自决的运动奉献了许多精力与热忱。在本世纪初，宪政政府的两个主要倡导国美国与英国携手合作，导致门罗主义（the Monroe doctrine）的出现，使拉丁美洲各民族在不受神圣同盟的干涉下主宰自己的命运。希腊解放战争是欧陆许多成功的民族独立战争的第一举，成功的原因有许多归功于拜伦（Lord Byron）这样的自由主义知识分子的道德支持，以及英国在军事、外交上的支持。最后击溃神圣同盟的1830年与1848年的革命，更是自由主义式的民族主义最引人注目的表现。然而，不可否认的是，在自由主义的赞助下，缔造民族国家的企图，却不是每个都成功，如德国的统一就不是1848年的自由主义式的民族主义者所完成的，而是靠俾斯麦（Otto von Bismarck）的政治手腕和保守的普鲁士王权的支持。日后在德国政治中，自由主义始终无法成为强有力的因素，这可由上述情况中找到许多解释。然而，在大多数国家，中产阶级的自由主义者都能在民族主义运动中扮演领导者的角色。意大利的统一是自由主义对保守的反动力量的战斗，也是近代民族主义历史中最具代表性的例子。一些试图取得国家领导地位的王朝，如萨伏依王朝（the house of Savoy）也发现，强调对宪政原则的效忠，是可行的办法。到十九世纪中叶，民族主义与宪政主义在一般人的想象中已紧紧纠结在一起。由于民族主义在十九世纪、二十世纪早期的政治中仍然是主要的因素，这个想象中的结合也有助于自由主义制度的胜利。

　　自由主义式的民族主义在早期虽然以反保守主义运动的姿态出现，最后却激励了阶级利益的调和。如果我们说议会制政府一度是西方政治的主要形式，这主要是因为对国家福利的共同奉献，使不同的阶级很容易找到一个协商歧异的共同基础。一方面，对民族主义的投注，使中产阶级的自由主义者接受"社会传统主义"（social traditionalism）的强力灌输，从而去修正他们的"理性的个人主义"。十九世纪的人认为君主立宪政体是正常的政府形态，而世袭的贵族也继续成为整个十九世纪社会的一部分，凡此皆足以显示出自由主义式的民族主义的保守倾向。另一方面，由于神圣同盟的失败，农民阶级不得不与民族主义握手言和，修正早期的传统主义，以容纳民族主义观点中隐含的动态意涵。贵族则依然在欧洲的官僚（特别是武官）系统中发挥旧有的影响力，对鼓动好战的民族主义情绪有天生的兴趣。长久以来就对土地感到饥渴的农民，通常都会被民族主义者以武力拓展版图的构想打动。因此，到十九世纪末时，保守阶级变成比敌对的中产阶级更具侵略野心的民族主义者，这种情势对创造有效的"普遍意志"很有帮助。中产阶级的党派则强调工业效能与民主热诚都是军事武力的一部分，而在许多较具野心的政策上赢得保守主义者的支持。农业的保守主义者则强调农民的武德，并认为农业的自给自足对军事武力有利，因此也能赢得中产阶级的赞同，颁布了保护性的关税政策，和其他能保存传统农业社会的政策。对国家力量的共同关切，使这两个群体能够比较容易地在自由协商的架构下调和彼此的利益。

民族主义的力量也有助于将无产阶级运动纳入近代自由主义的结构中。的确，"革命的社会主义"的理论有强烈反民族主义的特色，正统的马克思主义者认为民族主义是资产阶级奴化无产阶级的陷阱，因此费尽心机，想破坏一般人对民族国家的效忠，并且在劳动阶级间创造国际团结的感受。但是，到十九世纪后半叶，民族主义的精神已经高涨，远非任何敌对的意识形态所能克服。社会主义的领导者虽然试图把国际主义化成具体事实，但是他们创造的第一、第二国际却一直受派系分裂（这种分裂令人怀疑它们有依民族路线

第十章　民族主义的问题

发展的倾向）的威胁，组织脆弱而无生命力。就赢取具体利益的观点来看，国家性的议会远比国际会议有效，因此想保有对各国劳动阶级控制权的人，便只好进入议会竞技场，参与议会政治的协商与妥协，除此之外，别无良方。由于发现本身的生活水准，多取决于国家而非国际性的行动，工人渐有将自身福利与国家福利结合的倾向。这种发展形诸理论的过程比较慢，即使是最相信自由主义议会制度的修正主义者，也一直在宣扬国际团结的目标，并反对民族主义思想的好战倾向。但到十九世纪末，无产阶级运动在实际上（如果不是在理论上）已经接受许多民族主义的观点。对国家利益的共同关切，使社会主义的政党更可能找到与其他阶级的议会代表达成共识的共同基础。这一点使争取无产阶级遵循议会制政府程序的工作顺利推展。

第一次世界大战爆发之际，这项发展的范围已经明显呈现。在此之前，社会主义者都相信，劳动阶级的国际性团结，会使他们起而对任何主要的国际战争做革命的抗议。但在战争真正爆发以后，正统马克思主义的领导人与追随者，除了少数例外，都立即团结起来，捍卫各人的祖国。即使最正统的马克思主义者也抛弃理论信仰，和自己的同胞，而不是国际无产阶级团结在一起。在许多国家的议会中，社会主义的代表都以压倒性的多数投票支持战事，并且与中产阶级及保守主义的党派结合，通过军备贷款和其他战时措施的议案。民族主义于是再度证明，它能促使政府架构下的党派互相合作。

第一次世界大战后的那几年，自由主义与民族主义的联盟获得最高的成就。凡尔赛会议的和平缔造者，以世界自由主义代言人的身份接受了"民族自决"的原则，以此作为战后重建的基础。他们在东欧与中欧帝国的废墟上，建立了一些全新或是经过剧烈修正的国家，这些设计的目标是为了尽量使欧洲的政治版图符合民族主义的理想。此外，随着民族主义的惊人扩张，自由主义也有同样惊人的推展。在西方战胜国的影响下，民主宪政制度，不论是共和制或君主制，不仅成为新近解放国家的标准政府模式，也成了战败国的标准政府模式。许多这样建立起来的宪政政府，虽然只维持了很短的时间，但是它们直接造成的结果，却使自由主义的政治原则赢得新的声誉。一百年以前，在维也纳会议（the congress of Vienna）中，自由主义与民族主义都受到保守的正统原则势力的扼杀；但在巴黎和会，历史的裁决却反了过来。由于全心接受民族主义立场的结果，自由主义终于赢得明显的稳固地位，成为近代政治的主宰原则。

然而，自由主义与民族主义立场间的内在矛盾，却使我们很难在这个基础上建立比较持久的政治秩序。自由主义的问题是要通过自由协商的过程去创造"普遍意志"，自由主义政治的基础，是对个人及群体意见的多样性的尊重；但是，民族主义的问题却是要设法使国家安全受到最高的保障。按照民族主义的观点，个人及群体利益只要与"安全"的需要有所冲突，就应该受到道德上的斥责。换句话说，自由主义要求多元化的社会组织，民族主义则倾向不妥协的一元主义，两者间的冲突大大削弱了近代自由主义的效能。

早在十九世纪末二十世纪初，我们就已经可以从宪政政府的行为中，窥知自由主义与民族主义联合的不幸后果。根据近代自由主义的理论，议会政治艺术的任务是要通过议会协商的方式，尽可能获得最大的政治协议。只要自由主义运动还有活力，自由主义的政治家就渴望达到此项要求。然而，协调与妥协的方法严格而费时，诉诸民族主义的统合力量则有许多好处。当有责任感的政治家必须要求国会通过一项不受人欢迎的预算，或必须解决一场暴动性的罢工时，他们往往会受到强烈的诱惑，想用民族统合的诉求增加自己协调的力量。议会或其他团体的利益与政府政策不能协调时，人们往往指责他们的立场不爱国或叛逆，从而发动舆论的力量加以抵制。真实或虚假的国际性危机，特别能够加强民族主义者辩论的力量。

第十章　民族主义的问题

在自由主义的政治家处理十九世纪末二十世纪初的政治危机时，渐渐会有采取反自由主义的手段，操纵民族情绪以解决困难。一旦他们习惯了这种方法，就等于抛弃了协商的正当功能而采用强制手段。因此，民族主义的力量虽然对议会制政府的效能有明显的贡献，却也大大削弱了宪政程序的基础。

民族主义对自由主义的个人权利与责任观的影响更有根本的破坏力。分析到最后，宪政政治的结构是建立在对个人的尊严与重要的信仰上的。任何形式的社会正义都可能超过个人正义的要求的看法，与自由主义的立场极不相容。然而，在一个民族主义渐趋高涨的时代，自由主义的正义观却一直有消逝的危险。

这个危险在二十世纪震撼西方人良知的德雷福斯事件（Dreyfus case）中最早表现出来，而且表现得最清楚。一连串尽责的调查显示，法国的军事审判团可能存在严重误判，将一名犹太裔的军官以间谍共犯罪下狱；在正常的情况下，自由主义的反应应当是从速重新调查案件的真相。然而，重审的企图却被民族主义的情绪阻碍了很长一段时间，对许多法国人来说，德雷福斯上尉是否有罪并不十分重要，重要的是维护法国军队的声誉与纪律。许多反德雷福斯的人都认为，揭发军官普遍的腐败行为会危害法国的统合，为了民族利益，牺牲一个名不见经传的小军官，丝毫不会让他们感到不安。再者，在拥护德雷福斯的人当中，也有许多想乘机攻击教会、保守主义者和其他的政敌，而不是为了个人的正义。这个特殊事件虽然证明了自由主义的精神足以对抗挑战，但是艰苦的奋斗过程和难堪的余波，却预示了近代自由主义险阻多艰的前程。

不过，自由主义式的民族主义造成的最直接有害的后果却是在国际关系上。根据这个学说的许多倡导者的阐述，接受民族自决的原则，最后一定会带来一个建立在自由主义自由协商原则上的国际秩序。意大利爱国者马志尼（Giuseppe Mazzini）的著作，就是这种特殊的近代自由主义思想的典型代表。马志尼在追求民族理想的过程中，虽然不曾向任何人屈服，但却和世界主义的传统相当调和，能够将全人类的福利放在任何特定民族的福利之上。他对民族主义的辩白是建立在下列命题上的：民族国家多少和自由市场的个别生产者一样，自然会有兴趣建立一个和平、进步的国际社会。他又认为，没有任何一个民族国家愿意将无法同化的种族纳入政体中，而为自己带来道德与实际上的困难。因此，民族国家一旦成功地达成民族自决的目标后，唯一的愿望便是与邻国和平相处，国与国之间以友谊竞赛的方式致力促成人类的进步，每个民族也将以其独特的禀赋增进人类的福祉。为了更有效地达成共同目的，它们也会安排彼此间的合作行动。马志尼自己相信，以人类共同利益为目的的世界性联盟建立后，民族解放期就达到巅峰。在十九世纪与二十世纪初期，许多自由主义式的民族主义者都和马志尼有相同的信心，认为民族自觉将会变成缔造"全人类的议会，世界的联盟"（the Parliament of Man, the Federation of the World）的踏脚石。这些希望终归幻灭，是近代史上最悲剧性的一章。

不过，自由主义式的民族主义者的想法并未完全落空，在西方世界的许多地区，民族自觉的原则在实际上也的确成为刺激国际合作的因素。在宪政民主的体制下，对付少数不满民族是相当困难的事，因此持自由主义原则的政府，往往愿意在一个相互同意的基础上，满足国民的民族主张。荷兰让比利时脱离母国独立，丹麦让挪威独立都是民族主义运动的显例；在这两个例子中，民族主义的倡导者都在近代自由主义的影响下，成功地达成目的，而没有在国际间引起任何恶感或留下破坏性的余波。大英帝国的英语区也逐渐演变成独立的自治领政府的自由组合，这更是自由主义式的民族主义正确性的明证。英国与爱尔兰间的和平关系以及美国与加拿大间的疆界稳定，虽然都未能如前例那样和平解决，但从自由主义的观点

第十章 民族主义的问题

来看,他们最后达成的结果也都令人兴奋。在以上几个例子中,对民族自决原则的相互承认,成功地促成了国际间的和平关系。通过像海牙国际会议(the Hague Conventions)和国际联盟(the League of Nations)这类的机构,自由世界也曾认真地尝试把四海一家的理想制度化,以建立互助合作的世界秩序。上面这些例子都充分证明,自由主义式的民族主义思想的希望并没有落空。

然而,在欧洲的许多地区,民族自决的原则却无法为国际关系问题提供一个和平的解决方法,民族情感的罅隙往往无法和任何想得到的国际疆界的划定互相符合。如"阿尔萨斯—洛林"区与伊斯特里亚半岛(Istria,位于南斯拉夫西北部的半岛)等人口混杂的地区,仍然是毗邻诸国长久争执的焦点,对中欧与东欧来说,历史的偶然造成了复杂的人种与文化的混合,这点尤其真确;在这两个地区,没有民族争端的地区是例外,而不是常态。因此,自由主义式的民族主义造成的全面影响,是使国际社会受到一大堆无法协调的冲突的折磨。为了缔造更全面性的民族国家,大多数的民族主义者都对一个或更多的邻国提出领土要求。面对这一类的要求,唯一能维持国家领土完整的办法就是压制少数民族,于是想要使波兰人日耳曼化,或使德国人波兰化的企图变成当时屡见不鲜的事。然而,民族主义的力量却极为强大,使这些企图终究失败。而强行压制民族语言及民族情感引起的苦难,只有使民族国家加强决心,坚决支持散居在他国的民族人所提出的任何有关民族统一的要求。结果使西方世界的国际关系日趋恶化。

此外,自由主义式的民族主义也无法处理民族主权理念中隐含的竞争性意涵。近代的民族主义者并未尝试以瑞士联邦(the Swiss Confederation)的方式,在一个多民族的宪制架构内,保障人民的语言与文化权利,反而仰仗主权政府的权力去维护国家的利益。这一点使他们假国家安全之名,设法增强本国的竞争地位。对有战略价值或经济地位重要的领土的争夺，更使民族自决的问题益趋复杂。甚至在没有民族统一需求的国家，像英国、法国，商业与殖民的竞争也成了摩擦的来源。只要民族独立依然仰仗主权国家的权力，每一个民族主义者就都会抓住任何经济或战略上的机会，去增强本国的相对军事潜力。荷兰和丹麦等国仰赖强大的邻国而不是自身资源来维护国家利益。美国与加拿大等国由于刚好拥有优越的国防地位，所以没有什么诱因去提倡侵略性的民族主义。但是，大多数的国家都发现，要维护自身安全，就必须使自己的力量尽可能超过其他国家。带来一连串惨烈战争与危机的二十世纪国际无政府状态，就是这个特殊的国际组织形式造成的。

从这些发展来看，自由主义式的民族主义的理论可以被视为自由主义思想史上代价最高的失败。近代自由主义企图提供一个世俗的基础以维系西方文明，它的任务之一就是设法恢复西方世界传统的道德团结。马志尼和其他自由主义式的民族主义者所怀持的普世的理想，便显示出他们对这种需求相当了解。然而，由于接受了民族自决的原则，自由主义运动已无法执行这项历史功能。就民族的与国际性的社会组织而言，国家主权的游魂，对完成真正自由主义的目标是恒久的威胁。因此，如何去发现一个真正能有效解决民族主义问题的方法，就成为近代民族主义日程上的未尽之务。

第十一章

独裁的问题

民族主义虽然威胁到西方文明的统合,却没有使它立即崩溃。这个致命的角色保留给另一个运动——极权独裁制度(totalitarian dictatorship)。很明显,独裁制度是对近代自由主义原则的直接挑战,这是与民族主义不同的地方。到第一次世界大战为止,民族主义所产生的主要影响是阻碍自由主义的国际秩序的形成。每个国家都坚持立场,使国际社群生活的宪政化格外困难,但却不曾使主权国家的议会受到任何实质上的影响。极权的独裁制则甚至攻击到宪政民主体制的最后防线。这时,共产主义与法西斯主义的精英分子已漠视议会的协商过程,而主张将社会置于绝对的政党国家(party state)的统治下。为了政党的权力,他们发现,发动对"法治下的自由"原则的攻击,对他们相当有利。极权主义的哲学跟西方国家的法治主义与二元论的传统背道而驰,但却能在许多西方国家获得广大的支持。当代自由主义思想的迫切课题之一,就是要设法分析这种力量的来源。

极权主义的兴起与民族主义的兴起一样,都是近代自由主义理论与实践弱点的反映,一厢情愿的想法使许多自由主义者无法看清这个基本事实。由于独裁主义背离了西方文明的法治与二元传统，我们很容易把它看成一种完全陌生的力量。每当一个特定国家采用了这种政府形式，宪政主义的理论家往往就会主张，这个国家并未真正吸收西方世界的传统，以此来消减问题的严重性。比较而言，把俄国共产主义的成果归诸亚洲文化的影响是比较容易做到的事。用德国的情形来说，理论家搜罗了上至路德教派的神学，下至普鲁士军国主义与康德理念论的材料，来证明德国的"国家社会主义"（National Socialism）只不过是德国长久抗拒罗马西化影响的一个插曲。事实上，罗马却比柏林更早沦入独裁政治之手，这对上述假说不啻是一个令人沮丧的打击；但理论家仍然能够找到特殊的情况，来解释为何在所有的西方国家中，独独意大利背离了西方的国际家族。这种探讨独裁政治特殊历史背景的企图，并非完全枉然。就像西方文明发展过程中的主要事件，由于地方性的差异，各国的极权运动也各有不同。但是，特殊的情况并不能解释一般性的问题，极权主义的思想分布极广，我们不能简单地把它解释成陌生的、偶然背离西方传统的插曲，它的来源事实上就根植于西方文明。

有关近代极权主义理论与实践的开创性著作，多半出自近代自由主义的倡导者，而非敌对者，这个事实正说明了极权运动的纯正西方特色。在这方面，论者虽然很少提到殖民帝国的统治方式，但实际上，殖民主义却为西方世界提供了第一个实验独裁统治的良机。西方的殖民扩张是为时约一个世纪之久的发展结果，到第一次世界大战时，它实际上已涵盖了整个地球。由于较成功的殖民强国正好都是最具活力的宪政民主国，这种发展似乎能保证自由主义的全面胜利；但事实上，它却是西方政治思想危险甚或致命的分裂的起点。在内政事务上坚信民主宪政制度价值的政府发现，在殖民管理的领域内采行政治专制，是极其自然的事。为了维持少数人对臣属者的统治，殖民地的行政官无法使"法治下的自由"维持它在欧洲的效

第十一章 独裁的问题

力。殖民的经验使人相信，只有某些人才有自治的能力，其他的人为了自身的好处，就应当接受少数开明者的无条件统治。这个观念正好与近代独裁政治的理论完全符合，也曾赢得支持宪政民主人士的普遍赞同。这个事实证明了独裁的理论并不是西方心灵毫不知悉的东西。研究殖民主义的来源，可能使我们对极权思想的基础获得更多的了解。

殖民主义的理论可以上溯至西方宗教的圣战传统（crusading tradition）。古希腊人强调希腊人与蛮族的区别，古希伯来人也坚持犹太人与异教徒的差异，他们都是极具排他性的民族，自视甚高、态度强硬，蔑视其他的人类。基督教认为人的灵魂有共同的命运与责任，这种看法虽然稍微纠正了上述的排他性，但基督徒对善妒的上帝的崇拜却鼓励他们采取一种与希腊人及希伯来人类似的观点。基督徒相信自己的福音是人类救赎的唯一基础，因此必定会得出结论，异教世界劣于基督教国度。的确，异教徒是有某些自然法下的权利，甚至能对基督徒使用合法的权威；但是在一个真正的教会的精神指引下从事统治的基督王国（Christian commonwealth），却仍然是上帝特地选出的社会工具，以达成最重要的拯救全人类的目的。从理论上说，和平的说服固然是一种维持并扩大教会影响的方法，但因为相信基督教的绝对价值，基督徒很难抗拒用武力拓展基督王国疆土的诱惑。在中古时代，这种宗教优越感让基督徒冠冕堂皇地远征近东伊斯兰教徒，并在条顿武士（Teutonic Knights）的率领下，对斯拉夫（Slavs）的异教徒发动战争，后者虽然气势较弱，成功却更为持久。十六世纪与十七世纪对美洲的征服，大抵上也是这种传统的表现。当然，基督教这些早期殖民实验是否正当，曾经受到质疑，如西班牙多明我会的维多利亚（Victoria）就主张，美洲土著相信异教并不能成为帝国主义侵略的借口，和平的传道才是使这些异教徒皈依基督国度的正当方法。但是，对圣战传统的抗议，毕竟是少之又少。大多数的欧洲人背负着基督教的福音,觉得自己不仅有权,而且有责任征服异教世界,以开启冥顽。"白种人的负担"(the white man's burden)最初就是以基督教十字架的形式表现出来的。

从理论上说,圣战式帝国主义的目的并不是要延续,而是要消除基督教与非基督教民族间的区别。基督教告诉人,世间每个种族都会收到同样的救赎之礼,所以基督徒多少应当把殖民统治看成短暂现象。基督徒虽然能以合理的方式征服异教徒与异端分子,并让他们接受一个真正的教会的教诲,但这种教诲的最终目的却是使被征服的民族完全转化成基督王国的成员。任何特定的异教群体,只要彻底地基督教化,就没有理由将他们和其他一般教会的成员区分开来。所以,圣战的传统虽然鼓励对异教徒的侵略,却没有为西方世界帝国主义权威的伸张奠定恒固的基础。

在殖民扩张的早期,基督教信仰的普遍性不仅在事实上,而且在理论上使西方帝国主义多少有一些过渡性质。被条顿武士征服的斯拉夫民族并没有永久屈服在征服者的脚下,他们最后也被当成西方基督教世界平等的成员。十六、十七世纪,西班牙、葡萄牙等国征服异教所建立的帝国,也依循类似的发展路线。许多"征服者"(the conquistadors)感兴趣的虽然只是战利品,但天主教会的影响却相当强大,足以使这些征服的行动染上真正的布道色彩。这些征服者曾经认真地想要使土著基督教化,好使他们有资格和欧洲的主人站在平等地位上。的确,教育性的监护期往往会无限地延长,而教会与国家的领导地位也一直为欧洲人所盘踞。但基督教的博爱思想却具有足够的强制力,使帝国与被殖民者间不会有任何绝对的界限。结果形成了种族与文化的同化政策,使许多在血统上仍以土著为主的拉丁美洲国家,纳入西方的国际家族中。

但是在十七、十八世纪,殖民领域的领导权却从欧洲的天主教转到新教势力手中。由于新教(Protestantism),特别是加尔文教派

第十一章 独裁的问题

（Calvinist），不像天主教（Catholicism）那么具有普遍性，这种情势遂使西方帝国主义的性格产生了重要的变化。在加尔文派教徒的眼里，并不是每个人都能均享上帝救赎的恩宠，只有经过选举特别挑出的圣徒才有这份荣光。这个关于"恩宠"的性质与运作的概念，使西方基督教世界征服异教的原动力添上了一层新的意义。圣徒虽然必须义不容辞地征服"有罪之人"，让他们接受加尔文教派的严格纪律，但是征服异教的动机却不是要把罪人从无可避免的天谴中解救出来，而是要征服上帝在尘世的敌人，以增加神的荣耀。当这个观点被用到欧洲民族与非欧民族关系上时，它所造成的殖民责任的理论就不是包容与教育性的，而是排他与压制性的。作为基督徒，加尔文派教徒在理论上必须承认，所有的种族都可能成为上帝的选民。像印第安人的使徒艾略特（Eiot-Murray-Kynynmond）这种人的布道活动，说明了这种理论并未完全被忽视。但在实际上，加尔文派教徒却往往对土著的得救机会抱着悲观的看法。他们严苛的原则曾经使他们获得一个结论，认为当时大部分的欧洲人都注定要受天谴；从这一点来看，他们在和其他民族的陌生习俗接触时，得到土著救赎无望的印象就不足为奇了。在旧约与犹太教的种族排他性教育下，新教的殖民主义者很容易就习惯于把自己看成被邪恶力量骚扰的选民。为了使自己不受传染，让土著永远屈服在上帝选民的脚下的思想，就成为他们殖民政策的基本精神。北美洲英语系的殖民者并未像在拉丁美洲一样把印第安人同化，反而将他们置于严格的隔离与控制之下。这样一来，加尔文教派"经由选拔得到恩宠"的教义，就鼓励了种族主义式的帝国主义（racist imperialism）的做法。

在十八、十九世纪，西方殖民主义虽未完全丧失宗教动机，但是这种动机的重要性却随着世俗化的发展逐渐降低。不过，这一点并没有使西方世界对非西方民族的态度有任何实质的改变。征服异教的冲动本身也和基督教传统的其他许多层面一样被世俗化，而且以世俗化的形式继续成为近代自由主义的组成因素。和基督教的上帝一样，"进步"也是一个怀有嫉妒心而且要求严苛的神祇。人道的自由主义者也和他们的基督教先驱一样，相信自己有一套使人获得福祉所不可或缺的生活之道。大多数的欧洲旅游者在和欧洲以外的进步民族的最早接触中，都认为从物质文化的立场来看，接待他们的主人比他们自己更有成就。甚至晚至十八世纪，伏尔泰和其他的改革者也毫不迟疑地引述亚洲国家的优越性（不管是真的或想象的），来非难西方的未开化状态。然而，到十九世纪中叶，西方的科技进步却将这种早期的关系反转过来。照当代自由主义的标准来衡量，即使最有成就的非欧民族看起来也仍然是愚昧不开、毫无希望。这个时候，西方的优越性已不完全是靠基督教福音，民主、工业状况、科学的医药和其他一大堆世俗的恩赐都是上天的赠礼。把这些恩赐带给世界上其他的人，很明显是一种人道的责任。"白种人的负担"虽然不再是一种十字架，却仍然要求西方人去征服异教徒。假如落后民族为无知所蒙蔽而抗拒"进步"，西方人就可以用武力征服他们，把他们导入开化之境。由于西方人在军事上日增的优越性，因此能在全球各地运用这种武力征服的办法。这样一来，西方文明征服异教的行动，就在十九世纪的世俗化殖民主义形式中，达成笼罩全球的目的。

世俗殖民主义的倡导者就像基督教的先驱一样，代表两个极端对立的思想学派：一种可以称为"自由主义的殖民责任"论，另一种则可以称为"种族主义的殖民责任"论。启蒙运动的哲学由于抱持一种普遍的乐观主义，因此与天主教的人性观比较接近，而与加尔文教派不同。启蒙运动的哲学相信所有的人都有理性的潜力，而将背离文明行径标准的乖张举止，看成无知的结果。由于无知可以用教育去克服，因此四海一家（universal brotherhood）就成为人类的终极命运。这个观念和天主教的"恩宠"一样，都使我们必须将

第十一章 独裁的问题

殖民主义当成权宜而非永久性的生活方式。根据正统的自由主义，殖民管理的目的是要将自由主义的原则教给未开化的民族，为他们进入西方国际家族做铺路的工作。事实上，要把西方的理性标准强加在非西方民族的身上，是一桩相当困难的事，所以有些西方人遂不表乐观。在历经许多幻灭的经验以后，殖民地的行政官往往得到一个结论：在西方的选民和其他卑微的人种间，存在着深刻而无法逾越的鸿沟，"东方是东方，西方是西方，二者根本就不可能碰头"。种族主义的观念和加尔文教派"由特选得恩宠"的教义一样，都把"白种人的负担"看成永久而非暂时的责任。这种理论认为，西方人固然有责任把进步文明的利益，尽可能带给世界上其他的民族，但是西方人不论用教育或是其他方法，都无法克服非欧民族内蕴的卑微性。为白人服务并且服从白人，是"无上帝律法的卑下人种"（lesser breeds without the Law）的永久命运。这种永久的殖民屈服论与自由主义的暂时臣服论完全背道而驰，因此也在殖民政策的领域内导致极端不同的结论。这两种理论在西方所有主要国家中都有支持者，因此造成了无数混乱与矛盾的行动。自由主义与种族主义思想派别的冲突，大大破坏了西方殖民主义的声誉，也为二十世纪殖民帝国的崩溃做了铺路的工作。

作为散播西方文明外在内容的媒介物，不论自由主义或种族主义的理论的确都相当成功，它们对非欧民族的终极潜力虽有不同的看法，却都同意在当前的情况下，必须使非欧民族接受专制性的管理。近代工业制度不论其终极利益何在，在刚开始的时候从未受到广泛的欢迎，因此在这一点上谋求一致的看法是十分重要的。即使在新生产体系的发源地西方世界，刚刚开始的时候，也必须由一个在政治、经济上占绝对重要地位的少数中产阶级施加压力，强迫不太愿意接受启蒙运动思想的民众去接受它。西方的工业制度对其他地区思想、制度的冲击更具破坏性，因此也引起更大的阻力。假如西方人必须考虑那些地区居民的意愿的话，近代工业技术的传播势将比较缓慢，西方殖民主义的理论使西方人有借口不去考虑那些意愿。宪政民主制度的兴起，迫使欧洲国家的政治家去考量国内民众的意见，从而约束自己的改革热忱，但是这个制度却不曾对殖民管理的方向产生立即的影响。对进步的抗阻，不论是来自暂时性的无知或不变的卑微能力，都是一种"恶"，必须由开明的行政官用怀抱善意的铁腕统治行动加以铲除。因此，当母国政府正在学习尊重舆论的指导，并且遵循日渐强化的法治规则时，殖民政策却完全没有受到民主、法治思想的影响。殖民官不考虑当地人民的意愿，而用无情、快速的手段，强迫落后地区的民众符合西方文明的要求。近代工业技术的迅速传播，便是这种政策效力的永恒赞礼。

然而，这种方法最后却在欧洲民族与非欧民族的政治经验中造成危险的裂缝。对西方世界来说，十九世纪末期是一个向宪政民主制度快速进化的时间。根据自由主义的殖民责任论，所有殖民地的子民应该同时接受议会制政府的教育。在这方面确实有人做过一些尝试，有的比较成功，有的不太成功。不幸的是，教育性的监护要求落后地区的工业技术不断进步，而与将权威完全转移给地方政府的做法不能相容，因为这些政府若完全反映地方的意见，势必会采取一些西方自由主义立场所不能接受的政策。当时，许多欧洲人所持有的种族主义的殖民责任观也加强了自由主义的迟疑，而不愿意让殖民官受法律或民主原则的约束。因此，殖民主义尽管在散播科学的健康观念、工业效能和其他西方文明的物质成就等事项上有许多价值，但在训练臣属人民，使人们熟习近代自由主义的理论与实践上，却乏善可陈。自由主义式殖民主义以议会制政府的形式传授某些经验给殖民地人民时，往往会造就一批当地的精英分子，这些精英分子对欧洲的导师亦步亦趋，自觉比不识字的同胞更为优越，因此也有权漠视那些在当时恰好比他们更落后的人的意愿。种族主义式的殖民主义在受迫害的土著心中引起一种报复性的种族敌对感，更和民主原则的教诲不能相容。因此，当日渐加强的政治成熟度导致殖民地民族的解放时，这些民族的政治发展却很少依循自由民主政治的方向发展。即使是通过最有自由心态的殖民官的影响，世界上大多数的民族都已被说服，相信少数开明之士暂时或永久的领导是"进步"不可或缺的工具。因此，西方殖民主义所造成的影响，是将近代工业技术资源，交由一些政治思想、制度与近代自由主义截然不同的人去掌握。

如果圣战传统的影响只限于殖民范围以内，那么它对西方自由主义的影响虽然终究是有害的，却不会这么快就被人觉察到。殖民世界虽然涵盖全球实际人口与潜在资源的大半，但工业技术的优势仍然使西方大权在握。可是，最早表现在殖民帝国形成上的态度同样也能影响西方世界自身的行为。在中古时代，基督教世界圣战动力不仅用在对付外族的异教徒，同时也被用来对付阿尔比教派（Albigensians，十二至十三世纪盛行于法国南部阿尔比地方的教派，其说含摩尼教二元世界观，并主张禁欲）和其他内部的宗教敌人。中古时代的基督教虽然在理论上坚信传播福音的正当工具是说服而非强制力，但是，天启信仰却使他们无法容忍任何地方的人所犯的错误。在近代，基督教说服与强制传统间的冲突，从宗教领域延伸到世俗领域。近代自由主义强调"同意之治"（government by consent），这一点虽然与基督教在布道方面的传统一致，却也无法完全克服圣战传统的影响。西方人由于对西方文明的正确性（rightness）有绝对的信仰，因此在海角天涯建立殖民帝国。同样的圣战精神用到西方世界自身，就造成了极权主义运动。

十九世纪末，宪政民主制虽然从外表上看来极具生机与活力，却仍然是西方历史中一项比较晚近的不安定的发展。作为基督教传统的世俗支流，启蒙运动的哲学、保守主义的反动和无产阶级的社会主义,在刚开始的时候都是以天启信仰的姿态出现。这三种学说的最早支持者都认为,只有他们才了解通往世俗天国的道路,因此都不愿意对对立的观点做任何妥协。议会式协商的必要性与实际的好处,虽然逐渐使多数人多少有些勉为其难地接受宪政民主制,但是在每一个阵营当中,都还有一些颇具影响力的少数人认为这种投降的行为是叛逆。在议会协商的状况下,比较没有讨价还价资格的人特别容易维持未受污染的天启信仰,并且设法将这套信仰强加于其他人身上。这些人对愚昧的同胞所持的态度和殖民官对愚昧的非欧民族所持的态度类似,而二者意识形态的发源也相同。这就是独裁政治对宪政政府的挑战的根源。

近代独裁政治的理论也和殖民主义的理论一样,分为两个明显对立的派别。暂时性阶级专政的共产主义,和自由主义认为殖民是教育的权宜之计,最后是为了解放落后民族的看法,大抵相同。相信种族或文化精英的永久优越性的法西斯主义,则与种族主义的殖民责任论类似。这种雷同的现象到底有多少是殖民理想对极权主义理论家的影响,有多少是共同根源独立衍生的结果,实在难以论断。在法西斯主义思想的许多方面,我们都可以明显地看出,法西斯主义者刻意仿效殖民主义的模式。但就共产主义而言,此种关系似乎就没有那么直接。虽然如此,极权主义运动却直接、间接地在西方世界四处传布近代自由主义倡导者特地保留给非西方民族的思想与制度。在共产主义与法西斯主义的斗争中,自由主义与种族主义殖民责任的竞争,以共产主义与法西斯主义斗争的形式出现,将双方的角力延伸到西方文明的老家。

永久的种族独裁论(theory of permanent race dictatorship),最后以法西斯主义的形式出现,但在刚开始的时候,只不过是保守主义反动中无足轻重的阶段。当时,基督教的影响力相当强大,足以防止欧洲出现"阶级制度",但是,血统的观念仍然在较古老的统治阶级的生活中扮演重要的角色。通过与家族谱系的关系（更不用谈他们对养狗、育马的兴趣），王室与贵族都熟知血统可以证明一切的观念。长久以来，优越的血统就是他们的统治被民众接受的一个基础。当法国大革命向这种权利提出挑战的时候，他们都感觉到，天生自然的秩序遭人任意破坏了。保守的政治家即使迫于实际需要而进入民主政治的竞技场，他们也绝少对新的政治体系产生真正的热忱，因为在这个体系下，豪门世家的子弟获取天生卑微者效忠的办法是殷勤取悦而非命令。许多贵族因为不愿让步而置身事外，对宪政民主关心的问题毫不过问。于是，血统的观念使传统的统治阶级与近代自由主义更加疏离，反而易于接受建立在种族优越观上的政治学说。

比较早期的保守主义反动运动的理论家，仍然受到基督教传统的强烈影响，因此比较少用种族主义的理论护卫自己的立场。一般而言，他们对自己主张的辩白，主要是基于"上天选派"（divine election）与"传统惯例"（prescriptive traditionalism）。但到十九世纪中叶，保守主义已在戈比诺伯爵（Count de Gobineau，1816—1882，法国外交家、东方学专家、作家）的手中发展成羽翼丰足的种族主义理论。殖民扩张行为造成的一个科学性副产品，是对语言科学有了严肃的兴趣。对近东与中东民族愈发了解的结果，使西方人发现，这个地区的民族所用的语言和欧洲的主要语言属于同一语系。印欧语系（Indo-European languages）广布各处的现象暗示出，所有这些语言都可能是由一群北方蛮族原先使用的语言衍生出来的；这个假设的蛮族被称为"雅利安人"（the Aryan race），由于东征西讨的结果，他们早在史前时代就成功地成为欧亚大陆大部分地区的统治者。依据"印欧语区的各种文明都受雅利安人影响"的假设，人们自然会推得这样的结论：雅利安人必定是一个特具天赋的民族，远比受到他们开明统治的南方民族更优越。十九世纪，北方民族优越说（Nordic superiority）的最大影响是使西方——因此也是北方民族——的种族主义殖民论如虎添翼，并消除殖民者的不适应。但到戈比诺手里，它却变成欧洲本身保守反动的辩解。西方大多数的王室与贵族家庭都是（或号称是）在黑暗时代从北方南下，瓜分罗马帝国天下的蛮族后裔，通过不断地通婚，他们保持了纯正的北方血统。由于北方血统天生要优于南方，而且只有北方血统才能造就天赋奇才与推动文明，所以传统统治阶级的解体，就是世界文化的最终毁灭。为了人类本身的利益，贵族就应该维持种族的纯正，并且对任何使他们屈服在卑微民族膝下的政治制度采取强硬的态度。戈比诺的理论虽然在当时没有产生广泛的影响，却已经显示出人们将如何利用保守的种族主义，来对抗自由主义的立场。

十九世纪下半叶，中上阶层也有些人渐渐倾向种族主义的强硬立场。这一群人在开始攻击"旧制"的各种束缚时，他们的政治哲学还有强烈的平等意味。但是，经济放任主义的胜利却造就了工商业的贵族阶级，这群财富贵族在实际上往往成为世袭权贵，许多人又通过通婚或其他方式被旧日的血统贵族同化。后来，当社会民主主义起而向上层中产阶级的地位提出挑战时，他们的反应大抵也和早先的统治阶级对中产阶级革命所做的反应一样。启蒙运动的哲学虽然坚持所有的人都必须享有平等的权利，但又教导人，在一个人人享有平等权利的体制下，竞争所获的最大报酬应该属于那些最有能力的人。经过两三个世代的连续成功后，较发达的中产阶级家庭也很容易相信，他们特有的才能就像诺曼人的血统（Norman blood）一样，世代相传，而他们自己则是天纵圣明，应该领袖群伦。他们认为，社会性立法损害到他们的地位，使失意者受惠，是对自然秩序的侵犯，应当竭尽可能地抗拒。由于宪政民主制意味着社会性立法，因此越来越难被态度较强硬的中上阶层接受。这种情况使他们对种族主义的主张另眼相看，因为种族主义证实他们比一般人优越，使他们有理由反对议会制政府中的民主压力。

英国哲学家斯宾塞（Herbert Spencer）最成功地迎合了对这种学说的需求。由于找到历史传统去证明"商人比他的同胞有更多北欧人血统"的假设，所以斯宾塞如果也和戈比诺一样，赞扬雅利安人的美德，将是徒劳无益。但是，达尔文式的天演论却使他获得另一个支持种族主义观点的科学基础。达尔文假说主张：从低层到高层的动物生命形式的进化，是普遍的生存战争所造成。在竞争的压力下，低劣的个体与种族消失，成功的敌对者则继续生存、繁衍下去。基于"放任的经济政策虽然在有系统地铲除谋杀、窃盗和其他的竞争行为，却和大自然一样，有能力选择良种，淘汰劣种"这样的假设，斯宾塞能充分说明，成功的商人和较不成功的同胞比起来，不仅富有，遗传因子也比较优秀。有的人以较高的才能获致赀财，又能因此生育后代，承继父母的优秀特征；能力较低的人则受到经济上的惩罚，并使子女病死或饿死的机会大增。即使是借私人的慈善行为去干预这个天择的过程也是危险的，用社会性立法去干扰，更会对整个人类的进步造成灾害，因此，绝对而毫不妥协地拒斥社会民主制度的主张，不仅是上层中产阶级的权利，也是他们的责任。

类似戈比诺与斯宾塞等人的理论，虽然使上层阶级加强了对近代自由主义的抗拒，但却没有立即形成有力的反自由主义运动。近代极权主义的兴起，不论是法西斯主义或共产主义，都是另一个非常不同的社会群体——波西米亚式知识分子——的强硬态度造成的。我们在前文中已大略述及，十九世纪的许多艺术家与知识分子拒斥当代中产阶级社会的理想与前提，只要他们甘心退隐到自己选择的波西米亚式环境中，他们的不满就不会对政治的路线产生太大的直接影响。但是，就像卢梭一样，被既存社会秩序拒斥的感觉，不仅使他们萌生退隐之念，也不断激起他们对革命行动的渴望。系出名门的感觉曾对上层阶级产生莫大的鼓舞力量，这些知识分子虽然没有类似的感觉，却自觉优于常人。对天才的浪漫崇拜使人们认为，有优越艺术与文学天赋的人，可以完全漠视一般的标准与习俗，这一点使他们深信，世界的其他部分只不过是让他们满足本身创造潜力的素材而已。宪政民主制度的平等思想太浓厚，和这样的看法不合，所以活跃在政治舞台上的波西米亚式知识分子最乐于参与反民主的运动。他们企望通过不受约束的政治领导权来表达自我，这使他们成为近代极权主义最有影响的前驱。他们的影响是共产主义与法西斯主义意识形态发展过程中的主力，而列宁（Lenin）、墨索里尼（Mussolini）、希特勒（Hitler）等人，也为极权主义运动提供了相当大的领导力量。由于迫使没有教养的低劣人等屈从在极权主义之下，这些波西米亚世界的人借此满足了久为人忽视的社会优越感，他们的作为有效地破坏了近代自由主义的立场。

从一开始，波西米亚世界里的人的政治思想便倾向于"卡里斯玛式领导权"（charismatic leadership）的观念（"卡里斯玛"为Charisma之音译，指特具神赐天赋，而能引起大众狂热崇拜与拥护的领袖人物）。这是他们的理论和贵族及上层中产阶级的反自由主义的理论最不同之处。后者虽然自认较一般人优越，但是他们对其他的贵族或工业家的态度却相当平等。上层阶级中许多人都有类似的贵族血统与经济成就，因此他们之中无论任何人，都无法声称自己比其他任何人更优秀。另一方面，浪漫的天才崇拜多半都非常不平等。作为一个阶级，有才华的波西米亚式人物虽然可能比一般没有教养的平庸之辈更优秀，但是他们却愿意承认自己比禀赋特异的人物低下。有影响力的文学或艺术界人物往往需要一群仰慕他们的党羽围绕在身旁，而这些党羽则狂热地对心爱的主人歌功颂德。在竞争极为强烈的波西米亚世界中，人的声望大起大落，因此攀附一个有声望的领导人的骥尾是生存的条件。对立的天才人物身边各有党羽，彼此攻伐不断，这是波西米亚式人物的基本政治形态。在这种环境中成长的人,一旦开始对更广泛的政治行动感兴趣,他们的政治观也不会改变。对他们来说,生活就是去发掘真正伟大的人并对其效死命,同时也要迫使敌对的波西米亚式人物和漠然的平庸之辈承认这种人的天才。因此,波西米亚式知识分子比其他任何群体都更愿意接受"卡里斯玛式领导"的原则,并把这种原则看成政治的正常基础。

卡莱尔(Thomas Carlyle)的著作对浪漫的天才崇拜的政治含意,有最典型的表达。在十九世纪的思想家中,没有人比他对西方文明的法治主义与二元论的原则怀有更不妥协的敌意。根据卡莱尔的理论,所有历史上的成就都是某些个人的活动造成的。这些人伟大不凡,能够看穿过时的法律惯例的空洞虚矫,同时又活力十足,能够迫使漠然、卑微的群众接受他们具有创意的远见。资质较差的人只有接受英雄的指导,并且尽力参与历史性的创造工作,才能分享他们的伟大。卡莱尔是苏格兰人,祖先有强烈的加尔文信仰,对他来说,生活的目的并不是为了追求安逸,而是要从事严酷、不间歇的工作。由于只有伟人才有知识与道德活力,去迫使人跳出日常的慵懒情境,过一种奋发向上的生活,所以也只有伟人有权统帅群众。宪政民主制度鼓励卑贱的多数人屈从自己好逸恶劳的本性,而不鼓励他们接受高贵严厉的领导,是腐败、无可救药的。所以对卡莱尔来说,十九世纪政治的基本问题是,摧毁民主邪说的虚伪与诡诈之言,从而使大众恢复对英雄应有的敬爱,因为这些人将不断地决定他们的命运。

但是,仅靠艺术家与知识分子对"卡里斯玛式领导"之美的钦仰,并不能使这种领导成为近代政治史上的重要因素。在一个人们逐渐习惯于民主正当性原则的世界中,这么一点点人的思想,如果没有相当多数的群众的支持,势必无法获胜。在第一次世界大战以前的情势中,我们不能立刻找到这种支持。大多数人在参与议会协商的过程中发现,在一个差强人意的范围内,他们可以渐渐达成政治目的，这使他们迟迟不愿意放弃近代自由主义的做法，而将自己置于绝对、无法控制的政治领导形式下，任其摆布。

然而，由于议会制政府的性质使然，往往会将利益做不平等的分配；依协商原则行事的政府，对那些刚好有强大的讨价还价能力的人比较有好处。在一个由互相竞争的压力集团形成的世界中，得势的是那些能够形成有效组织的社群，吃亏的则是组织能力较差的社群。制造商协会和工会通常都能引起民主的政治家的注意，无组织的劳工和中、下阶级（特别是后者）则比较会被人忽视。每当这种忽视造成特殊困难时（例如在经济艰难的时期），组织较差的群体自然会对议会制政府产生幻灭感，从而去寻求别的伸张权利的方法。对那些没有能力或不愿有效利用议会协商机会的人来说，追随一个无法控制但却可能充满善意的领导人的命令，并且分享其胜利的想法可以变得十分诱人。波西米亚式知识分子在试图赢取群众支持他们的反自由主义的政治观时，针对的就是这些群体。

朝这个方向的努力，首先在劳动阶级中有所斩获。从一开始，无产阶级运动的大部分理论与实际领导行动便从反资产阶级的知识分子身上获得许多助力。只要工人的组织还不完善，而本身又缺乏可接受的领导人，他们就乐于接受这种免费的帮助。不过，在经过一段时间以后，工会制度的成长就会创造一个直接从无产阶级中选拔出来，可以信赖的工会领导阶级。由于集体讨价和议会协商是满足劳动阶级需求的最有效的方法，这些工会领袖逐渐趋保守，由革命的社会主义观倾向进化的社会主义观。许多知识分子都接受这种转变，而且像伯恩斯坦、费边主义者等都在社会民主思想发展史中扮演了重要的角色。不过，大体而言，知识分子的态度仍然比工会主义者更激进。由于不愿意和保守的无产阶级共奉一个领导者，他们往往把注意力集中在左翼劳动阶级运动上。他们生命的主要目的，就是要抗拒大多数无产阶级的保守主义倾向，并且尽可能使越多的

第十一章 独裁的问题

人归到不妥协的革命立场上。在和工会领袖互相抗衡的情况下，波西米亚式知识分子成为劳动阶级中抗拒社会民主主义的最大力量。

知识分子与工会领袖间的裂痕，使理论家不得不去发展新的无产阶级的政治理论。只要他们的领导方式能为参与劳工运动的一般人接受，知识分子就有可能同时相信革命行动与绝对多数的统治。例如，马克思的理论就假定历史发展的结果，最后必然会在所有比较工业化的国家造成多数的革命无产阶级。然而，经验却显出，大多数的劳动阶级团体宁可选择进化，而非革命的手段，这时，社会主义的理论家就不得不在民主与革命间做一选择了。主张进化理论的社会主义者决定接受多数人的裁决，并且要通过民主的手段达成激进的改革希望。另一方面，激进派则认为革命极其重要，为了达成革命，即使违犯众意也在所不惜。对他们来说，领导的功能并不在动员并激起无产阶级本身的欲望，而是要强迫他们接受革命的行动。像卡莱尔一样，他们已开始认为政治的驱动力是来自"意志"，而非"必然性"（necessity）。革命的领导一度是帮助颇大的"助产士"，现在则变成积极的历史创造者。

这个"领袖的创造性角色"（creative role of leadership）的观念，在法国革命工团主义者索雷尔（Georges Sorel）的著作中反映得最清楚。索雷尔对无产阶级革命的历史必然性没有信心，这是他和马克思主义者不同的地方。在他轻蔑的看法中，资本家都非常懦弱，宁可让步安抚，而不愿冒暴力尝试的危险。如果让工人自己选择，他们也一样愿意让步，以此来取代革命的胜利。唯一能使革命达到高潮的方法，是设法在"工人—雇主"的协商过程中安排各种人为的障碍。革命的领导应当尝试利用巧妙设计过的宣传伎俩，去鼓舞软化的劳动阶级团体，使其转趋强硬。全面罢工的神话便是索雷尔对这个宣传问题所提出的解决方法。他认为，革命领袖固然明白，资产阶级国家事实上永远不可能被罢工的方法推翻，但他们却应当诱使劳动阶级去相信这种可能性。尝试性的全面罢工能够迫使平日胆小、妥协的资产阶级采取压制手段，幸运的话，这种行动能造成不小的流血事件。即使双方的友人与支持者只有少数人死掉，雇主与工人都会被激怒，而不可能再提出或接受任何形式的妥协。所以，革命暴力本身虽属枉然，却能渐渐腐蚀议会协商的基础，结果会使无产阶级群集在不妥协的领导者麾下，而这些领导者则有足够的冲劲与决心去摧毁自由主义的国家。

在第一次世界大战之前，此种无产阶级领导的机会比较少。当然，在工会运动力量特别微弱的地方，像索雷尔这种人的想法确实也能够发挥某种程度的影响力。在低度工业化的国家（如西班牙与意大利），无产阶级为数不多，组织也不健全，因此无法在议会制政府中扮演重要的角色，在这种情况下，工团主义（syndicalism）便对劳动阶级产生了相当大的影响力。在美国，由于工会制度成长缓慢，一度，工团主义的"世界产业工人组织"（Industrial Workers of the World）曾经吸引了很多信徒，特别是毫无组织的移民劳工。但是，一般而言，社会民主主义的优点相当明显，能够赢得劳工组织的效忠。革命的马克思主义的口号虽然没有完全失去吸引力，但在经济、政治上都有力量的工会却欣欣向荣，而不愿意纵容自己从事革命行动，以免失去既得利益。对那些梦想要把自己的革命意志强加在群众身上的知识分子来说，前途似乎并不特别乐观。

在沙皇统治下的俄国，革命行动却比较有机会产生作用。俄国和中国及其他少数非西方的国家一样，虽然没有被任何殖民大国同化，但与西方世界的关系却是"准殖民性的"（quasi-colonial）。从彼得大帝（Peter the Great）以后，俄国政府便为一群贵族精英分子所掌握；这些精英分子一半是俄国人，一半是西方人后裔，他们想仿效世界上其他地方殖民地的管理方法，用专制的力量迫使人民"西化"。到十九世纪末二十世纪初，他们的努力使局势切合了"革

第十一章 独裁的问题

命的社会主义"的目的。近代工业的引进造成了工厂工人阶级，这些工人在西化的知识分子领导下，很快就变成了马克思主义的信徒。但是，俄国的无产阶级为数甚少，而俄国政府拖了很久，才对议会制度略为表态，基本上仍然极为专制，所以，在俄国，用民主方法来达成无产阶级目标的机会，也比西欧高度工业化的民主国家来得少，这就为革命的领导制造了绝佳的机会。俄国的知识分子固然有支持进化性社会主义的，也有支持革命性社会主义的，但比较而言，不激进的团体的力量却比较薄弱。无能的沙皇专制政府在第一次世界大战的压力下崩溃，社会民主主义者曾试图以西方模式的宪政政府来取代。革命的社会主义者布尔什维克党人（Bolsheviks）却认为，俄国人尚未能接受民主政治，因此，唯一能促成进步行动的方法，便是将绝对的权力交给布尔什维克。这一派在当时虽然只占全人口中的极少数，但在列宁有技巧的领导下，却成为密集的战斗力量。几经波折以后，他们成功地推翻了民主共和国，毫无挑战地成为沙皇政府的继承者。由于长久受到少数人的专制统治，俄国人对社会民主主义允诺的自由权利漠不关心，在没有任何有效的抗议下，接受了新政权。就这样，在革命知识分子的领导下，俄国成为近代极权主义政府的第一个倡导者。

由于俄国布尔什维克的经验，社会主义理论家乃有必要将社会主义的理论做大幅度的修正。俄国革命的领导者和索雷尔不一样，自认为是正统的马克思主义者，并且要以马克思主义的思想做行动的借口。为配合所处的环境，他们必须以完全不同的方式强调"创造性领导"的重要。马克思虽然承认在阶级冲突的危机中必须要有革命领袖出面领导，但是他的历史辩证观却暗示，只有当多数无产阶级有能力取代充分发展的资本主义经济，迅速建立没有阶级的社会，并使国家消失，这种危机才会发生。这种非政治的立场显然和俄国革命的需求不符。布尔什维克党是有阶级意识的无产阶级前锋，主要的任务在驱使落后的俄国人去利用甚至创造近代工业经济组织。为了达到这个目的，在未来许多年内，政权必须由开明的领导者绝对控制，他们将运用纯粹的意志力去弥补俄国资本主义的历史缺憾。这就是说，要将多数的非无产阶级置于无产阶级的统治之下，同时要把从历史观点而言尚未成熟的无产阶级置于党的领导之下。在党的内部，承认列宁、斯大林之类的个人领袖的绝对重要性也适合俄国的国情，因为俄国人早就习惯了沙皇的个人统治，却不太适合抽象、非个人的政党要求。如何在不抛弃正统马克思主义的多数主义教条的情况下，为这些专制作风找寻借口，是布尔什维克政治思想的基本问题。

"无产阶级专政"的观念便是这个问题的解答。"专政"（dictatorship）一词本身即出自古罗马历史。独裁者原是在紧急情况下，为确保共和国利益而设的特别执政官，这个制度非常清楚地指出，暂时的专制统治，对宪政政府的长远目标有所助益。在俄国革命之前，政治理论家很少试图从这个经验中导衍出一般性的理论。为了使殖民地最后采行民主宪政制度，自由主义式的殖民主义也暂行专制统治，这虽然也是一种专制，却绝少被人称为专政独裁。在描述"革命后"的劳动阶级统治时，马克思和恩格尔斯偶尔会提到"无产阶级专政"，却没有特别强调。例如，在《共产党宣言》中就没有这句话。但对俄国的布尔什维克来说，专政的观念却极为有用。它有毫无限制的权力的含义，布尔什维克可以用这个观念为一切压迫手段辩白——为了确定、维持党对俄国人民的统治并维持共产党阵营内的威权纪律，这些手段是不可缺少的。另一方面，作为一种暂时性的专制统治形式，它也可以和马克思主义"以多数民主为无产阶级政治目标"的信仰互相调和。无产阶级专政是有阶级意识的少数人建立的政权，目的在使懵懂未开的多数人有所准备，能在未来无阶级的社会生活中负起责任。通过布尔什维克知识分子的宣扬，

第十一章 独裁的问题

"专政"的观念蔚为风尚,成为近代政治思想中的基本类型。

共产主义的专政概念虽然用了新的术语,其实只不过是自由主义式的殖民主义的重申。自由主义式的殖民主义认为,非欧民族比欧洲民族落后,因此必须经过一段暂时的督导期(a period of temporary tutelage),以便他日采行自由主义的制度,这样一来,它就在"有能力自治"和"无能力自治"的人之间划下一道界线。共产主义的目的是要消灭这条界线,将全世界开放,使之成为共产主义精英分子从事"准殖民"事业的活动领域。根据共产主义者的说法,政治、社会的落后不仅是俄国特有的状况,所有的资本主义宰制的国家都是如此,白种工人和有色人种的工人同样都是资本主义制度下的牺牲者。为了铲除这种制度的影响,并且为最终的无产阶级社会铺路,长短不定的无产阶级专政不仅在俄国有必要,在其他各地也一样需要。只有有科学知识、有纪律组织的共产党才能提供成功的无产阶级专政的工具。传播西方文明的成就,并使这种成就更趋完美的工作,一度被视为白种人的负担,现在却成为各个种族内开明代表组成的政党的特权;它不仅向西方民族,也向非西方民族提供了暂时性专制统治的好处。在俄国共产主义的学说中,自由主义式的殖民主义的理论成为人类政府的普遍模式。

独裁专政的观念一旦经过阐扬修饰,就立刻使西方世界的政治思想产生革命性的变化。当然,共产主义本身也曾遭遇严重的抗拒。对没有民主政治经验的俄国群众来说,臣服于一个自我指定的党的精英分子的领导或许可以忍受,而且对许多西方帝国主义的非欧民族的牺牲者来说,也可能是对种族主义式的殖民主义的改善,但这对惯于民主宪政方式的工会主义者(trade unionists)却没有太大的吸引力。因此,俄国革命的成功虽然使各国革命的马克思主义者的力量更加强化,却没有说服西方大多数的无产阶级放弃他们对近代自由主义运动的效忠。不过,在西方却有其他的团体更易于接受独裁的观念。一般而言，中下阶层由于没有能力从事经济、政治组织，一直都是宪政政治中"被遗忘的人"。第一次世界大战和战后的通货膨胀与工业不景气，使这些人受到与其他组织的人完全不成比例的苦痛。工资与利润虽然多少随着生活水准而上升，但是储蓄和其他中下阶级的财产形式却完全失去价值，或者贬值。这个经验证明了中下阶层的地位并不安全，也使这个阶层中许多人对民主宪政制度产生了强烈的恶感。由于对成功的议会行动感到失望，他们开始梦想以独裁政治为脱困之道。他们自认比劳动阶级优越，但又害怕沦为劳动阶级，这些情结大多不赞成无产阶级专政的观念，但是他们却愿意追随任何一个能以独裁手段保障他们地位的非共领导者。心存不满以及具有野心的知识分子由于在经济上和中下阶级同病相怜，所以愿意率先调整共产主义的思想，使能为中下阶级所用。许多理论特别是意大利的法西斯主义与德国的国家社会主义最为著名，都是由这些企图造成的。不管是用什么形式，在散布独裁观念于西方世界这一点上，法西斯主义确实比共产主义更有效力。

但是，法西斯主义的独裁理论却在一个重要的层面上和共产主义的原型不同。俄国的革命领袖因为继续对马克思主义效忠，所以一直在宣扬平等是终极性的社会理念，并且把独裁政治看成达到这个目的的暂时性手段。另一方面，法西斯主义者则接受稍早保守主义者的看法，不承认平等是终极的理想。白领工作者长久以来就认为自己的社会地位比劳力者优越，对沦落为无产阶级的可能极端厌憎。上层阶级的地位虽然比较稳固，但也害怕社会民主主义的兴起和共产主义的威胁，认为那是对他们特权地位的挑战。对这种人来说，维持既存的社会阶层体系是极端重要的事。从他们的立场来看，独裁的价值在于，它可以用来对抗现代生活的平等化趋势。因此，法西斯主义者和共产主义者不同，他们认为，不平等的状态并不是权宜之计，而是永恒的理想。为永久的独裁政治找寻借口，是法西

第十一章 独裁的问题

斯主义政治思想中的基本问题。

这个问题的答案是把种族优越论接到民族主义的思想上。十九世纪的民族主义者虽然多半认为自己的民族有天赋异禀，但是承认其他国家的平等权利，至少在理论上仍然是自由主义信念的一部分。法西斯主义者则公然反对此一理论。根据意大利和西班牙的法西斯主义者的说法，古罗马与西班牙帝国的历史证明，意大利和西班牙民族比其他的民族优秀，较卑微的民族注定要受他们的统治。德国的国家社会主义者更明目张胆地表达他们的种族主义思想。他们认为，自己是最具优秀北欧血统的人种，有权利、也有义务让所有的国家（包括欧洲以及非欧国家）臣服在一个"主宰种族"（master race）的需求下。血统比较卑劣的种族，像犹太人，就必须被绝对地排除在帝国的顺民社群（folk-community）之外。宪政民主制度承认所有的公民都有平等参政权，并且允许共产主义和其他的国际主义学说在劳动阶级间传播，因此法西斯主义必须摧毁民主政治，将权力置于血统及意识形态都未受污染的精英分子手中。只有臣服于法西斯党的独裁统治，接受卡里斯玛式领袖的领导，"天选的民族"才能得到力量、纪律，以完成其历史使命。种族优越论本来只用在欧洲民族与非欧民族的关系上，现在则被心安理得地用来让欧洲的劣等民族永远受一个"主宰种族"的统治，并且使该种族内较卑劣的人永久臣服于优秀成员的脚下。如此一来，近代法西斯主义的理论家，特别是国家社会主义的理论家，终于把种族殖民的学说带到一个合乎其逻辑的结论上。

和共产主义一样，法西斯式的极权主义也未获得世人的普遍接纳，但是它的吸引力却远比极权的马克思主义来得大。对那些几近绝望的中下阶层来说，身属"主宰种族"以及加入一个永久政治精英集团的想法，都十分令人安慰。小店员、职业人和其他中产阶级的成员对犹太人的竞争有切肤的感受，法西斯运动主张毁灭犹太人，并且使接受马克思主义思想的无产阶级解体，而使中产阶级觉得他们的社会、经济地位会立刻改善。此外，帝国扩张的远景，再加上扩张能为主宰种族的成员带来无数的行政管理与其他白领工作，更使人对未来充满了野心憧憬。上层阶级虽然对这些运动中所具有的中下阶层性略感不安，却仍然认为这比共产主义以及较具平等精神的宪政民主制度都更可取。在没有受到特别严重的政治、经济压力的国家，大部分的中产阶级则宁可试一试自由宪政主义的功能，而不愿意去冒法西斯独裁政治的未知之险。然而，在第一次世界大战后那几十年中，西方世界许多地方的情况却变得十分恶劣，因此许多人都想尝试激烈的试验。对绝大多数的人来说，法西斯主义确实比共产主义更有吸引力，法西斯政权因此确立，在第二次世界大战中，这些政权实际上席卷了整个欧洲大陆。

如今，法西斯主义的威胁已经消退，但是，自由主义与极权主义意识形态间的冲突却仍然是当代政治中的基本成分，这个冲突是近代自由主义思想弱点的测量计。宪政民主制相信，统合人群以缔造有效的普遍意志的适当方法是"说服"，而非施加强制力。在整个西方文明的历史中，用和平说服来联合道德社群的观念，一直就必须与对立的强制性整合的观念做殊死搏斗。在中古时代，有人主张宗教真理只能以布道和以身作则的方式来传播，有人则认为使用圣战的利剑也没有什么不对，两种看法之间一直有一种紧张的状态。在宗教战争期间，绝大多数人赞成圣战的做法，终于导致中古基督教世界的崩溃，也几乎摧毁了西方文明的基础。近代自由主义企图在世俗基础上重建西方世界也招致了同样的灾难。殖民帝国的圣战冲力，使世界各地都受到西方技术的影响，但却很少教导非西方人民去熟习"同意之治"的自由主义原则。天启式的阶级性学说曾经激起西方国家的政治责任感，但也使许多人养成与议会协商原则不相容的强硬不妥协的习惯。因此造成的极权主义与宪政思想意识形态间的冲突，是中古基督教圣战与布道两个传统间长久冲突的重演。如果事实证明圣战传统的力量强过布道传统，西方文明势将再度面临宗教战争时那种几难幸免的灾难。这就是近代独裁政治兴起的历史意义。

第十二章

自由主义的前途

　　从近代自由主义的历史发展，我们可以了解当代政治中某些比较重要的问题的本质。在前文中我们已经谈到，宪政民主制企图将中古基督教会的社会、政治传统在世俗基础上保留下来。近代自由主义的优点与缺点，多半是因为这些传说中有些比其他更合于世俗化的目的。在维持法治主义与二元论的原则方面，宪政民主制大体而言是有效的。但在某些方面，它却无法在世俗层面建立与中古时代相等的思想、制度。西方思想的天启性质一旦移转到世俗层面，就造成不切实际和不妥协的政治意识形态，这些天启传统的不同版本虽然可以激发人们初期的政治责任感，却阻碍了他们的下一个企图，使他们无法团结在有效的普遍意志底下。更有进者，有些人虽然一直设法保存世俗人道主义的国际性，但是宪政民主制却不曾设法去缔造任何足堪与中古教会比拟的国际性制度。民族主义褊狭的仇恨和种族主义式的殖民主义的不公不义，都证明了近代自由主义的失败，因为后者既无法维持内部的统一，也无法扩大外在的影响。所以，自由主义的试验虽然获得不少成就，我们却不能保证它一定会成功。

当代政治所遭遇到的困境，使有些人得出下列结论："世俗的自由主义"观念本身，基本上就是错误的，要保持西方文明的价值，唯一的方法就是恢复这个文明最初赖以建立的宗教基础。我们在历史上可以找到许多例子，证明有的社会在宗教式微以后，也逐渐随之衰败。当宗教制裁无法加强既有的习俗力量时，某些习惯或许能暂时产生某种程度的约束力，使人依循传统行事，但这种约束力最后终归无效。在诡辩学派（the Sophists）盛行的时代，希腊的政治生活变得肆无忌惮，而在新兴的文艺复兴时代，意大利的政治也充满了罪行，这些都是典型的例证，说明了超自然信仰的衰败可能会腐蚀社会的伦理基础。根据近代自由主义某些批评者的说法，世俗主义的兴起也使西方世界重新堕入这种社会、伦理衰败的危机中。十九世纪自由主义者和较保守的希腊诡辩学派以及意大利人文主义者一样，都想在世俗理性主义的基础上重建西方文明的价值，但是他们的原则都不过是因为惰性而服从超自然信仰时代遗留下来的思想习惯。一旦与存在的源头切断关联，这些习惯的力量势必逐渐减弱。世俗的人道主义（secular humanitarianism）本身并没有任何力量，去对抗部族性的民族主义或种族的帝国主义。近代极权主义则以无情的方式，不择手段集中权力，这是自由主义者想不靠宗教制裁之助，而维持传统伦理道德的自然结果。根据这些批评者的说法，在这种压力下，只有促成基督教的全面复兴，并且重建一个统一的基督教会，才能保存西方文明的原则。

假如对当代情况的这种分析是正确的，我们就看不出西方世界还有什么希望。的确，晚近西方人遭遇到的政治、社会难题，曾促使许多深思远虑的人重新考虑基督教的教义，并且也在基督教教会中激起一些团结运动。但是，今天西方人的宗教信仰已衰败至深，基督教社群内的分裂也无可救药，在可见的未来，我们几乎看不到可以用有效的基督王国的方式将西方世界再次统一起来的

第十二章 自由主义的前途

什么希望。

即使可能,这种方式也无法解决近代国际社群的问题。由于非欧民族政治意识的成长,西方世界对其他人种的控制能力已经急剧丧失。世界上大多数的人并不效忠于基督教,而是效忠于其他宗教。过去基督教虽然很成功地征服了不少比较原始的民族,但在对抗佛教、伊斯兰教以及其他高度发展的世界性宗教上,却没有什么成就。所以把全人类团结在基督王国下的工作,一定会比团结西方世界更困难。如果说宗教信仰还有什么社会效力的话,那也是使政治结社分裂而非整合,在这种情况下,政治就只能建立在世俗基础上。如果世俗化与政治、社会的伦理不能相容,那么世界的未来,必定是掌握在无所顾忌的极权政府的倡导者,而不是比较保守的近代自由主义的支持者手中。

很幸运,历史的裁决并不是无条件地支持"世俗伦理无法为传统文明的维持提供基础"的命题;我们至少可以从中国上古史中找到一个成功的世俗化的例子;就在基督教时代来临前的几个世纪中,中国文明几乎在同时历经了古希腊所经历的危机。对早期宗教巫术的信仰逐渐式微,使传统的道德急速衰败。随之而来的是残酷的权力政治的繁兴,在这一段被称为战国时代的岁月里,中国几乎变成一个无政府的世界,群雄并起,战乱频仍,而秦国则是所有竞争者中最成功的。他们无所顾忌地运用马基雅维利式的手段,终于消灭群雄,而将整个中国置于专制君主的统治下。但秦朝独裁的胜利却极为短暂。在宗教信仰崩溃的早期,孔子之类的保守哲学家及其门徒面临一个问题,那就是如何从世俗理性主义的角度,为中国文明传统价值的存在理由做辩解。孔子及其门徒刻意地对"怪力乱神"采取一种不可知的态度,而致力阐扬只有古老的社会礼仪才符合人类的理性需要的道理。这些哲学家的训诲虽然未能及时挽救中国世界的伦理崩溃,但经过很长一段时间后,却证明比秦朝的马基雅维利式手法更有吸引力。后来的朝代都发现，用儒家的原则做政治基础，并且将帝国管理的工作交给儒家学者去执行，对他们相当有利。结果是在世俗人文主义的基础上保存了中国传统道德的精髓，其后中国文明稳固如磐石，就证明了这个试验的成效。

中国的成功原因何在？在保守的哲学家不断世俗化的时期，必然会为文化的伦理传统做合理化的诠释，此种情况本身并不足奇。西方古典文明发生类似危机的时候，柏拉图、亚里士多德等人也受到同类动机的启迪，虽然此类动机曾经导致儒家的兴起，但是希腊的哲学家却无法像中国的哲学家一样，把古典文明建立在恒久的伦理基础上。中国人文主义有较强的活力——这是两个试验的基本歧异处。

儒家思想特有的力量，在于它能将理性的成分和仪式的成分以独特的方式结合在一起。重复的惯行远比理性的训诲更能决定人的行为。传统的宗教力量有一大部分是建立在各种不同的仪式上，这些仪式使宗教的力量以具体可见的方式表现在人类的日常生活中。理性主义的哲学家专注于理性证明的问题，往往忽略了如何将伦理见解化为习俗的问题。有些希腊哲学家，特别是柏拉图，固然注意到人类行为中仪式性成分的重要性，但却无法成功地将伦理学说化为可见的制度。另一方面，在儒家眼中，礼节仪式却一直是主要的考虑。虽然他们自己并不完全接受使古中国宫廷礼仪得以建立的宗教信念，但却体认到，古典的仪式是塑造社会习惯不可缺少的因素。他们相信礼仪的衰微大大腐蚀了传统伦理的约束力，所以致力于将典礼的因素重新纳入现代生活中。儒家学者将古代的宫廷礼仪加以修改，使它们适合一般人的需要，目的在使每个中国家庭的日常生活都成为基本儒家美德的礼仪性展示。儒家对待人处世各方面的细枝末节都订有礼仪规则，这些规则教导庶民尊重中国传统的社会义务原则，使"顺从"不仅成为单纯的理性信念，也成为习惯性的第

第十二章 自由主义的前途

二天性。这一点使儒家的世俗伦理在缺乏宗教制裁力的情形下，绵延不断，成为政治与社会的力量，达两千年之久。

在中国文明遭遇危机时，儒家思想做出了无比的贡献，近代自由主义也试图为西方世界做类似的贡献。近代自由主义同样也想将宗教信仰时代遗留下来的伦理信念世俗化，并且将这些信念纳入一套妥适的社会制度中。通过宪政民主制度的程序与规则，它已为西方的二元论与法治主义的传统找到具体的化身。我们文明的伦理传统是否还有足够的活力来支持这项困难的事业？自由社会的制度是否有足够的驱策力，使这些传统化为永久性的社会习惯？这些都是我们在评估西方文明的远景时所面临的问题。

自由主义的伟大力量在于，它和初期的儒家一样，能运用广为人接受的伦理假设这项资本，这项资本虽然日渐缩减，却还算充实。人道主义式的民主政治（humanitarian democracy）伦理是基督教传统博爱教义的世俗化的延续。在中古时代，基督教由于太专注于来世的救赎，而无法积极地干预世俗社会的结构，但是基督教的传统却使西方世界习于下述的观念：在上帝眼中，人人生而平等，而博爱的法则则是上帝为人类良心立下的两大诫命之一。对成长在这个传统下的人来说，消除人类苦痛、建立世界和平成为世俗存在的目的。自由的人道主义鄙弃战争，强调社会正义，和上述西方思想中的固有模式极为接近。晚近随着极权主义政府的兴起，伦理标准也随之崩坏，但是人道主义的信念却仍然是政治中的强大力量。德国的国家社会主义者最违反人道主义的传统，但即使他们也知道把自己描述为武力侵略的罹难者（而非发动者），并且也愿意把建立有效的社会福利国家当成他们政权的表面目标，这是一个值得重视的现象。在基督教博爱观的影响下，西方世界大体而言，对人类无端受苦的现象特表关切。民族主义者、种族主义者，以及其他具有决定性的学说虽然都或多或少地削弱了这种关切的情怀，但它仍然有强大的力量，足以为近代自由主义的理想提供一广泛的伦理基础。

然而，人道主义的情怀本身却不足以保证西方世界的人，必定会遵循宪政民主制的原则。的确，人道主义在最极端的情况下所促成的，往往是专制而非宪政制度。认为人的福利是人生的最高目的，而只有他们才拥有达到这个目的的方法的人，常会相信自己必须为同胞的利益行使绝对的权力。柏拉图认为，一个有超然智慧的人——即"哲人王"（the philosopher king），有权利运用一切必要的手段（包括谎言在内），对才具平庸者实施善意的统治。西方世界的人因为有承自基督教传统的天启式的思想习惯，特别容易受到这种形式的绝对主义的吸引。在中古时代，人们相信，只有教会才有获得救赎所必需的真理，这一点促使教会坚持它们有权代表罗马教皇运用绝对的权威。十八世纪的哲学家则坚信，他们的原则能够缔造一个完美的世俗社会，因此也同样受到绝对主义的诱惑。相信近代科学的无限力量足以解决人类的生存问题，则使人觉得应该把责任交给受过一定科学训练的专家。现代人往往将反社会的行为视为一种疾病，并且让精神医生与社会工作者有自由处置罪犯的无限权力，这种现象正足以表示，现代人对专家判断的尊重，已经取代了以前的"法治下的自由"的观念。训练有素的护士深知何者对病患有益，因此往往漠视病人的意愿而执行命令，这是现代文明的典型产物。极权的人性观认为，应该把所有的人看成病人，必须接受经过一定科学训练的精英分子严格而有治疗效果的处置，这是近代医院理想的必然结果。这至少是人道信仰所可能造成的发展。

但是，我们却有理由相信，目前这些发展所凭借的天启传统，多少已经失去了对西方人的吸引力。和十八、十九世纪的科学家相比，现代的科学家已怀疑科学方法有发现绝对真理的能力，人们已逐渐了解到科学法则的假设性质，这一点使人更难以理性为由，为有一定的科学训练的精英分子建立的任何形式的独裁做辩解。此外，

第十二章　自由主义的前途

从人道主义的观点来看，极权政府所造成的实际结果十分令人失望。明了共产主义与法西斯政权的实际运作情形，以及集中营与其他仔细构思的残酷手段以后，我们已难相信，只要把绝对的权威感交到一群自命为科学专家的排他性集团的手上，我们就会立刻找到人间的天堂。

在目前，断言这种经验会造成何等结果为时尚早。就启蒙运动哲学的情形而论，人们对早期自由主义伪科学性的论说失去信心以后，并未导致天启式的希望的消失，反而促成了新的辩证唯物论式的天启信仰。然而，即使在十九世纪，宪政民主广为人接受的事实也已显示出，许多人已经愿意放弃对绝对确定性的追求，而把人道的改善的希望寄托在缓慢、有耐心的议会协商的过程中。柏拉图式的绝对主义只有在一个对理性有绝对信仰的氛围中才能成长，科学思想与政治经验也都有腐蚀现代社会对理性信仰的倾向。近代心理学强调，每个层面的人类活动的背后，都潜藏着非理性的驱动力，此事实特别能够破坏"任何人皆能依理性的方式行事"的观念。西方的宪政主义初兴于中古时代，当时"原罪"的学说限制了人对任何个人或群体在知识与伦理上的可靠性的信心，使人能接受协商的方法，以解决一些过于世俗化而与基督教的天启真理无关的问题。近代世界在对世俗科学的第一阵狂热中，甚至想把"天意"的确定性归于人类理性的运作，现在却又回到比较谨慎的中古传统的理性主义上。如果这发展持续下去，将能强化近代自由主义的立场。

另一项有利的因素是西方的"个人责任"的传统。这方面的基督教思想虽然在天主教派内发展得比较完全，而在新教各派不甚发达，但是各种形式的基督教向来都以强调个人良心的重要著称于世。根据基督教的信仰，任何人到最后都不免要受上帝的审判，而这个审判则以个人的行动为判断基础，这点并不因个人的社会信仰对象不同而有别。在中古时代，宗教良心命令人对不公正的政治权威做消极或积极的抵制，这个传统使西方世界至今依然比较难于接受任何把政治权威完全交给特定精英集团的政治形式。近代绝对主义的历史就足以为这个传统的力量做见证。过去历史上的绝对主义政府往往阻碍群众参与政治的兴趣，而当代的独裁政权则往往试图用公民投票或其他形式的群众行动，使人民对政府的行为有一种个人的责任感。这些假的民主程序和绝对党统治的事实一比，显得形同具文，但是"个人责任"的传统依然十分强固，在西方世界没有一个政府胆敢不战战兢兢地诉诸一般人民的良知，以使自己的权威有所凭恃。这种诉求的虚伪性质却极其明显，因此几乎无法满足西方人对责任的欲求。宪政民主制为公众参与政府的责任提供了真正的机会，因此也比独裁政治更合于西方政治的传统。

大体而言，近代自由主义的传统基础相当牢固，但是我们仍然要探讨它的制度架构是否足够强大，能使这些传统的力量绵延不绝。儒家思想将中国文明的传统价值包罗在一个涵盖一切的社会制度体系中，因此能够将这些价值保存下来。自由主义的议会协商仪式与程序正相当于儒家的家庭制度，它的未来就要看这些仪式与程序是否能在西方世界维持自由的思想、行动习惯了。

自由主义的试验将大部分的注意力集中在一个单一社会组织形式——近代主权国家——的制度上，这是它最大的弱点，也是和古代中国儒家制度的试验最大的不同处。孔子和他的门徒认为，最小的社会生活单位是从事伦理教育最有效的媒介，所以他们集中精力发展各种家庭仪节，并且放心地让如此建立起来的行为模式渗入帝国和其他更广泛的社会组织形式中。另一方面，自由主义主要的兴趣却集中在议制政府的制度上。自由主义改革社会的努力，多半集中在全国性的立法机构上，其次则是在地方与市政集会上。普选与自由选举公职人员制度的确立，是自由进步的公认标准。这些发展固然极具价值，结果却使议会国家成为近代自由主义唯一有效的

第十二章 自由主义的前途

制度。但就节制、管理当代社会的功能而论，国家这个单位一方面太大，一方面又太小。这些互为对比的缺点各以不同的方式，妨碍了自由主义试验的成功。

当前最需要的是一个国际性的组织，从这一点来看，涵盖面不够可能是近代自由国家最明显的缺点。在这一方面，自由主义的历史的确让人想起古希腊，而为之黯然。在柏拉图与亚里士多德的时代，古典文明也面临了发展一有效国际组织的需要。但为了保存传统的价值，大多数保守的哲学家却认为，应当把注意力集中在"城邦"（city states）的改良上，而绝少（或完全不曾）注意到缔造一个更广泛的政治组织形式的问题。这些哲学家以迟来的努力致力于过时的制度，而无法将伦理训诲纳入一个有效的制度架构中，因此为马其顿帝国与罗马帝国的胜利铺下了后路。这两个帝国的性质与古典传统虽然不太相同，但却有能力将衰竭的古典世界从国际性的混乱中拯救出来。对于同样过时的主权国家过分注意，使近代自由主义遭遇了类似的灾难。目前固然只有极少数的人否认国际性组织有存在的必要，但是将自由主义与民族自决联结在一起的习惯却仍然极为强大，足以阻碍自由世界向满足国际性需要的路途迈出具决定性的一步，联合国的历史就是很好的例子。法西斯与共产主义的独裁政权或许与西方政治传统的性质不同，但却有一个优势，那就是它们愿意而且有能力去建构一个广泛的帝国主义的体系。近代世界和古代世界一样，传统价值的支持者很可能会因为无法为国际政治问题另觅良方而失败。

和外交政策相比，在内政方面对国家制度过分强调的危险也许不太明显，但长远来看却更为严重。自由主义要成功，大众必须都接受"自由协商"的结果，同时普遍有运用"自由协商"的能力。古代的儒家能够将他们的伦理原则纳入日常家庭生活的惯例中，因此能成功地将这些原则变成中国人习惯的第二天性。近代自由主义要想与儒家思想同样成功，就必须同样努力设法使议会行动的仪式与程序自然而然地成为人类日常生活的一部分。

对"主权国家"各种制度的过度关心，已使许多自由主义的理论家忽略了自由主义政治在这一方面的问题。自由主义的理论家假定，全国性与地方性的议会是自由主义社会中最主要的制度，因此强调选举权的行使与对议会代表的控制，以此为自由公民（liberal citizenship）的首要责任。这个态度不论是从议会成员（parliamentarians）或一般公众的立场来看都相当不幸。近代社会极其复杂，没有任何单一的全国性代表大会或各个地方性集会的总合，能够完成所有必需的协商工作，从而使社会摩擦降至一个可以忍受的程度。对这些制度的过分强调，使议会承担了不可能担得起的责任，而使宪政政府的声望与效能受到损害。此外，这些机构的运作与大多数公民的日常生活距离遥远，无法使人具有一种不断在参与自由社会生活的感受。偶尔在选举中投一票，或者签署一封不常见的请愿书或抗议信，根本不足以使一般公民对议会协商的过程产生直接的认识。阅读议会公报（即使真的有人念这些公报）是一种间接参与，也根本不能弥补上述缺憾。单单是议会本身绝对无法使自由主义成为日常生活中的重要经验。我们必须设计更多亲切的、可让众人参与的形式，以使自由协商的原则具有习惯性的第二天性的力量。

最近，私人结社（private associations）的发展已将近代自由主义的期望放在一个比较坚实的基础上。在所有的自由社会里，满足各种需要的组织如雨后春笋般自动繁衍。商会、卡特尔、工会、合作社和其他经过组织的群体取代了个别的工人或雇主，而成为当代经济生活的媒介。人们已越来越仰仗社区组织、家校组织、农民组织和其他的特别结社，以弥补、制衡政府机构的活动。这些组织中有许多都密切关系到成员的日常生活利益，因此常常能吸引相当程度的公众参与，这是更大、距日常生活更遥远的社会生活单位所不能做到的。同时，它们也使一般公民对议会协商的仪式与程序有了相当的接触。政策或个性上的冲突即使是在最小的结社中也可能发生，在一个自由主义的社会里，人类都想用妥协来消弭这些冲突，因此大部分的结社组织都采取了议会民主的制度。上至全国性的组织，下到最名不见经传的社会俱乐部都自订有宪章、附则、选举以及议会程序的规则。在自由主义的影响下，甚至连家庭生活制度也拒斥保护性的专制作风，而强调用自由讨论的方式来决定家庭政策，因此它们在某一个程度上，也是依循着议会的模式在发展。虽然多数私人组织的活动本身并不重要，却可以使民众熟习自由主义的协商程序，并且教导民众尊重多数人与少数人的权利间的微妙平衡，这对自由政府是非常重要的。自由活动的习惯在西方世界能够继续存在，主要是靠上述这些私人组织，而不是全国性或地方性的制度。

近代自由主义的希望，有赖私人组织的进一步发展。独裁政治的主要诉求对象是未经组织的群众。找不到有效的宣泄方式来表达自己在社会事务上的精力的人，常常会产生一种失落感，同时也会去拥护任何能使他们对社群生活产生参与感的学说，不管这个学说有多怪异。倡导极权主义的人都很明白这个事实。极权主义的政权一旦确立，第一个目标就是要摧毁或打击任何形式的私人结社，并且把一切的社会活动纳入经过仔细管制的极权国家的制度内。对仍然在运作的自由主义社会发动攻击时，他们同样会以渗透的方式去接受或摧毁私人结社的功能。对习惯管理自己群体的活动的人来说，听从指令的未来实在不怎么吸引人。习惯自由协商程序的结果，使这些人能够接受议会制政府的原则，对任何蓄意破坏这些原则与程序的人，不论是全国性或私人社团的成员，他们都会强烈地反抗。这类经验虽然未充分散布，使任何自由主义社会都不受独裁政治的吸引，但是在许多国家，私人结社都已有长足的进展，足以显示出这可能是巩固近代自由主义的一种有效的方法。

初看之下，自由主义在国际组织方面的弱点似乎与私人结社的问题没有任何关联。实际上，我们有理由相信，强化西方各国社群内的组织生活，间接有助于把这些社群团结在一个广泛的自由主义社会的秩序底下。民族主义是晚近为国际关系的运作建立宪政程序的主要障碍。和独裁主义一样，民族主义是早期自由主义缺乏组织效能所造成的结果。在商业及工业革命摧毁或破坏了多数西方社会的传统制度，而替代性的制度还没有时间发展的时候，为暂时受到压抑的社会冲力寻找宣泄的最简单的方法，就是去培养一种参与民族国家生活的"准宗教的"感受。因此，造成的狭隘的排他爱国主义的习惯固然还存在，但其他形式的结社活力日增，已对此构成挑战。私人组织（国际性的"卡特尔"组织）可以在不涉及特殊国家利益的情况下，完成令人满意的协商结果，狂热的民族主义者见到这种现象往往会感到十分惊讶。然而，对那些组织在一起，以完成特定目的（如经济、宗教、教育和其他目的）的人来说，国际合作的具体利益可能比模糊的民族情绪更具吸引力。在一个多数人因为实际经验而体认到协商益处的社会里，极端民族主义不妥协的要求实在与这个民族的习性不合。私人组织的成长对国际关系虽然只能产生缓慢、间接的影响，却应该能减轻自由主义政府在这个关键性问题上所遇到的困难。

继续促进这种成长是当代自由主义最迫切的任务。如果人们有足够的智慧与精力去形成组织，以达成群体目标，极权主义在西方世界就势必会失去大部分的吸引力。假如有许多人都不能从日常生活当中学会自由协商的技巧，民主宪政制度也必将因为失去坚实的基础而失败。独裁政治与民主政治之间的冲突，所涉及的并不仅仅是选举与议会之争，而是为了组织、控制社会生活的全面性争斗。这场争斗的结果主要要看人们是否能发现一套彻底解决具体社会问

第十二章 自由主义的前途

题的实际方法，至于政治思想领域内的直接发展还在其次。但从长远的观点来看，任何运动要获得支持者的全力相助，就必须在理论上为支持者的行动，找到充分的理由。正统的近代自由主义理论确实有所不足，因为它往往禁止而不鼓励组织的发展，而后者正是自由主义的未来所凭恃的。设法克服这些障碍是当代自由主义思想的基本问题。

正统自由主义理论的最大弱点，或许是它对绝对主权观的持续依赖。在实际做法上，宪政民主制假定有一个多元有序的社会存在。它虽然承认为了实现某些社会目标，以强制力为后盾的中央政治权威自有其价值，但却认为在行使这项权威之前，必先承认其他社会团体的独立诉求。"以自由协商，而不是专横的令谕来创造社会秩序"的观念，是所有宪政政府运作背后的基本观念，和"政治是单一、不可抗拒的主权意志的表达"的观念不能相容。有时，自由协商过程的失败会迫使自由主义的社会采取独裁的手段，但这却是偏离正轨的暂时现象，而不是宪政政治的常规。在一般的情况下，自由的政府非常不愿意将为数可观的人所不同意的政策强加在他们身上。这种踌躇不前的态度非常强烈，即使在遭遇到极大压力的时候，也多半会继续存在。在晚近这一场战争中，焦头烂额的政府官员通常都会发现，花一些时间去和罢工工人协商，要比利用主权意志的行动去压制他们更有用。苏联的采购代表有时会对这些工人没有被政府以叛乱罪枪毙了事的现象表示惊讶，但是持自由主义式见解的人却不认为如此激烈的做法是适当的。不过，至今还有在为主权理念说一些口惠而实不至的话，这使我们很难有理由判然划分自由与独裁的立场。在协商过程中如果有争执发生（例如在劳工问题的争执中），人们很可能会诉诸"主权权威"（sovereign authority），并且对在理论上宣称拥有主权，却极不愿意用专横的法令解决问题的自由主义政府发动攻击，指责它懦弱无能。在国际关系领域，人们更会想到用主权理论取代协商的努力。自由主义的政治家在形式上接受主权的理论，这虽然不曾阻止他们朝宪政民主的方向前进（特别是在内政上），却妨害了他们的努力，且使人们无法体认到他们成就的本质。这个君主专制主义的残留物如果能被彻底抛弃，就必能对近代自由主义的前途产生莫大的助益。

正统自由主义第二个且与此息息相关的弱点是，它不曾充分体认到有组织的群体在自由社会的生活里所有的性质与功能。当代的极权专制主义者之所以能握有权力，主要是因为他们的理论不承认任何无组织与不受政党国家指挥的群体的权利，因而剥夺个人抗拒独裁精英分子的能力。早期自由主义的理论虽然是为了达成其他的目的而设计的，却不见得就更有利于独立的群体行动的发展。在洛克与启蒙运动的哲学家的眼里，社会是原子般的个人的集合。他们深信开明的国家是保护个人权利所必需的唯一组织，因此强烈反对为了增进团体利益而组织工会和其他私人结社的努力。十九世纪的发展虽然大大修正了自由主义的思想，使其更尊重群体行动的重要性，但是古老的传统仍然是一种阻碍，使人们无法找到一个解决当代群体生活的有效方法。在一个个人主要利益有赖于各形各色的私人结社活动的社会中，完全从"个人"与"国家"的相互关系出发去考虑自由的问题是不切实际的。对个人所属结社组织权利的侵害也许比对个人特有权利的侵害更具破坏性。另一方面，专制的私人结社也比专制的国家更容易摧毁成员的自由。因此，为了自由主义的发展，我们不仅应该小心界定个人与国家间的相互关系，对私人结社的权利与责任也应当做同样谨慎的界定。自由主义式社会在界定私人结社的权利与责任上，虽然已经有了某些成就，但是专注于"个人—国家"关系的结果，却使他们无法以应有的力量勇猛精进。长久以来一直漠视私人结社的权利与责任的哲学，使美国的立法者在弥补工会主义的弊端，或去除政党初选制的反民主化的措施上的

第十二章 自由主义的前途

努力，迟缓而笨拙。更明确地承认群体行动的重要性，对强化宪政政府的法律与理论基础会有很大的帮助。

假如自由主义在实践与理论方面都能朝最有希望的方向发展，它将能够为西方世界的组织提供一个有效的基础。但是，这却不足以保证自由主义长期的生存问题。近代科学技术的急速发展已经造成了某些情况，这些情况只有在单一的世界秩序缔造成功以后才能找到一个结局，西方国家是运用这种技术的先驱者，他们的力量要比其他国家的总和还强过许多，但是这种优越状态却不可能无止境地维持下去。长远来看，其他地区更多的人口与资源，再加上新的科学技术，最后必会使它们拥有占绝对优势的经济、军事力量。假如自由主义的影响只限于西方世界，则它必不能长期抵抗现代生活的压力。有些民族的伦理、社会传统与促成自由主义发展的民族截然不同，但西方文明却给了他们有压倒性潜能的技术资源。除非西方的政治思想与制度也产生可与西方科技比拟的吸引力，否则西方文明的成就必会造成自我毁灭的结果。因此，如何使宪政民主制适合非欧民族的需求，应当是近代自由主义的关键问题。

在最近的未来，这个问题大概还无法解决。有些国家还不充分具备近代文明的技术资源，快速引进这些装备在当前的情况下，势必成为一个生死攸关的问题。要将未工业化的社会工业化，必须将既有的社会习惯彻底革除，这并不是民主化的方法所能做到的。广泛的资本投资计划必会造成重大的牺牲，这对那些未享受直接利益，却必须承担该项事业主要负担的人来说，一定不会有什么吸引力。因此，将经济、社会决策置于民主选民意志下的政治体系，很难和快速现代化结合。在西方工业化的早期，西方国家人民的参政权受到严格的限制，因此少数中产阶级企业家的精英分子，才能在不考虑社群中其他人的欲望的情况下，引进他们的改革。当代俄国与其他工业落后国家的独裁精英分子所扮演的角色，也与此十分相近。

历史已经证明,独裁政治,不论是早期的殖民主义或近代的极权主义形式,是把西方科技移植给非欧民族最有效的方法。在西方世界以外的地区,工业近代化的压力或许会逼使独裁政治——而非民主政治——在一段很长的时期内,继续成为主要的政府形式。

然而,自由主义的国家却有能力减轻这些压力,甚至在某些情况下克服这些压力。和十九世纪的欧洲及当代俄国一样,在只能从当前的生产中提取资本储蓄的国家中,现代化过程所引起的经济困境最为严重。这种为未来的消费而牺牲当前福利的做法极不受欢迎。然而,资本却有可能从国外而不是国内获得,在这种情况下就不会有牺牲当前经济利益的状况出现。尽管两次世界大战曾经造成破坏性的影响,但是某些民主国家的经济却已有非凡的进步,能在不损及本身生活水准的情况下,向世界上其他的国家提供可观的输出资本。单凭这种资本并不足以消除独裁政治。完全与资本累积无关的是文化上对不熟悉的工业化习惯的抗拒,这使许多地区不用独裁强制的手段就难以现代化。此外,新近获得解放的殖民地居民对外国人的统治也极端恐惧,因此许多政府都不愿意轻率地利用外国资本。但若能妥善运用外资,将能大大减轻技术现代化的苦痛,也可以减轻正在许多地方逼使人们建立或维持独裁政府的压力。

自由世界的经济力量固然提供了有利的救急机会,但我们仍想不出有何方法,可以使世界上大部分的人不用继续在独裁政治的影响下长期生活。重要的问题是:这种影响可不可能变成永久性的?这个问题的答案主要是要看近代自由主义能否成功地为西方世界本身的组织提供有效的基础。当代的独裁政府也正在把西方文明的许多特色引介给不同的非西方民族,他们对技术现代化的强调,使他们在复制许多社会与经济情况,正是这些情况在十九世纪的欧洲,曾导致民主自治政府的出现。至少就共产主义而言,他们也在教导人们(即使只在理论上)去相信,独裁只不过是近代政治演化过程

第十二章 自由主义的前途

中的一个短暂过程。极权国家的宣传与警察力量，也可能使独裁的精英分子去摧毁这些地区未来迈向真正自治政府的运动，这是和十九世纪的统治者不同的地方。不过在目前，下此断言还为时过早。西方世界由于在科技领域上的领导地位，仍然有相当高的声望，如果自由主义能够将西方统合在一个极为有效的政治制度下，应该会在非欧民族间引起相当的注意。近代自由主义的希望就看它能否以身作则，成功地促使越来越多的独裁政府朝民主宪政的方向演进。

其他大多数民族的传统背景都和西方极为不同，从这个事实来看，要使这些民族接受自由主义的机会，乍看之下是相当渺茫的。然而，在许多重要的方面，民主政治都比独裁政治更接近大多数非欧民族的传统。基督教以外的伟大宗教，虽然未能像基督教那样有效地使信徒体认到消除人类苦痛的必要，却也都提倡同情与博爱的理想，而这些理想都很难与极权压制的残酷事实相容。此外，在尊重传统结社组织的表现上，古代东方的专制帝国也和近代的独裁政治不一样。例如，即使在历史上最专制的统治者统治下，中国与日本的人民也享有相当大的处理本身事务的自由。这种经验使他们产生忠于家庭、村庄以及其他组织的习惯，而这类组织的独立性却与极权政府、集权中央的需求不能相容。日本军国主义者在德国的影响下，曾经企图对日本人民施行彻底的极权独裁统治，但是家庭和其他私人群体的持续抗拒却使他们无法实行像西方那么彻底的极权主义，这个事实相当有意义。宪政民主制强调独立社群间的协商，和大多数非欧民族传统上的多元主义有许多相同之处。因此，当大多数的人必须在独裁政治与民主政治之间做一抉择之际，我们很有理由相信后者会是比较受人欢迎的政府形式。

假如我们的确能建立起一个自由主义的世界秩序，则近代自由主义中许多西方独有的特色，无疑地会在外来传统的影响下有所改变。我们虽然无法预测如此广泛的文化融合最后会造成什么样的结果，但是这个结果却很有可能加强而非削弱宪政民主的制度。在西方世界，强有力的私人结社组织的发展（自由主义的未来主要依赖于此）必须与极端的个人主义的分裂性影响互相抗衡。其他民族群体意识的发展比较完全，再加上他们袭自前代非正式群体行动的技巧，正可以弥补西方过度的个人主义。此外，由于天启传统的影响，议会制政府缓慢、辛苦的过程也很难满足西方人的要求，这是西方自由主义能够从与非西方文化的接触所获得的另一个好处。欧洲人之所以会受到极权独裁政治的吸引，天启观带给人的希望是一个极重要的因素，但是未受犹太教的历史观及其对未来人世天国的冀望影响的民族，却比较不会受这种希望的诱惑。近代自由主义本身虽然是西方文明的产物，却必须与西方传统中比较不利的因素所激发的抗拒力互相争衡。其他文化的影响可以修正这些抗拒力，从而纠正目前宪政政府中的许多缺失。

自由主义在目前所遭遇到的情况虽然很困难，但我们却没有理由认为它必然会衰亡消逝。宪政民主制固然有其错误与缺失，未来却仍然大有可为。如果我们能在国内、国际政治上明智有力地掌握住推展自由主义的机会，自由主义的理论与实践必能成为正在迅速浮现的未来世界文明的要素。当然，这个希望不一定能够实现，在一个每天都生活在武力毁灭威胁的世界里，自由主义的试验所能争取到的时间极为有限。假如持自由主义信仰的政治家，无法在最近的未来设法满足人们对经济与军事安全的普遍渴求，则大多数的人势必会为解一时之急，而求助于独裁主义明确简捷的解决方法。要在这么短暂的时间内改正民主政治现有的缺点，是十分困难的，甚至是不可能的，但是，我们却必须致力于这种努力，因为这番努力成功与否，事关重大。自由主义提供了一个最后的机会，使我们能为后人保存西方文明的特有成就。

理想国译丛

imaginist [MIRROR]

001　没有宽恕就没有未来
　　　[南非] 德斯蒙德·图图 著

002　漫漫自由路：曼德拉自传
　　　[南非] 纳尔逊·曼德拉 著

003　断臂上的花朵：人生与法律的奇幻炼金术
　　　[南非] 奥比·萨克斯 著

004　历史的终结与最后的人
　　　[美] 弗朗西斯·福山 著

005　政治秩序的起源：从前人类时代到法国大革命
　　　[美] 弗朗西斯·福山 著

006　事实即颠覆：无以名之的十年的政治写作
　　　[英] 蒂莫西·加顿艾什 著

007　苏联的最后一天：莫斯科，1991年12月25日
　　　[爱尔兰] 康纳·奥克莱利 著

008　耳语者：斯大林时代苏联的私人生活
　　　[英] 奥兰多·费吉斯 著

009　零年：1945，现代世界诞生的时刻
　　　[荷] 伊恩·布鲁玛 著

010　大断裂：人类本性与社会秩序的重建
　　　[美] 弗朗西斯·福山 著

011　政治秩序与政治衰败：从工业革命到民主全球化
　　　[美] 弗朗西斯·福山 著

012　罪孽的报应：德国和日本的战争记忆
　　　[荷] 伊恩·布鲁玛 著

013　档案：一部个人史
　　　[英] 蒂莫西·加顿艾什 著

014　布达佩斯往事：冷战时期一个东欧家庭的秘密档案
　　　[美] 卡蒂·马顿 著

015　古拉格之恋：一个爱情与求生的真实故事
　　　[英] 奥兰多·费吉斯 著

016　信任：社会美德与创造经济繁荣
　　　[美] 弗朗西斯·福山 著

017　奥斯维辛：一部历史
　　　[英] 劳伦斯·里斯 著

018　活着回来的男人：一个普通日本兵的二战及战后生命史
　　　[日] 小熊英二 著

019　我们的后人类未来：生物科技革命的后果
　　　[美] 弗朗西斯·福山 著

020	奥斯曼帝国的衰亡：一战中东，1914-1920
	［英］尤金·罗根 著
021	国家构建：21世纪的国家治理与世界秩序
	［美］弗朗西斯·福山 著
022	战争、枪炮与选票
	［英］保罗·科利尔 著
023	金与铁：俾斯麦、布莱希罗德与德意志帝国的建立
	［美］弗里茨·斯特恩 著
024	创造日本：1853—1964
	［荷］伊恩·布鲁玛 著
025	娜塔莎之舞：俄罗斯文化史
	［英］奥兰多·费吉斯 著
026	日本之镜：日本文化中的英雄与恶人
	［荷］伊恩·布鲁玛 著
027	教宗与墨索里尼：庇护十一世与法西斯崛起秘史
	［美］大卫·I. 科泽 著
028	明治天皇：1852—1912
	［美］唐纳德·基恩 著
029	八月炮火
	［美］巴巴拉·W. 塔奇曼 著
030	资本之都：21世纪德里的美好与野蛮
	［英］拉纳·达斯古普塔 著
031	回访历史：新东欧之旅
	［美］伊娃·霍夫曼 著
032	克里米亚战争：被遗忘的帝国博弈
	［英］奥兰多·费吉斯 著
033	拉丁美洲被切开的血管
	［乌拉圭］爱德华多·加莱亚诺 著
034	不敢懈怠：曼德拉的总统岁月
	［南非］纳尔逊·曼德拉、曼迪拉·兰加 著
035	圣经与利剑：英国和巴勒斯坦——从青铜时代到贝尔福宣言
	［美］巴巴拉·W. 塔奇曼 著
036	战争时期日本精神史：1931—1945
	［日］鹤见俊辅 著
037	印尼Etc.：众神遗落的珍珠
	［美］伊丽莎白·皮萨尼 著
038	第三帝国的到来
	［英］理查德·J. 埃文斯 著

039　当权的第三帝国
　　[英]理查德·J.埃文斯 著
040　战时的第三帝国
　　[英]理查德·J.埃文斯 著
041　耶路撒冷之前的艾希曼：平庸面具下的大屠杀刽子手
　　[德]贝蒂娜·施汤内特 著
042　残酷剧场：艺术、电影与战争阴影
　　[荷]伊恩·布鲁玛 著
043　资本主义的未来
　　[英]保罗·科利尔 著
044　救赎者：拉丁美洲的面孔与思想
　　[墨西哥]恩里克·克劳泽 著
045　滔天洪水：第一次世界大战与全球秩序的重建
　　[英]亚当·图兹 著
046　风雨横渡：英国、奴隶和美国革命
　　[英]西蒙·沙玛 著
047　崩盘：全球金融危机如何重塑世界
　　[英]亚当·图兹 著
048　西方政治传统：近代自由主义之发展
　　[美]弗雷德里克·沃特金斯 著